华严佛身论研究

陕西师范大学宗教学集刊之二

《华严研究》第 2 辑

中国社会科学出版社

图书在版编目（CIP）数据

华严佛身论研究／吕建福主编 . —北京：中国社会科学出版社，2019.8

ISBN 978 – 7 – 5203 – 4585 – 9

Ⅰ.①华… Ⅱ.①吕… Ⅲ.①华严宗 – 研究 Ⅳ.①B946.4

中国版本图书馆 CIP 数据核字（2019）第 153363 号

出 版 人	赵剑英
责任编辑	孙　萍
责任校对	杨　林
责任印制	王　超

出　　版	中国社会科学出版社
社　　址	北京鼓楼西大街甲 158 号
邮　　编	100720
网　　址	http://www.csspw.cn
发 行 部	010 – 84083685
门 市 部	010 – 84029450
经　　销	新华书店及其他书店

印刷装订	北京明恒达印务有限公司
版　　次	2019 年 8 月第 1 版
印　　次	2019 年 8 月第 1 次印刷

开　　本	710 × 1000　1/16
印　　张	20.5
插　　页	2
字　　数	254 千字
定　　价	86.00 元

凡购买中国社会科学出版社图书，如有质量问题请与本社营销中心联系调换
电话：010 – 84083683
版权所有　侵权必究

《华严研究》编辑委员会

主　编　吕建福
编　委　海云继梦　魏道儒　吕建福　邱高兴
　　　　陈永革　　张文良　韩焕忠　许　宁
主　办　陕西师范大学宗教研究中心

目　　录

《华严经》佛身论

《华严经》与毗卢遮那法身佛 …………………… 吕建福(3)
从色身到法身再到法身佛
　　——佛身思想研究 …………………………… 张文卓(25)

中国华严佛身论

灵辨《华严经论》中的法身说 …………………… 张文良(73)
关于六世纪中国佛教佛身论的一个考察
　　——以与《宝性论》《佛性论》和种姓思想的关联
　　　为中心 ……………………………………… 李子捷(96)
"卢舍那"与"释迦"的异同问题
　　——以《梵网经》的佛身解释为中心 …… ［日］长谷川岳史(108)
「盧舍那」と「釈迦」の一・異の問題
　　——『梵網経』の仏身解釈を中心
　　　として— …………………………………… 長谷川岳史(121)
圆测之法身观
　　——以对《法华经》"一乘"的认识为中心 …… ［韩］张圭彦(135)

李通玄的华严佛身观……………………………………邱高兴（167）

韩国华严佛身论

华严佛身论之展开
　　——以义相的旧来佛和自体佛为中心 ………［韩］张珍宁（185）
華嚴佛身論의一展開
　　— 義相의舊來佛과自體佛을中心으로 – …………張珍寧（200）
新罗太贤《大乘起信论内义略探记》之华严
佛身论………………………………………［韩］朴仁锡（224）
新羅太賢《大乘起信論內義略探記》에나타난華嚴
　　佛身論……………………………………………朴仁錫（246）
韩国华严思想中的海印三昧论
　　——从佛身论到佛自体 ……………………［日］佐藤厚（277）

日本华严佛身论

日本近世华严学的唯识佛教史观的形成 ……［日］橘川智昭（293）
　　日本近世華厳学における唯識仏教史観の
　　　形成について………………………………橘川智昭（303）

研究动态

第二届中国华严国际学术研讨会报道………………王文娟（317）

后　记……………………………………………………………（319）

On Tathāgata-Kāya in the School of Avataṃsaka
TABLE OF CONTENTS

Tathāgata-Kāya in Buddhāvataṃsaka Mahāvaipūlya Sūtra

Buddhāvataṃsaka Mahāvaiūlya Sūtra and Mahāvairocana's
  Dharmakāya .... Lv Jianfu (3)
From Rūpakāya to Dharmakāya and Finally to Dharmakāya of the
  Buddha——A Study of Buddhatā Thought ... Zhang Wenzhuo (25)

Chinese Tathāgata-Kāya in Avataṃsaka

Dharmakāya in Ling Bian's *Buddhāvataṃsaka Sūtra and
  abhidharma* .... Zhang Wenliang (73)
A Study of Tathāgata-kāya of Chinese Buddhism in the Sixth
  Century——in the Center of the Implication with the
  Ratna-gotra-vibhāga, the Buddha-dhātu-śāstra, and
  the Thought of Gotra .... Li Zijie (96)

Similarities and Differences Between Rocaina and Śākyamuni──
Take the Explanation Buddhatā in *Brahma-jāla-sūtra*'s as the
Center ·················· [Japan] Hasegawa Takeshi (108)

Yuan Ce's Attitude Towards Dharmakāya ──With
Awareness of the *Lotus Sutra*'s Ekayāna As the
Center ·················· [Korea] Zhang Guiyan (135)

Li Tongxuan's Attitude Towards Tathāgata-kāya in
Buddhāvataṃsaka ·················· Qiu Gaoxing (167)

Korean Tathāgata-Kāya in Avataṃsaka

The Expansion of Tathāgata-kāya in Avataṃsaka──
Take the Ancient Buddha and the Buddha Itself As
the Center ·················· [Korea] Zhang Zhenning (185)

Silla Tai Xian's Tathāgata-kāya in *Da Cheng Qi Xin Lun Nei
Yi Lv Tan Ji* ·················· [Korea] Piao Renxi (224)

Sāgara-mudrā samādhi in Avataṃsaka's Thought──From
Buddhatā to Buddha Itself ·················· [Japan] Satou Atushi (277)

Japanese Tathāgata-Kāya in Avataṃsaka

The Formation of History Consciousnessof Yogâcāra
in Japanese Kegon School in the Range of Modern
Times ·················· [Japan] Yoshimura Makoto (293)

Research Dynamics

The 2nd China Huayan International Symposium Held
  in Xi'an ·· Wang Wenjuan (317)

Postscript ··· (319)

《华严经》佛身论

《华严经》与毗卢遮那法身佛

吕建福

从宗教学角度来说，佛教是关于"佛"的宗教。佛有佛身、佛性、佛智、佛力、佛德、佛国、佛法、佛教、佛道等学说，其中佛身论表现其神灵观，是佛教的核心理论。所谓佛，不仅指成道的释迦牟尼其人，还意味着具有神性的"如来"。如来全称"如来如去"，在时间上具有永恒性，有过去佛、现在佛，还有未来佛，称为三世佛。在空间上具有普遍性，有四方佛、五方佛，还有十方佛，总称一切佛。在存在形态上具有联系性，有化身、报身佛、法身佛，总称三身佛，由此形成关于佛身理论的完整体系。其中法身论是佛教神灵观得到充分发展的表现，也是佛教具有世界宗教性质的理论标志之一。在佛教的佛身论体系中，《华严经》以毗卢遮那佛为法身佛，即以一个特定的佛作为真实法身，具有显明的个性，也具有特别的意义，不仅直接影响了密教的法身论，也对中、韩、日三国的佛教产生了深远的影响，是一个值得探讨的问题。

一 毗卢遮那法身佛的性质

毗卢遮那佛之名，梵文 virocana，照耀之义，意译遍照、普照，六十卷《华严经》音译卢舍那，八十卷《华严经》音译毗卢遮那。其名在《华严经》中主要见于《卢舍那佛品》和《入法界品》，另散见于其他九品。《卢舍那佛品》，后来唐译《如来现相品》，其中说毗卢遮那佛：

> 教化无边众生海，卢舍那佛成正觉，
> 放大光明照十方，诸毛孔出化身云，
> 随众生器而开化，令得方便清净道。①

此说毗卢遮那佛为教化无边众生而成正觉，随众生根器而放光出化身，最终目的是使众生得清净道。按佛教三身论，毗卢遮那佛成正觉是其有报身，放光出化身云是其化身，设方便道归趣清净是其法身。清净是法身的根本特性，故经中屡言清净法身。该品亦说：

> 一切三世佛所愿，皆得清净具足满，
> 佛子饶益诸众生，能自具行清净道。
> 皆能往诣诸佛所，清净法身照十方，
> 佛子智海无边底，普观诸法寂灭相。②

所谓"清净法身照十方"，是指明毗卢遮那法身的普遍性，十方表示一切处所，法身光明照彻十方，表明法身遍在，其存在没有任何差异性。所谓清净具足满，是说清净的状态是具足的、圆满的，也就是无差异性。众生与佛有差别，消灭其间的差别，是三世诸佛的愿望，故菩萨为此进修清净道，以智慧观察诸法寂灭相，寂

---

① （东晋）佛陀跋陀罗译《大方广佛华严经》卷2，《大正藏》第9卷，第405页中。
② （东晋）佛陀跋陀罗译《大方广佛华严经》卷3，《大正藏》第9卷，第407页下。

灭、涅槃都是清净的相状。《如来庄严智慧光明入一切佛境界经》说："寂灭者，即是自性清净。"① 《大宝积经·胜鬘夫人会》说："言涅槃者，即是如来清净法身。"② 清净相对于污染而言，部派佛教有心性本净、客尘所染之说，大乘认为一切法自性清净，故《入法界品》亦称法身为"无有染污清净法身"。污染也就是被破坏，清净则坚固不坏，故该品也称"如来无坏清净法身"。

清净是毗卢遮那佛法身的总相，其具体特性，如本品所说：

> 卢舍那如来，转清净法轮，
> 一切法方便，如来云普覆。
> 十方国土中，一切世界海，
> 佛愿力自在，普现转法轮。
> 一切佛土中，无量大众海，
> 言号各不同，而转净法轮。
> 卢舍那佛神力故，一切刹中转法轮，
> 普贤菩萨愿音声，遍满一切世界海。
> 法身充满一切刹，普雨一切诸法雨，
> 法相不生亦不灭，悉照一切诸世间。

其中说"法相不生亦不灭"，不生不灭是毗卢遮那清净法身的法相特性。就毗卢遮那佛转清净法轮而言，虽如来化身普遍十方国土，以不同名号为无量大众说法，照诸一切世间，看似千变万化，但也只是毗卢遮那佛的自在愿力和神力显示而已，其法身则非生非灭，如如不动。如初品所谓"如来处世无所依，法身清净无起灭"。③

---

① （北魏）昙摩流支译《如来庄严智慧光明入一切佛境界经》卷2，《大正藏》第12卷，第245页中。
② （唐）菩提流志译《大宝积经》卷119，《大正藏》第11卷，第679页中。
③ （东晋）佛陀跋陀罗译《大方广佛华严经》卷1，《大正藏》第9卷，第398页中。

本品又说：

> 无量无数亿劫中，一切佛刹微尘道，
> 卢舍那佛妙音声，具足演说本所行。
> 一切佛刹微尘数，大光明网照十方，
> 一一光中有诸佛，以无上道化众生。
> 法身坚固不可坏，充满一切诸法界，
> 普能示现诸色身，随应化导诸群生。

其中所说"法身坚固不可坏"，坚固、不可坏是毗卢遮那清净法身的法界特性。《入法界品》亦说："逮得本性清净法身，三世不坏。"[①] 法身的坚固、不可坏，一般称金刚不坏身。如《普贤行愿品》所说，入毗卢遮那广大法界解脱海者犹如金刚，从本已来不可坏故。[②] 菩萨住此解脱，具足十身，则能证得诸佛功德圆满法身。菩萨有十种义，则得诸佛犹如金刚不可坏身。[③] 所谓金刚不坏身，实际上是指法身的永恒性。

毗卢遮那佛清净法身又充满一切虚空，充满一切佛刹，充满一切法界。充满，表示其数至多至极，但充数至满反倒意味着法身的唯一性和绝对性。如说：

> 如来法身不思议，无色无相无伦匹，
> 示现色身为众生，十方受化靡不见。
> 或为众生现短命，或现长寿无量劫，

[①]（东晋）佛陀跋陀罗译《大方广佛华严经》卷60，《大正藏》第9卷，第785页中。

[②] 参见（东晋）佛陀跋陀罗译《大方广佛华严经》卷21，《大正藏》第10卷，第758页上。

[③] 参见（东晋）佛陀跋陀罗译《大方广佛华严经》卷32，《大正藏》第10卷，第808页中下。

法身多门现十方，常为世间良福田。①

其中所谓如来法身"无色无相无伦匹"，无色无相是毗卢遮那清净法身的现象特性。无伦匹是毗卢遮那清净法身的存在特性，也就是如来法身的唯一性，无色无相无伦匹是一种绝对存在。对此《入法界品》还具体说：

> 如来净法身，三界无伦匹。
> 超出诸世间，非有亦非无，
> 其实无所依，不去而遍至。
> 譬如梦所见，亦如空中画，
> 非色非无色，非相非无相，
> 非有亦非无，其性如虚空。
> 如海摩尼宝，能出种种宝，
> 众生诸光明，而光无所有。
> 导师亦如是，虽有而非有，
> 不于一处中，积集功德宝，
> 大仙现虚空，如自性实际，
> 涅槃离欲灭，皆悉是一性。②

其中"非有亦非无""其实无所依""不去而遍至"，都是清净法身相对于诸法的唯一性与绝对性，包括作为人天导师的佛身，也是虽有而非有。非色非无色、非相非无相，即是法身无色无相的进一步说明，其性质如同虚空，色与非色、非无色，相与非相、非无

---

① （东晋）佛陀跋陀罗译《大方广佛华严经》卷3，《大正藏》第9卷，第411页下—412页上。
② （东晋）佛陀跋陀罗译《大方广佛华严经》卷60，《大正藏》第9卷，第788页上。

相，贪欲与离欲以及涅槃，皆悉一性，即虚空性，虚空一性即是法身自性实际。《兜率天宫菩萨云集赞佛品》也说：

> 如来一法身，出生诸佛身，
> 菩提无二法，亦无有自性。
> 无二净法身，庄严无不现，
> 究竟如虚空，犹如幻化现，
> 功德不可尽，其唯诸佛境。
> 三世一切佛，法身悉清净，
> 随其所应化，普现妙色身。
> 未曾生想念，我为如是像，
> 远离诸希望，自然应众生。
> 不坏诸法性，亦不著法界，
> 应现种种形，教化众生故。
> 法身非变化，亦非非变化，
> 诸法无变化，示现有变化。
> 正觉不可量，究竟等法界，
> 深广无涯底，言语道悉断。①

此说法身的性质及其功德，法身无自性，唯有无二性、虚空性、不坏性、不变性。但发生不可尽的功德，出生诸佛身，显示诸佛境，普现妙色相。产生功德的条件，则是教化众生的需要。而显现不同的色身境界，则又是根据众生的业行，随众生而应化。这种绝对法身及其相对应化关系，不可思议，言语道断。如说：

---

① （东晋）佛陀跋陀罗译《大方广佛华严经》卷14，《大正藏》第9卷，第486页中。

法身无处所，充满十方界，
佛身难思议，如空无分际。①

毗卢遮那法身之清净，即便法身自身亦非实体，所谓法身无身者。《贤首菩萨品》说：

因缘所生非生性，如来法身非是身，
湛然常住如虚空，因此化导成法光。②

此说凡因缘所生法并没有生成的功能，能生成万物的法身却湛然常住，犹如虚空，也因此而化导出法界光明，遍照三界。《宝王如来性起品》也说："譬如虚空，一切色处非色处，无处不至，而非至非不至。何以故？虚空无形色故。如来法身亦复如是，至一切处、一切刹、一切法、一切众生而无所至，何以故？诸如来身非是身故，随所应化示现其身。"又"譬如虚空弥广，悉能容受一切众生而无染著。如来法身亦复如是，照一切众生世间善根、离世间善根亦无染著，何以故？如来法身于一切染著悉已断故。"③ 如来法身非是身，亦非染著，如虚空至极而不动，容受而无染。又如《十地品》所说："一切佛法身无身，而起色身三十二相、八十种好以自庄严。"④ 法身无身，而能起色身，色身即是应化身。

二　毗卢遮那法身佛的色相

毗卢遮那佛清净法身虽然坚固不可坏，不生不灭，不来不去，

---

① （东晋）佛陀跋陀罗译《大方广佛华严经》卷14，《大正藏》第9卷，第486页下。
② （东晋）佛陀跋陀罗译《大方广佛华严经》卷7，《大正藏》第9卷，第438页上。
③ （东晋）佛陀跋陀罗译《大方广佛华严经》卷34，《大正藏》第9卷，第616页上。
④ （东晋）佛陀跋陀罗译《大方广佛华严经》卷25，《大正藏》第9卷，第561页上。

非有非无，非色非无色，非相非无相，乃至如来身亦非是身。但毗卢遮那法身有愿力，有神力，因而起色相，出化身，产生种种功德。其色相就是放大光明，光明是毗卢遮那法身的唯一色相。《卢舍那佛品》说："世尊知诸菩萨心之所念，即于面门及一一齿间各放佛世界尘数光明，所谓宝幢照光明、法界妙音庄严光明、生乐垂云光明、佛十种力严净道场光明、一切宝焰云光明、清净无碍充满法界光明、能成一切世界光明、净宝金刚日幢光明、往诣菩萨大众光明、演出诸佛语轮光明，如是等一一光明各有佛世界尘数光明以为眷属，一一光明照十佛土微尘等刹。彼诸菩萨见此光已，得睹莲华藏庄严世界海。"① 可见毗卢遮那佛所放光明不仅其数无量，从光明又出光明，且有种种光明，各有不同功德，还由遍满法界的种种光明构成华藏世界海。《入法界品》描述毗卢遮那佛放光说：卢舍那佛不可思议清净色身，相好庄严。卢舍那佛于念念中放法界等光，普照一切诸法界海。于念念中一一毛孔放无量佛刹微尘等光，一一光明有无量佛刹微尘等光以为眷属，普照一切，充满法界，除灭众生一切苦恼。于念念中从顶上、两肩上放一切佛刹微尘等宝光山云，普照一切，充满法界。卢舍那佛一一光明相中出一切佛刹微尘等相，充满一切诸世界海。卢舍那佛一一毛孔出一切佛刹微尘等自在力云，初发心等清净波罗蜜庄严菩萨诸地。卢舍那佛一一毛孔念念出生不可说、不可说佛刹微尘等诸龙王、夜叉、乾闼婆、阿修罗、迦楼罗、紧那罗、摩睺罗伽等身，为见彼身而受化故。卢舍那佛一一毛孔出不可说、不可说佛刹微尘等转轮王身云，七宝成就，神力自在，充满法界，为见彼身而受化故。卢舍那佛一一毛孔出不可说、不可说佛刹微尘等梵王身云，出净梵音，为众生说法，为见闻彼而受化故。② 此又可见毗卢遮那佛不可思议清净色身，相好庄

---

① （东晋）佛陀跋陀罗译《大方广佛华严经》卷2，《大正藏》第9卷，第405页中下。
② （东晋）佛陀跋陀罗译《大方广佛华严经》卷53，《大正藏》第9卷，第735页中下。

严，不仅一一毛孔放诸法界等无量光明，而且一一光明普照一切法界，还能除灭众生一切苦恼。

毗卢遮那佛清净法身虽无形无相，并无实体，却神力自在，放大光明，遍照一切法界，是以光明为体。而毗卢遮那法身的功能尚不止于此，从其光明出生无量诸佛、菩萨乃至诸天、龙神，并无量佛刹国土，构成莲华藏世界海。但从根本上来说，从法身光明出生的一切佛、菩萨、诸天、龙神及其世界，乃至光明自体，也都是随众生而起，应化示现罢了，实际上"起者非起，得者非得，见者非见，入者非入，度者非度，满者非满，闻者非闻。何以故？分别了知法界性故，解三世法悉一性故"。法界性、一性就是法身的自性实际——空性。故《初发心菩萨功德品》说：

清净法身一，普应一切世，
湛然常不动，十方无不现，
分别一切法，不取诸法相。
了达一切法，其心无所染，
济度一切众，而无解脱者。
一切群生类，种种诸希望，
善恶无记法，寂灭如虚空。
随顺众庶类，种种欲乐相，
无量自在力，悉能应化之，
犹如工幻师，能现种种身。①

法身唯一身而能普应一切世界，法身湛然不动而能示现十方，全在于毗卢遮那佛的本愿力和威神力。《十地品》说："十方世界

---

① （东晋）佛陀跋陀罗译《大方广佛华严经》卷9，《大正藏》第9卷，第455页上中。

微尘数等诸佛皆同一号,加汝威神,所谓卢舍那佛本愿力故,本威神力故。"①《十住品》也说,十方各千佛刹尘数诸佛加汝神力,故能入是三昧正受,又卢舍那佛本愿力故,威神力故,菩萨十住,承佛神力,说微妙法。② 毗卢遮那佛的本愿力是法身出生化身、示现化境的来源。《卢舍那佛品》说:

卢舍那佛遍十方,出一切化庄严身,
彼亦不来亦不去,佛愿力故皆悉见。③

又说:

如是佛愿力,一切佛刹起,
犹如工幻师,能现种种业。
如是众生业,佛刹不思议,
如见彩画像,知是画师造,
如是见佛刹,心画师所成。
众生心不同,随起诸妄想,
如是诸佛刹,一切皆如化。
犹如见导师,种种无量色,
随众生心行,见佛刹亦然。④

还说:

卢舍那旷愿,令国土严净,

---

① (东晋)佛陀跋陀罗译《大方广佛华严经》卷23,《大正藏》第9卷,第542页中。
② 参见(东晋)佛陀跋陀罗译《大方广佛华严经》卷8,《大正藏》第9卷,第444页下。
③ (东晋)佛陀跋陀罗译《大方广佛华严经》卷4,《大正藏》第9卷,第414页上。
④ 同上书,第415页中。

如意宝遍布，种种妙华敷，
以本愿力故，处在于虚空。①

又说："能入此三昧正受，是皆卢舍那佛本愿力故。"②《兜率天宫菩萨云集赞佛品》说：

无量世界中，导师兴于世，
如来本愿力，普应十方界。③

此毗卢遮那本愿力，并非由他生，而是自在自存，故称愿力自在。如《卢舍那佛品》说：

十方国土中，一切世界海，
佛愿力自在，普现转法轮。④

《十地品》也说："若以愿力自在示现，过于此数百千万亿那由他劫不可计知。"⑤《兜率天宫菩萨云集赞佛品》说：

如来不出世，亦无有涅槃，
以本大愿力，显现自在法。
是法难思议，非心之境界，
究竟彼岸智，乃见诸佛境。
色身非如来，音声亦如是，

---

① （东晋）佛陀跋陀罗译《大方广佛华严经》卷3，《大正藏》第9卷，第412页中。
② 同上书，第408页中。
③ （东晋）佛陀跋陀罗译《大方广佛华严经》卷14，《大正藏》第9卷，第487页中。
④ （东晋）佛陀跋陀罗译《大方广佛华严经》卷3，《大正藏》第9卷，第408页上。
⑤ （东晋）佛陀跋陀罗译《大方广佛华严经》卷23，《大正藏》第9卷，第547页中。

>亦不离色声，有佛自在力。
>少智不能知，甚深佛境界，
>成就本业智，乃达诸佛境。
>诸佛无来处，去亦无所至，
>清净妙法身，显现自在力。①

以佛大本愿力而显现自在法，自在法非色非声，又不离色声。诸佛无来处，亦无去处，清净法身自在而有。愿力自在，即是法身本愿力，也是法身自在力，以本愿力自在而显现。但法身自在愿力发挥作用，则以众生业行为缘，随众生业缘而化现，不同业缘有不同化身，佛应众生而化现种种境界，说种种法，众生亦因业行见诸如来各有不同，故成就本业智，才能达到诸佛境界。这里的意思其实是说佛的愿力与众生的需要是法身产生功德的基本条件，而众生的业行则是法身产生功德的根本动因。

三 毗卢遮那佛的法身与化身

但毗卢遮那佛在《华严经》中并不仅仅作为法身佛的代名词，或者说并不是始终作为法身佛，也往往作为应化身，与释迦牟尼佛重合，因而引起古代佛教学者的争议。

按《华严经》中所说，毗卢遮那佛自身也于往劫修道，有菩萨阶段的本生故事，也于菩提树下金刚道场正觉成佛，转法轮说法，教化众生，显示出是个具体的佛。按本经法身应化说，毗卢遮那法身同时应化成佛，具有神格。经初就称普贤等诸大菩萨皆是卢舍那佛宿世善友，《兜率天宫菩萨云集赞佛品》说彼诸菩萨，皆是卢舍

---

① （东晋）佛陀跋陀罗译《大方广佛华严经》卷14，《大正藏》第9卷，第485页下。

那如来行菩萨道、修习无量诸法门时善知识。《卢舍那佛品》也说莲华藏世界海是卢舍那佛本修菩萨行时，于阿僧祇世界微尘数劫之所严净，于一一劫恭敬供养世界微尘等如来，一一佛所净修世界海微尘数愿行。故《佛小相光明功德品》有卢舍那菩萨住离垢三昧，于右手掌随形好中放一光明，出生无量自在神力，一切众生、声闻、缘觉所不能知。《入法界品》中于往劫多次成佛，如欢喜德劫时功德幢世界有十法王，第五法王为卢舍那佛。又如普照幢劫离垢光莲华藏庄严世界海娑婆世界中，卢舍那佛坐于道场菩提树下成等正觉，又念念中一切世界坐于道场成等正觉。

但毗卢遮那佛最主要的是其身份与释迦牟尼佛重合，有的地方明确说此娑婆世界卢舍那如来应供等正觉所现自在力、此娑婆世界卢舍那佛所。按三世佛来说，毗卢遮那佛也是南阎浮提世界中的现在佛，弥勒佛等是未来佛，迦叶佛、拘那含牟尼佛、尸弃佛、毗婆尸佛、提舍佛、弗沙佛、无上胜佛、无上莲华佛等是过去佛。经中还说摩耶夫人成就大愿智幻法门故，为卢舍那如来母。摩耶夫人于阎浮提迦毗罗城净饭王宫，从右胁生悉达太子，显现不可思议自在神力。卢舍那菩萨于兜率天命终时，一一毛孔放大光明，名一切如来受生圆满功德，显现不可说、不可说佛刹微尘等菩萨受生庄严，普照一切世界。照已触摩耶夫人头顶，遍入其身一切毛孔。入已普见菩萨受生，自在庄严。又见出家、往诣道场、成等正觉，菩萨、天人、大众围绕，恭敬供养，转正法轮。可见卢舍那菩萨受生为悉达太子，又显现八相成道，与释迦牟尼佛完全一致。而摩耶夫人修此大愿智幻法门故，不仅为卢舍那佛母，而且也为拘楼孙佛、拘那含牟尼佛、迦叶佛、弥勒佛、师子佛、法幢佛、善眼佛、净华佛、妙德华佛、提舍佛、弗沙佛、欢喜意佛等178佛以贤劫一切佛之母，亦于十方一切世界教化众生。

不仅如此，毗卢遮那佛与释迦牟尼父母也有往世因缘，如曾于往古世普光明真金摩尼山世界海、普庄严幢世界种、一切宝色普光明世界中曾为一切法音圆满盖王,其王父净光王即为现时净饭王,莲华光夫人即摩耶夫人。又往古世可悦乐劫一切宝世界中最初佛可坏自在幢王时,彼一阎浮提世界有宝焰眼光第一王,王夫人善喜光为最初如来母,生卢舍那菩萨时有乳母离垢光,彼乳母者即摩耶夫人,并说从是来念念常见菩萨受生自在法海,卢舍那佛教化众生自在神力。又毗卢遮那曾于往古世净光明劫妙德须弥山王世界为转轮王勇盛,具足菩萨神力自在,化作兵众,摧伏金刚光明魔军,得成正觉,其时道场神为其母,即是后来的摩耶夫人。从尔时发愿已来,卢舍那佛于一切有行菩萨行,教化众生,乃至最后受生,摩耶夫人亦常为其母。

按此诸说法,毗卢遮那佛即是释迦牟尼佛。对此《如来名号品》加以解释,认为卢舍那佛与释迦牟尼佛完全是一个佛,只是佛号不同罢了。说:

> 此四天下佛号不同,或称悉达,或称满月,或称师子吼,或称释迦牟尼,或称神仙,或称卢舍那,或称瞿昙,或称大沙门,或称最胜,或称能度。如是等称佛名号,其数一万。①

但《入法界品》中释迦牟尼佛与毗卢遮那佛同时出现,说:

> 上方过不可说佛刹微尘等世界,有世界名说无尽觉,佛号圆满普智光音。彼大众中有菩萨名分别法界智通王,与世界海微尘等菩萨俱,来向娑婆世界释迦牟尼佛所。一切相好、一切毛孔、一切肢节、一切身分、一切庄严具、一切衣服中,出卢

---

① (东晋)佛陀跋陀罗译《大方广佛华严经》卷4,《大正藏》第9卷,第419页上。

舍那等过去一切诸佛、未来一切已受记佛、未受记佛,现在十方一切世界一切诸佛及眷属云皆悉显现,过去所行檀波罗蜜及受施者皆悉显现。过去所修尸波罗蜜持戒清净,过去羼提波罗蜜割截肢节心不动乱,过去修习毗梨耶波罗蜜,过去修习一切如来禅波罗蜜海,过去修习一切如来转净法轮,过去一切悉舍不著寿命,过去欢喜乐求诸菩萨道,过去出生菩萨清净大庄严愿,过去一切菩萨力波罗蜜,过去一切菩萨圆满智慧,皆悉具足。出如是等诸自在云充满法界,皆悉显现,来诣佛所,礼拜供养。即于上方化作金刚庄严藏楼阁,青金刚宝莲华藏师子之座,结跏趺坐,一切宝网罗覆其身,三世佛号摩尼宝王为髻明珠。①

此说上方圆满普智光音佛到娑婆世界释迦牟尼佛所,于其相好身分庄严中显现过去佛卢舍那等三世佛,显然释迦牟尼佛与毗卢遮那佛还是有区别。

四 毗卢遮那法身佛的中土诠释

对于毗卢遮那佛与释迦牟尼佛异同关系,南北朝时期就有不同解释,隋唐各派也各自作了判释。吉藏《华严游意》中说南北朝学者的观点:

问:此经为是释迦所说耶?为是舍那所说耶?兴皇大师开发初即作此问。然答此之问便有南北二解。南方解云:"佛教凡有三种,谓顿、渐、无方不定也。言顿教者,即教无不圆,

---

① (东晋)佛陀跋陀罗译《大方广佛华严经》卷44,《大正藏》第9卷,第679页上。

理无不满，为大根者说。所以经云譬如日出先照高山，故言顿教。言渐教者，始自鹿园，终至鹄林所说。经教初浅后深，渐渐而说，故称渐教，就渐教中有五时不同也。言无方不定者，进不及顿，退非是渐，随缘不定，故言不定教。问：此是大乘？为是小乘耶？解云：是大乘教，《金光明》《胜鬘》等经也。用此三经者，欲释此经是释迦所说。何者？此之三教是佛教。是何佛教？解云：是释迦佛一期出世，始终有此三教。若使如此，故知《华严》是释迦佛说也。释迦虽说此三教，复不同，何者？若是渐教、无方教，此是现前说。若是顿教，遥说彼土人华，类如《无量寿经》，释迦遥说彼西方净人华，今此国三辈往生。今此经亦尔，是释迦遥说莲华藏国土净人华也。次北方论师解，彼有三佛，一法，二报，三化，《华严》是报佛说，《涅槃》《般若》等是化佛说，法佛则不说。彼判舍那是报佛，释迦是化佛，舍那为释迦之报，释迦为舍那之化，《华严经》是舍那佛说。此则是南北两师释如此也。①

按此介绍，就《华严》的佛说，南方学者认为是释迦牟尼佛说，北方学者认为是卢舍那佛说。但就释迦牟尼佛与卢舍那佛的关系，南方学者认为卢舍那佛即是释迦牟尼佛，北方学者认为卢舍那佛与释迦牟尼佛不同，卢舍那佛为报身，释迦牟尼佛为化身，也就是说卢舍那佛是释迦牟尼佛的报身，释迦牟尼佛是卢舍那佛的化身。

三论宗吉藏则认为南方定说一，北方定说异，都有问题。他引据《梵网经》中卢舍那在莲花中台、释迦在千叶的状况为据，说：

---

① （隋）吉藏撰《华严游意》，《大正藏》第35卷，第1页中下。

台叶成一莲华,舍那、释迦为一应佛。台叶成莲华,莲华共一根。舍那、释迦成一应,应佛同一本,本即是法身佛故。经云十方诸如来同共一法身界故,二佛同一本,台叶共一根也。为是两义故,云舍那释迦、释迦舍那也。①

此说卢舍那佛与释迦牟尼佛都是应化身,都是法身佛的应化,在此意义上舍那与释迦相同(同为应化身)。就佛的净土而言,经中有时明娑婆与莲华藏异,娑婆界在莲华藏外。而复台叶共成,共成一华,娑婆则不离莲华藏。何故如此?解云:"欲明娑婆与华藏,不可言异,不可言一。二处异故,不可言一。不相离故,不可言异。不可言一而一,不可言异而异,斯则非一非异,而一而异。"②

此说按一异关系论,舍那与释迦具有是一非异、是异非一的辩证关系,就孤立地来看,二者非一。联系起来看,二者又非异。

天台宗智𫖮以毗卢遮那佛译名的不同,分毗卢遮那佛为二,以毗卢遮那佛为法身,卢舍那佛为报身,释迦牟尼佛为应身。其《妙法莲华经文句》说:

法身如来名毗卢遮那,此翻遍一切处。报身如来名卢舍那,此翻净满。应身如来名释迦文,此翻度沃焦。是三如来若单取者则不可也,《大经》云:"法身亦非、般若亦非、解脱亦非,三法具足,称秘密藏,名大涅槃",不可一异、纵横并别,圆览三法,称假名如来也。《梵网经》结成华严教,华台为本、华叶为末,别为一缘,作如此说,而本末不得相离。《像法决疑经》结成涅槃,文云:"或见释迦为毗卢遮那,或为卢舍那",盖前缘异见,非佛三也。《普贤观》结成法华,

---

① (隋)吉藏撰《华严游意》,《大正藏》第35卷,第3页中。
② 同上书,第6页上。

文云"释迦牟尼名毗卢遮那",乃是异名,非别体也。总众经之意,当知三佛非一异明矣。①

《妙法莲华经玄义》解释秘藏圆果说：

境妙究竟显名毗卢遮那,智妙究竟满名卢舍那,行妙究竟满名释迦牟尼。三佛不一异,不纵横,故名妙果。②

智顗《维摩经玄疏》解释三身说：

三种法身者,一法身佛,二报身佛,三应身佛。真性解脱即是法身,毗卢遮那佛性净法身。实慧解脱即是报身,卢舍那佛净满法身也。方便解脱即是应身,释迦牟尼佛应化法身也。③

唐代的讨论情况,贤首法藏《华严经探玄记》说：

唐江南印法师、敏法师等立二教,一释迦经,名屈曲教,以逐机性随计破著故,如《涅槃》等。二卢舍那经,名平道教,以逐法性自在说故,如《华严》等。彼师释此二教略有四别：一主异,谓彼释迦化身所说,此是舍那十身所说。二处异,谓彼说在娑婆世界木树草座,此说在于莲华藏世界宝树金座。三众异,彼与声闻及菩萨说,此唯菩萨极位同说。四说异,谓彼但是一方所说,此要该于十方同说。④

---

① (隋)智顗撰《妙法莲华经文句》卷9,《大正藏》第34卷,第128页上。
② (隋)智顗撰《妙法莲华经玄义》卷6,《大正藏》第33卷,第746页下。
③ (隋)智顗撰《维摩经玄疏》卷5,《大正藏》第38卷,第553页中。
④ (唐)法藏撰《华严经探玄记》卷1,《大正藏》第35卷,第111页中。

此说江南学者认为释迦与舍那有四不同，释迦化身，随机说《涅槃》，舍那十身，随法性自在说《华严》。而就《华严经》佛身，法藏又说：

> 初定佛身者，问：此八会佛是何等身？答：有人释云是化身佛，以菩提树下八相成道是化身故，不离升天是重化故。以释迦异名名卢舍那，非别报身故。又有释云，说此经佛是实报身，以是卢舍那法界身故，居莲华藏净土中故。下第七会初叹佛具彼二十一种殊胜功德，是实报也。但以不离化故，该此树下，非是化身。今释此佛准下文中是十佛之身，通三世间，以说十信及三贤等地前所见，非实报故。然居华藏，非局化故，国土身等非前二故。具摄前二，性融通故，具足主伴，如帝网故，是故唯是周遍法界十佛之身。①

按此，法藏主张毗卢遮那佛通三世间，具十佛身，融摄化报。故解释毗卢遮那佛说：

> 卢舍那者，古来译或云三业满，或云净满，或云广博严净。今更勘梵本，具言毗卢遮那，卢舍那者此翻名光明照，毗者此云遍，是谓光明遍照也。此中光明有二种，一智光，二身光。智光亦二义，一照法，谓真俗双鉴；二照机，谓普应群品。身光亦二种，一是常光，谓圆明无碍；二放光，谓以光警悟。此中遍者亦二种，一平漫遍，无碍普周故；二重重遍，如帝网重现故。此二圆融，各全体遍，非是分遍。是故下文云"佛身充满诸法界，普现一切众生前"。如是等无量如文说。此

---

① （唐）法藏撰《华严经探玄记》卷2，《大正藏》第35卷，第130页中。

中身智无碍故,身光即智光,二遍无碍故,平遍即重重。光遍无碍故,光明即遍照,遍照性开觉,是故名为佛。此明下文世界海等诸事,一一皆是称性缘起,无碍离暗,觉照称光,无不普周法界名遍。此舍那佛非局报身,以通器等三种世间,具十身故。①

后来澄观也主张真应相融,一多无碍。其《大方广佛华严经疏》说:

一身多身经论异说,今说此经佛为真为应,为一为多。若言真者,何名释迦居娑婆界人天同见?若云应者,那言遮那,处莲华藏,大菩萨见佛法身?若云一者,何以多处别现?若云异者,何以复言而不分身?故说此经佛并非前说,即是法界无尽身云,真应相融,一多无碍。即卢遮那是释迦故,常在此处,即他处故。远在他方,恒住此故。身不分异,亦非一故。同时异处,一身圆满,皆全现故,一切菩萨不能思故。②

但天台湛然对华严宗的说法不以为然,仍坚持三身说。其《法华文句记》说:

近代翻译法报不分,三二莫辩。自古经论许有三身,若言毗卢与舍那不别,则法身即是报身。若即是者,一切众生无不圆满。若法身有,说众生亦然。若果满方说,满从报立。若言不离,三身俱然,何独法报?生佛无二,岂唯三身!故存三身,法定不说,报通二义,应化定说。若其相即,俱说俱不

---

① (唐)法藏撰《华严经探玄记》卷3,《大正藏》第35卷,第146页下。
② (唐)澄观撰《大方广佛华严经疏》卷1,《大正藏》第35卷,第505页下—506页上。

说。若但从理，非说非不说。事理相对，无说即说，即说无说，情通妙契，诤计咸失。①

又说：

前二身名一切常定故，应身名十方，各有不可说佛刹微尘名号，故彼品（《华严·名号品》）中新经云"释迦如来亦名毗卢遮那"，旧经云"亦名卢舍那"，旧经意明应身异名，故总彼二经，三名具足，其体本一。但新经意以毗卢为舍那，旧经直举他受用报，义复何失？②

根据《华严经》的佛身说，佛身有二种分法，一为二身说，一为十身说。二身者，一法身，二化身。法身清净，无形无相，无自性，无实体，亦无佛身，但充满法界，出生诸佛，示现功德，犹如日光遍照一切，取其名为毗卢遮那佛。化身由法身出生，随众生应化，三世十方间，色身变化，其数无量，其境无量，其名无量，凡为佛身、佛土均属化身。无论毗卢遮那佛还是释迦牟尼佛，无论娑婆世界还是华藏世界海，都无例外。就法身佛，释迦与遮那是一身，释迦是舍那的化身，舍那是释迦的法身。就化身佛，释迦与遮那是异身，释迦是释迦，舍那是舍那，各有因缘，各自应化。但《入法界品》中舍那与释迦重合，或一或异，无论如何解释，其佛身论的矛盾也是显而易见的。

按十身说，佛有菩提身、愿身、化身、力持身、相好庄严身、威势身、意生身、福德身、法身、智身，其中法身唯一，他身多有。毗卢遮那佛清净法身唯一，毗卢遮那佛菩提身、本愿身、化

---

① （唐）湛然撰《法华文句记》卷9，《大正藏》第34卷，第330页中。
② 同上。

身、力持身、相好庄严身、威势身、意生身、福德身、智身却有多身。假如《入法界品》中与释迦牟尼佛不是重合，那么其中毗卢遮那佛也是化身，是与释迦牟尼佛极其相似的化身。实际上，《华严经》中毗卢遮那佛的双重身份、毗卢遮那佛与释迦牟尼佛身份重合的现象，暴露了佛身理论发展过程中形而上学的法身与宗教神灵观塑造化身形象之间无法克服的矛盾。

中国古代佛教学者从各自的理论背景出发对《华严经》佛身理论作了解释，但其共同之处有二。其一都试图维护经典的权威性，只须曲尽己说，也不使经典有问题。其二都站在各自学派或宗派的立场上，用本派、本宗的学说加以阐释，宁使己说勉为其难，也不使本宗理论体系受到损伤。尽管如此，中国古代学者还是做出了自己的努力，其中智𫖮分毗卢遮那之名为二，以毗卢遮那佛为法身，以卢舍那佛为报身，以释迦牟尼佛为化身，就是企图用分名法来解决《华严经》佛身论中存在的这个矛盾，尽管这种方法不符合毗卢遮那佛的梵文名称，却是三身论对《华严经》佛身论结构矛盾的最好解释。

（吕建福，陕西师范大学宗教研究中心教授）

从色身到法身再到法身佛

——佛身思想研究

张文卓

佛身，就是佛之身。佛身问题的本质是佛陀观，即对佛的认识。佛是佛教的核心，因此佛身观的演变必然成为佛教发展的风向标。也可以说，佛教发展史实际上就是一部佛的演变史。

最初，佛就是指释迦牟尼佛，佛身就是佛陀肉身。但是随着佛教进入部派乃至大乘时期，佛不仅限于释迦牟尼，十方三世诸佛开始被普遍强调，并受到尊奉。佛的内涵与外延变得愈加复杂，这就要求在理论层面对诸佛之间的关系加以界定。不同的佛教流派，甚至不同的佛教经典，对佛的认识又不尽相同，造成了佛身思想的复杂性。随着佛教发展，差异中又表现出统一的趋势，逐渐形成佛的三身理论，即法身、报身、化身，最终被诸派普遍接受。

一 法身的形成

佛教关于佛身的讨论源于释迦灭度的直接刺激。佛陀灭寂，弟子一方面沉痛哀悼①,并以各种方式缅怀,包括供养舍利塔等。另一方面也促使弟子们反思,反思的内容应该包括：佛为何会灭寂？佛灭寂后还存在吗？以什么样的形式存在？存在于何处？释迦牟尼佛和十方三世诸佛之间是什么关系？佛陀灭度后佛教该如何发展、以何为指导？正是在探讨和回应上述问题的过程中佛身理论延展开来,成为佛教的核心问题,随着佛教的发展而演变,并逐渐形成了化身、报身、法身的三身理论。

(一) 早期佛身观——色身

佛身最初就是指释迦牟尼的肉身。如载："于后夏安居中,佛身疾生,举体皆痛。"② 这里所说的佛身显然是佛陀肉身,不能脱逃生老病死,生病也会痛楚,与众生无异。这是佛身最初的内涵,后来的发展与演变都建立在此基础上。虽然释迦的肉身也有生灭,但是较之众生,依然有诸多特别之处,也就是常说的"三十二相""八十种好"。

释迦灭寂震惊了当时的佛教界,成为引发佛身问题的导火索。部派佛教时期,各派对于佛身及相关问题的认识已经出现较大分歧。如大众部、一说部、说出世部、鸡胤部认为："诸佛世尊皆是出世,一切如来无有漏法,诸如来语皆转法轮,佛以一音说一切法,世尊所说无不如义,如来色身实无边际,如来威力亦无边际,诸佛寿量亦无边际。"③ 可以看出,对释迦牟尼佛的认识已经有神话的成分,认为佛是无漏的,与佛相关的一切都是圆满的。而说一切有部则认为："非如来语皆为转法轮,非佛一音能说一切法,世尊

---

① 《佛如涅槃密迹金刚力士哀恋经》栩栩如生地展现了佛陀灭度后信徒们的沉痛与疑惑。详见失译《佛如涅槃密迹金刚力士哀恋经》,《大正藏》第 12 卷, 第 1116 页上—1118 页上。另外,《长阿含经》卷 4 也详细描述了佛陀灭度的过程,读之犹身临其境。
② (后秦) 佛陀耶舍、竺佛念译《长阿含经》卷 2,《大正藏》第 1 卷, 第 15 页上。
③ (唐) 玄奘译《异部宗轮论》卷 1,《大正藏》第 49 卷, 第 15 页中。

亦有不如义言，佛所说经非皆了义，佛自说有不了义经"①，显然对于佛的认识与大众部等有很大差异。

佛身、法身都与舍利有关系。佛身，梵文 Buaddhśarīra；法身，梵文 Dharmaśarīra；舍利，梵文 śarīra。可以看出，佛身、法身二词的梵文皆以 śarīra 为主干，而 śarīra 的词根是 √sari，意即支持、支撑。②《一切经音义》说："舍利，正言设利罗，或云实唎，此翻为身也"③，又说"设利罗，梵语也，古译讹略，或云舍利，即是如来碎身灵骨也"④。《央掘魔罗经》反问："佛身无筋骨，云何有舍利？如来离舍利，胜方便法身。如来不思议，未信令信乐，故以巧方便，示现有舍利，方便留舍利，是则诸佛法。"⑤ 说明本来佛身没有舍利，但是为了教化的需要才示现为舍利，而且认为舍利是如来法身的象征，所以供养舍利功德无量。

在诸多经典中都将舍利视为法身的显现。如《大般若波罗蜜多经》说：

> 一切如来应正等觉皆由般若波罗蜜多，通达真如、法界、法性及实际等，成就法身。由法身故说名为佛，佛设利罗依法身故，乃为世间恭敬供养。⑥

《大般涅槃经》也说：

> 若欲尊重法身舍利，便应礼敬诸佛塔庙。所以者何？为欲

---

① （唐）玄奘译《异部宗轮论》卷1，《大正藏》第49卷，第16页下。
② MonierMonier-Williams, *A Sanskrit-English Dictionary*, Oxford University Press, 1899, p. 1057.
③ （唐）慧琳撰《一切经音义》卷22，《中华藏》第57册，第852页下。
④ （唐）慧琳撰《一切经音义》卷2，《大正藏》第54卷，第321页中。
⑤ （刘宋）求那跋陀罗译《央掘魔罗经》卷2，《大正藏》第2卷，第526页下。
⑥ （唐）玄奘译《大般若波罗蜜多经》卷541，《大正藏》第6卷，第781页下。

化度诸众生故，亦令众生于我身中起塔庙想，礼拜、供养。如是，众生以我法身为归依处。①

《大般涅槃经后分》亦说：

供养舍利即是佛宝，见佛即见法身，见法即见贤圣，见贤圣故即见四谛，见四谛故即见涅槃，是故当知三宝常住，无有变易，能为世间作归依故。②

佛陀灭度后，舍利崇拜骤兴，并伴随着佛塔的发展而流传。舍利与塔一开始就密不可分，《一切经音义》说："窣堵波，上苏骨反，下都古反，亦梵语，塔也。古云苏偷婆，古译不正也，即碎身舍利砖塔也，古译或曰浮图也。"③ 又载："窣堵波，上苏没反，古译云薮斗婆，又云偷婆，或云兜婆，曰塔婆，皆梵语讹转不正也。此即如来舍利砖塔也，或佛弟子、缘觉、声闻及转轮王等身皆得作塔，或石、或砖、或木塔是也，或曰方坟，或曰庙，皆一义耳也。"④ 可以看出舍利和塔自一开始就有必然联系，塔专为存放、供养舍利而建，舍利起初就存放在塔中。

部派佛教时期，舍利信仰愈发流行，并引发了关于供养制多有无功德问题的探讨，成为部派分裂的因素之一。《异部宗轮论》载：

制多山部、西山住部、北山住部，如是三部本宗同义，谓诸菩萨不脱恶趣，于窣堵波兴供养业不得大果，有阿罗汉为余

---

① （北凉）昙无谶译《大般涅槃经》卷8，《大正藏》第12卷，第650页下。
② （唐）若那跋陀罗译《大般涅槃经后分》卷上，《大正藏》第12卷，第903页中。
③ （唐）慧琳撰《一切经音义》卷2，《大正藏》第54卷，第321页中。
④ （唐）慧琳撰《一切经音义》卷13，《大正藏》第54卷，第386页中。

所诱，此等五事及余义门所执多同大众部说。①

此中说到制多山部、西山住部、北山住部三个部派一致认可的主要观点，其中一条是认为供养窣堵波不得大果，亦即没有大功德。但是法藏部与此相反，认为供养窣堵波有大功德，如《异部宗轮论》载：

> 其法藏部本宗同义，谓佛虽在僧中所摄，然别施佛果大，非僧，于窣堵波兴供养业，获广大果。②

窣堵波是专门用来供养佛身舍利的塔，所以供养窣堵波亦即供养佛舍利，所以这里主要讨论的依然是供养佛舍利有无功德、能否成就佛果的问题，成为部派分裂的重要原因，也反映出舍利信仰一开始就成为关乎佛教发展的重要问题。

舍利信仰，本质上依然是佛身信仰。对佛身舍利的崇拜实际上反映出对释迦牟尼佛色身的崇拜，尽管后来佛教大为强调法身，但色身信仰不仅在原始佛教中扮演着重要角色，即使在法身信仰盛行的后期佛教，色身信仰依然发挥着重要作用。舍利崇拜是一种特殊的佛教信仰形式，具有直观性，见佛舍利如见佛陀，这对宣传佛教信仰、团结佛教信众、维系信徒情感等方面甚至有着法身所不能替代的功用，所以舍利信仰至今仍扮演着重要角色，如法门寺佛指骨舍利崇拜、栖霞寺佛顶骨舍利信仰等。

（二）佛身观的重大转变——"法身"

法身的提出是佛身理论发展的一个重大转变，也是影响佛教走

---

① （唐）玄奘译《异部宗轮论》，《中华藏》第50册，第130页上。
② 同上书，第131页中下。

向的一个关键因素。虽然在不同发展阶段各派关于佛的法身的认识都不尽相同，但是有一点还是被普遍认同的，那就是法身是超越肉身的本源性的存在，是一种作为精神理体的存在。

"法身"这一汉译佛经术语，虽然早在东汉安世高所译《长阿含十报法经》中已经出现①，但是意思含糊，很难把握此中法身的准确含义。三国吴支谦所译《大明度经》中出现法身概念，其内涵已经较为明晰。《大明度经》载：

> 善业知其心所念，语诸天子："是经难了难了。所以者何？我所道说所教起，都为空矣。以斯故难闻，闻而难了。"诸天子心复作是念："是语当解当解。今尊者善业深入于法身。"即告诸天子："设使欲索沟港、频来、不还、应仪、缘一觉无上正真道，若于其道中住，皆当学明度，当持守。"②

《大明度经》属于般若经系，此中宣扬该经难以听闻，即使听闻也难以理解，应该深入法身。可以看出，这里所说法身，也就是般若经的主旨——般若中道。

西晋元康元年（291），由无罗叉译出的《放光般若经》中频繁使用法身概念，与后来法身的内涵一致。《放光般若经》云：

> 须菩提！般若波罗蜜亦不持无为法有所与，亦不弃有为法。何以故？有佛无佛，法性住如故。法性者则是法身，亦不以忘住亦不以损住。③

---

① 《长阿含十报法经》卷1："第十四法，自证。一法身当知、二法意当知、三法眼当知、四法慧当知，是为行者四十法，是不非，是不异，有谛如，有不惑不倒，是如是有持慧意观"（《大正藏》第1卷，第234页中）。

② （吴）支谦译《大明度经》卷2，《大正藏》第8卷，第482页下、483页上。

③ （西晋）无罗叉译《放光般若经》卷9，《大正藏》第8卷，第67页下。

此中直言法性就是法身。所谓法性，即诸法之本性，在般若经系中法性即为空性。此中对于法身的认识非常明确，并将法与佛分离，且将法置于更高的地位，"有佛无佛，法性住如故"，认为法性是独立于佛的一种永恒的存在，这与后来般若经所强调的三世诸佛从般若波罗蜜多生是一致的。

稍后由竺法护译出的《光赞经》也使用了法身概念。经云："须菩提！审如仁者为世尊子，从法门生，常以顺法，为法所化，因法而与不为荣冀，自然因缘证于法身，仁者则为行空第一。"① 又云："何谓菩萨而常审谛观诸佛身？以真正见诸佛则为法身故。"② 都反映出在竺法护的译经中，法身概念已经频繁使用，意思明确，与后来对法身的理解无二。

另外，鸠摩罗什所译《摩诃般若波罗蜜经》中法身的内涵明确，且出现法身与色身相对的说法。其载："云何菩萨如实观佛身？如实观法身故，是为菩萨住八地中具足五法。"③ 其中隐含着不可以色身见佛的思想。又说："善男子！诸佛不可以色身见，诸佛法身无来无去，诸佛来处去处亦如是。"④ 明确说不可以色身见如来。在罗什所译的《小品般若波罗蜜经》中也表达了这一思想，说："诸佛如来，不应以色身见。诸佛如来皆是法身故。善男子！诸法实相，无来无去，诸佛如来亦复如是"⑤。又云：

  复次，世尊！有人欲见十方无量阿僧祇诸世界中现在佛法身、色身，是人应闻受持般若波罗蜜，读诵、正忆念、为他人

---

① （西晋）竺法护译《光赞经》卷3，《大正藏》第8卷，第166页下。
② （西晋）竺法护译《光赞经》卷7，《大正藏》第8卷，第198页中。
③ （后秦）鸠摩罗什译《摩诃般若波罗蜜经》卷6，《大正藏》第8卷，第259页中。
④ （后秦）鸠摩罗什译《摩诃般若波罗蜜经》卷27，《大正藏》第8卷，第421页下。
⑤ （后秦）鸠摩罗什译《小品般若波罗蜜经》卷10，《大正藏》第8卷，第584页中。

演说。如是善男子、善女人，当见十方无量阿僧祇世界中诸佛法身、色身。是善男子、善女人行般若波罗蜜，亦应以法相修念佛三昧。复次，善男子、善女人欲见现在诸佛，应当受是般若波罗蜜乃至正忆念。①

这里还提出"十方无量阿僧祇诸世界中现在佛"，表明对佛的理解已经突破了原始佛教。原始佛教时期虽然承认三世佛的存在，但重点仍然是现在佛——释迦牟尼佛，而且强调现在佛有且仅有释迦牟尼佛。但是罗什所译该经中已经承认现在佛不只有释迦牟尼佛，而且在十方世界中有无数无量的现在佛。

可以看出，从三国吴支谦译经中最早出现法身这一概念，到两晋时期已经频繁出现于汉译佛经，在竺法护、法显、瞿昙僧伽提婆、鸠摩罗什、佛陀跋陀罗等人所译佛经中，法身概念已经得到普遍使用，其内涵也日益丰富并发展，奠定了法身思想在中国佛教史上的发展，也为中国佛教心性论的兴起埋下了伏笔。

法身这一概念在汉译佛经中的流传折射出法身思想在佛教思想史上的发展。法身何时兴起？又为何兴起呢？可以从两个方面考察，一个是对释迦灭度的反思，一个是大乘佛教的兴起，具体来说是多佛的出现，即对十方三世诸佛的普遍信仰，促使佛身观的变化，法身正是在这样的时代背景下急剧发展的。至于汉地佛教中法身思想的流传，一方面因为受印度佛教发展的影响，而且汉地佛教界与印度佛教界所面对的问题具有共通性，一方面也与中国传统思想的趋向密切相关，这从庐山慧远等人身上可以窥见。

就第一个方面来看，在原始佛教中，释迦作为佛教创始人和教团领袖，他和弟子们及追随者一起修行，和大家过着集体生活，授

---

① （后秦）鸠摩罗什译《摩诃般若波罗蜜经》卷10，《大正藏》第8卷，第292页中。

业解惑,俨然是一位修行导师和领路人,这一切从早期佛教经典(包括汉译佛经以及一些更早的梵文、巴利文经典)中都可以得知。此时对佛陀的认识基本上是对佛陀肉身的认知,当然释迦之所以成佛必然有异于常人之处,因此"三十二相""八十种好"便成为佛陀的专属。对佛陀的认识虽然不免有神话的成分,但是比起大乘佛教中的佛陀观,确是小巫见大巫。佛陀观转变的直接原因当是佛陀灭度带来的震动。

从感情上来讲,信众难以接受佛陀离去,其悲恸之情可以想见。悲恸之余,也促使信徒们开始反思佛陀灭寂,如《长阿含经》云:

> 是时,阿难在佛后立,抚床悲泣,不能自胜,歔欷而言:"如来灭度,何其驶哉!世尊灭度,何其疾哉!大法沦曀,何其速哉!群生长衰,世间眼灭,所以者何?我蒙佛恩,得在学地,所业未成,而佛灭度"。[1]

在佛陀灭度前的最后时刻,释迦告诫弟子们不要悲伤,不要担心以后无所恃,也不要担心佛法难继,当以经戒为师。《长阿含经》说:

> 阿难!汝谓佛灭度后无复覆护,失所恃耶?勿造斯观,我成佛来所说经戒,即是汝护,是汝所恃。[2]

《佛般泥洹经》:

---

[1] (后秦)佛陀耶舍、竺佛念译《长阿含经》卷4,《大正藏》第1卷,第25页中。
[2] 同上书,第26页上。

> 佛告阿难：我般泥洹后，阿难从佛口受闻经戒师法。阿难当道言："我从佛口闻是法，当为后比丘僧说之。"①

类似的说法还有《大般涅槃经》：

> 尔时，如来告阿难言："汝勿见我入般涅槃便谓正法于此永绝。何以故？我昔为诸比丘，制戒波罗提木叉及余所说种种妙法，此即便是汝等大师，如我在世无有异也。"②

这就指明佛陀灭度后，当以经法为师，经法的地位开始凸显。这也可以解释为何佛陀灭度后就开始了数次集结，而集结的主要目的就是整理经戒，统一佛法。

经法地位的提高是后来佛与法分离的开端。早期所说的法就是经法，即佛陀言教，逐渐演变出以经法为佛陀法身的观念，最后才有至高无上的精神理体——法身的形成。

再看第二个方面，即大乘佛教多佛信仰的兴起。原始佛教中，除了释迦牟尼佛以外，也提到过去、现在、未来三世佛，但释迦是唯一的现在佛，地位最高。但是随着发展，三世诸佛的地位开始抬升，甚至出现了十方三世诸佛，从时间和空间两个层面打破了释迦独尊的局面。三国时期支谦所译的汉译经典中已经大量出现"三世诸佛"的说法，大致可以推断公元2世纪前后三世诸佛已在印度广泛流传。鸠摩罗什所译佛经中也出现三世诸佛，尤其在东晋佛陀跋陀罗所译的《六十华严》中三世诸佛频频出现。③ 览诸《六十华严》，发现经中三世诸佛出现的频率远远高于释迦牟尼佛，主语

---

① （西晋）白法祖译《佛般泥洹经》卷1，《大正藏》第1卷，第167页上。
② （东晋）法显译《大般涅槃经》卷3，《大正藏》第1卷，第204页中。
③ 这里要注意"三世佛"与"三世诸佛"也有差异，前者在早期汉译佛经中所指往往比较模糊，似乎就是一个佛的名号，但后者则比较明确，泛指过去、现在、未来三世中的很多佛。

（施动者）基本上都是三世诸佛，其地位已经俨然超越了释迦牟尼佛。

综上，佛教起初只崇拜释迦牟尼佛，后来逐渐承认三世诸佛，但仍强调现在佛只有释迦，再后来逐渐承认十方诸佛。也就是在同一时空下，有无量无数佛，这无疑削弱了释迦的地位，而且数量众多的佛之间到底是什么关系成为一个理论问题，对这个问题的回应也催生了法身佛的形成。也要看到，多佛的出现必然导致佛与法的分离。因为既然有多佛存在，那么问题就来了：他们都是怎么成佛的？或者在何种意义上才能被称之为佛？答案是：只要契合于"法"就是"佛"，就能成佛。"佛"与"法"的分离最早出现在般若经类，并逐步使法的地位凸显，最终形成三世诸佛皆从法生的思想。表面上看，这样似乎使佛屈身于法，但实际上却突破了小乘佛教对佛的理解，佛成为一种绝对的精神理体，成为万法存在的依据。较之原始佛教佛陀作为导师的情形，佛的地位大大超越。

纵观佛教史可知，法身从最初的佛身逻辑演进而来，即在最初佛身的基础上，抽象出一种永恒的、普遍的、具有神力的、本体性的存在，成为法身的基本内涵。由色身到法身，看似简单，其实反映了佛教发展的内在逻辑。随着这种普遍的、抽象的法身概念的确立，佛教信仰得到加强，反映出佛教向大乘信仰主义发展的痕迹与趋势。

二　法身的内涵及异译

关于法身，常见有两个梵文对应词，即 Dharmakāya 和 Dharma-śarīra，二者皆有文献依据。《翻梵语》载："昙摩迦菩萨，应云昙摩迦耶,译曰法身"①,此中昙摩迦耶就是梵文 Dharmakāya 的音译。另外,据《佛说佛母出生三法藏般若波罗蜜多经》的校注:"由一切智智为所依故,即得佛身,即得法身,得僧伽身(佛身 Buaddh-śarīra;法身 Dharmaśarīra;僧伽身 Saṅghaśarīra)"②,可知法身的梵文对应词也可以是 Dharmaśarīra。这两个梵文词都由两部分构成,前面都是 Dharma(法),后面一个是 kāya,有身体之意,③ 一个是 śarīra,前文已有讨论。

在法身思想中,五分法身说有深远影响。"五分法身"在原始佛教时期已经提出,如东晋瞿昙僧伽提婆所译《增一阿含经》说:

> 今迦叶比丘亦复快哉!……已身处岩穴,复叹说岩穴之德,已身戒成就、三昧成就、智慧成就、解脱成就、解脱见慧成就,复能教人成此五分法身,身能教化,复能教人使行其法。④

后秦竺佛念译《菩萨璎珞本业经》亦说:

> 所谓五分法身:戒除形非,定无心乱,慧悟想虚,解脱无累,无累知见,一切众生无缚,为知见解脱故,诸法虚空无二故。⑤

后魏慧觉等译的《贤愚经》认为法身就是戒、定、慧、解脱、

---

① 行信撰《翻梵语》卷2,《大正藏》第54卷,第992页中。
② (宋)施护译《佛说佛母出生三法藏般若波罗蜜多经》卷3,《大正藏》第8卷,第596页上。
③ MonierMonier-Williams, *A Sanskrit-English Dictionary*, Oxford University Press, 1899, p. 274.
④ (东晋)瞿昙僧伽提婆译《增一阿含经》卷29,《大正藏》第2卷,第711页中。
⑤ (后秦)竺佛念译《菩萨璎珞本业经》卷1,《大正藏》第24卷,第1013页下。

解脱知见，如说："此舍利弗，虽复灭度，其戒、定、慧、解脱、解脱知见，如是法身亦不灭也。"① 鸠摩罗什的翻译中也普遍使用五分法身说。

下面从最早兴起的两类大乘经典入手，分析法身思想的形成与发展。

（一）般若经系的法身思想

般若类经典是最早出现的大乘佛教经典之一，其中最早出现的是《道行般若注》，也称小品般若，随后出现《放光般若经》《光赞般若》，世称大品般若，至玄奘所译《大般若经》时，般若类经典已经形成一个完整的庞大体系。般若经类以六度为中心，旨在阐发诸法性空之理。法身的形成与般若经的兴起有密切关系，同时般若经中的法身思想也深深打上了诸法性空的烙印。

般若经系以法性为法身，法性即诸法之性，在般若经中也就是空性。《放光般若经》直云：

> 须菩提！般若波罗蜜亦不持无为法有所与，亦不弃有为法。何以故？有佛无佛法性住如故。法性者则是法身，亦不以忘住亦不以损住。②

此中法性超越于佛，有佛无佛法性恒在。

认为诸佛不应以色身见，只能以法身见。《光赞经》载："何谓菩萨而常审谛观诸佛身？以真正见诸佛则为法身故。"③ 这一思想在后出的《摩诃般若波罗蜜经》中得到贯彻，说："善男子！诸佛

---

① （后魏）慧觉等译《贤愚经》卷6，《大正藏》第4卷，第388页中。
② （西晋）无罗叉译《放光般若经》卷9，《大正藏》第8卷，第67页下。
③ （西晋）竺法护译《光赞经》卷7，《大正藏》第8卷，第198页中。

不可以色身见，诸佛法身无来无去，诸佛来处去处亦如是。"① 又说："所有法身，无所从来，亦无所去。"②

后秦鸠摩罗什所译《小品般若波罗蜜经》中透露出法相、如来相、法身具有内在一致性，其云：

> 诸佛如来，不应以色身见，诸佛如来皆是法身故。善男子！诸法实相，无来无去，诸佛如来亦复如是……善男子！应当如是观诸如来来去之相，亦应如是观诸法相。善男子！汝若如是观诸如来，及一切法无来无去，无生无灭，必至阿耨多罗三藐三菩提，亦得了达般若波罗蜜方便。③

梁朝僧伽婆罗译《文殊师利所说般若波罗蜜经》：

> 尔时，世尊告文殊师利："汝今真实见如来乎？"文殊师利白佛言："世尊！如来法身本不可见，我为众生故来见佛。佛法身者不可思议，无相无形，不来不去，非有非无，非见非不见，如如实际，不去不来，非无非非无，非处非非处，非一非二，非净非垢，不生不灭。我见如来亦复如是。"佛告文殊师利："汝今如是见如来乎？"文殊师利白佛言："世尊！我实无见亦无见相。"④

小品般若和大品般若虽然篇幅不大，但是般若经的主旨已表露无遗。至玄奘译出《大般若经》，基本上囊括了当时流传的所有般

---

① （后秦）鸠摩罗什译《摩诃般若波罗蜜经》卷27，《大正藏》第8卷，第421页下。
② （唐）玄奘译《大般若波罗密多经》卷399，《大正藏》第6卷，第1067页中。
③ （后秦）鸠摩罗什译《小品般若波罗蜜经》卷10，《大正藏》第8卷，第584页中。
④ （梁）僧伽婆罗译《文殊师利所说般若波罗蜜经》卷1，《大正藏》第8卷，第733页中。

若类经典，般若经的思想也已定型，其中法身思想更加丰富。

《大般若经》中，佛与法完全分开，法高于佛，佛也遵循法的规律，也就是法性或法相。并以法性不来不去论证诸佛亦不来不去，表明佛是诸法之一，也必须遵循法性。如《大般若波罗蜜多经》有载：

> 尔时，法涌菩萨摩诃萨告常啼菩萨摩诃萨言："善男子！一切如来、应、正等觉、明行圆满、善逝、世间解、无上丈夫、调御士、天人师、佛、薄伽梵所有法身，无所从来，亦无所去。何以故？善男子！诸法实性皆不动故"①。

契合于般若经的主旨，《大般若经》将般若至于最高地位，提出般若波罗蜜多是诸佛母的思想，也就是诸佛从般若生。此中所说生，意即诸佛依据般若而存在。早在《放光般若经》中已经出现这种思想，如言：

> 须菩提！诸法无知无见。云何无知无见？以诸法无所入、无所著故。以是故，般若波罗蜜是如来母、世间之导。不见五阴，是故为导；乃至萨云若亦无所见，是故为导。以是故，般若波罗蜜是诸佛母、世间之导。②

稍后鸠摩罗什译《摩诃般若波罗蜜经》也表达了相似的观点，说："般若波罗蜜是过去未来现在十方诸佛母，十方诸佛所尊重故。"③又说：

---

① （唐）玄奘译《大般若波罗蜜多经》卷399，《大正藏》第6卷，第1067页中。
② （西晋）无罗叉译《放光般若经》卷11，《大正藏》第8卷，第78页上。
③ （后秦）鸠摩罗什译《摩诃般若波罗蜜经》卷27，《大正藏》第8卷，第423页下。

尔时佛告须菩提："般若波罗蜜是诸佛母，般若波罗蜜能示世间相，是故佛依止是法行，供养恭敬尊重赞叹是法。何等是法？所谓般若波罗蜜。诸佛依止般若波罗蜜住，恭敬供养尊重赞叹是般若波罗蜜。何以故？是般若波罗蜜出生诸佛。佛知作人，若人正问知作人者，正答无过于佛。何以故？须菩提！佛知作人故。须菩提！佛所乘来法，佛所从来道，得阿耨多罗三藐三菩提。是乘是道，佛还恭敬供养尊重赞叹受持守护。须菩提！是名佛知作人。"①

这一思想在唐玄奘所译《大般若波罗蜜多经》中表达得更加明晰。其中说：

善现！若一切如来应正等觉真如，若一切有情真如，若一切法真如，无二无别，是一真如。如是真如无别异故，无坏无尽，不可分别。善现！一切如来应正等觉依甚深般若波罗蜜多证一切法真如究竟，乃得无上正等菩提，由此故说甚深般若波罗蜜多能生诸佛，是诸佛母，能示诸佛世间实相。善现！如是如来应正等觉，依甚深般若波罗蜜多，如实觉一切法真如不虚妄、不变异。由如实觉真如相故，说名如来应正等觉。②

此中首先提出诸法真如是一，无二无差别，而诸佛如来正是因为证悟了知这一甚深道理，所以才成为如来。但是要证悟这个道理则必须依靠般若智慧，佛如此，众生亦如此。也就是在这个意义上，才说般若波罗蜜多是诸佛母。此中所说"真如"，也就是"法

---

① （后秦）鸠摩罗什译《摩诃般若波罗蜜经》卷14，《大正藏》第8卷，第326页上。
② （唐）玄奘译《大般若波罗蜜多经》卷306，《大正藏》第6卷，第558页中。

性""诸法实相",说到底,在般若类经典中也就是诸法性空之理。《大般若波罗蜜多经》载:

> 善现!如是!如是!如汝所说,一切法性无生、无起、无知、无见,依世俗说甚深般若波罗蜜多能生诸佛,是诸佛母,亦能如实示世间相。①

又说:"甚深般若波罗蜜多能为诸佛显世间空,故名佛母,能示诸佛世间实相。"② 将佛与法分开,并将法凌驾于佛,这解决了一个重要问题,即只要众生契合于法,那就可以成佛。在般若经中,所谓契合于法,实际上就是契合般若智慧。这一思想的提出,无疑为众生成佛的可能性提供了理论基础,有益于佛教信仰的传播,对后来的佛教发展有深远影响。

《大般若经》将真如、法界、法性、实际视作等同于法身的概念。《大般若波罗蜜多经》说:

> 善男子!一切如来、应、正等觉不可以色身见,夫如来者即是法身。善男子!如来法身即是诸法真如、法界,真如、法界既不可说有来有去,如来法身亦复如是无来无去。③

又说:

> 一切如来应正等觉皆由般若波罗蜜多,通达真如、法界、法性及实际等,成就法身。由法身故说名为佛,佛设利罗依法

---

① (唐)玄奘译《大般若波罗蜜多经》卷306,《大正藏》第6卷,第561页上。
② (唐)玄奘译《大般若波罗蜜多经》卷510,《大正藏》第6卷,第606页上。
③ (唐)玄奘译《大般若波罗蜜多经》卷399,《大正藏》第6卷,第1068页上。

身故，乃为世间恭敬供养。①

又载：

真如名为无异、无变、无生、无灭，自性真实，以无灭故说名真如；如实知见诸法不生，诸法虽生真如不动，真如虽生诸法而真如不生，是名法身。②

可以看出，《大般若波罗蜜多经》对于法身的理解与般若类经典的主旨完全一致，把法身归结为真如、法性，也可以理解为空，其特性是无来无去、不可以色身见，实际上也就是所谓空性。用般若遮诠的方法，通过否定破除人们对色身的执着，建构起一种无处不在、无所不能的法身形象，实际上强化了法身信仰。《般若经》是大乘佛教最重要的经典，该经对后来大乘佛教的发展影响深远，贯穿整个后来佛教的发展。

（二）涅槃经系中的法身思想

笈多王朝时期，《大般涅槃经》已经开始流传，并很快传播到汉地。该经在汉地流传的版本主要有三个：起初有法显自天竺取来，共觉贤译出的六卷本《佛说大般泥洹经》，只是全经的一部分，相当于《大众问品》，即吕澂所言前分；后有昙无谶译出的四十卷本《大般涅槃经》，即现在所称"北本"，吕澂称为后分；再有慧严、慧观与诗人谢灵运等汇编而成的《大般涅槃经》，称为"南本"。③ 涅槃经类是佛教经典中的重要一类，旨在纠正小乘佛教关于

---

① （唐）玄奘译《大般若波罗蜜多经》卷541，《大正藏》第6卷，第781页下。
② （唐）玄奘译《大般若波罗蜜多经》卷569，《大正藏》第7卷，第937页下。
③ 参见吕澂《印度佛学源流略讲》，上海世纪出版集团、上海人民出版社2005年版，第157页。

佛陀灭度的断见，显扬佛的涅槃四德——常、乐、我、净。其对法身的认识也遵循了本经的主题。

《大般涅槃经》提出法身具有"常、乐、我、净"四德，真实不虚。为何不虚，因为佛性是常，而且一切众生皆有佛性。既然一切众生皆有佛性，那众生和佛有何差别？众生佛性被无明烦恼所遮蔽，隐而未显，只有经过修行，去除烦恼，才能使佛性显现，成就佛果。《佛说大般泥洹经》说："然彼佛者是我义，法身是常义，泥洹是乐义，假名诸法是净义。"①

此外，"《大涅槃经》中的佛性也用了'如来藏'的名字"。②《大般涅槃经》载："佛言，善男子！我者即是如来藏义，一切众生悉有佛性即是我义。如是我义从本已来常为无量烦恼所覆，是故众生不能得见。"③ 这是涅槃经类的独特思想，对后来如来藏思想的发展产生深远影响。即使在《华严经》中，也能找到如来藏的影子。

与常乐我净的涅槃四德相应，涅槃类经典重在强调法身是常。这一思想在东晋法显译《佛说大般泥洹经》中已经出现，说："当知如来法身常住，非变易法，非磨灭法，广为人说。"④ 又说："如来身者是常住身，是不坏身，是金刚身，非秽食身，是则法身，当作是观。"⑤ 这一思想自然也被昙无谶译本所继承发展，如《大般涅槃经》说："我者，即是佛；常者是法身义；乐者是涅槃义；净者是法义。"⑥ 又说："无我者，即生死；我者，即如来。无常者，声闻、缘觉；常者，如来法身。苦者，一切外道；乐者即是涅

---

① （北凉）昙无谶译《大般涅槃经》卷2，《大正藏》第12卷，第862页上。
② 吕澂：《印度佛学源流略讲》，上海世纪出版集团、上海人民出版社2005年版，第159页。
③ （北凉）昙无谶译《大般涅槃经》卷7，《中华藏》第14册，第72页下。
④ （东晋）法显译《佛说大般泥洹经》卷2，《大正藏》第12卷，第865页上。
⑤ 同上书，第866页上。
⑥ （北凉）昙无谶译《大般涅槃经》卷2，《大正藏》第12卷，第617页上。

槃。不净者即有为法；净者，诸佛菩萨所有正法。是名不颠倒。以不倒故，知字知义。若欲远离四颠倒者，应知如是常、乐、我、净。"①

《大般涅槃经》明确将佛身分为两种，即生身和法身。这与《大般若经》中的色身、法身的分法一致。说：

> 善男子！我于经中说如来身，凡有二种：一者生身、二者法身。言生身者，即是方便应化之身。如是身者，可得言是生老病死、长短黑白、是此是彼、是学无学。我诸弟子闻是说已，不解我意，唱言如来定说佛身是有为法。法身即是常乐我净，永离一切生老病死、非白非黑、非长非短、非此非彼、非学非无学。若佛出世及不出世，常住不动，无有变易。善男子！我诸弟子闻是说已，不解我意，唱言如来定说佛身是无为法。②

这是涅槃经对法身的总体性认识。

涅槃经类认为法界即如来法身。《大方等无想经》说：

> 一切法界实无有身；实相之相，毕竟真实，是名如来。无量无边、不可思议诸大功德之所成就如是身者，即是诸佛真法身也，其义甚深，不可思议。如来法界，深邃幽远，不移本处宣说正法，十方诸佛皆得闻知。所以者何？如来自在神力行故，如是深语，声闻、缘觉所不得闻。③

---

① （北凉）昙无谶译《大般涅槃经》卷2，《大正藏》第12卷，第617页中。
② （北凉）昙无谶译《大般涅槃经》卷34，《大正藏》第12卷，第567页上。
③ （北凉）昙无谶译《大般涅槃经》卷1，《大正藏》第12卷，第1082页中。

（三）汉译佛经中法身概念的别称

佛身思想演变的过程中，法身的内涵乃至名称在不同的思想体系、不同经典中并不相同，总结起来，佛教表达法身思想的术语除了法身之外，主要还有涅槃、实相、法界、真如、空性、法性、真如、如来、佛性、如来藏等。这些词表面上完全不同，实质上表达的内涵相同或相通，也即表达一种佛教认为的最高真理或者万法的真实理体，具有抽象的形而上学本体论的性质。

在一些汉译佛经中，"佛性"是等同于法身的概念。《大智度论》认为"佛、佛法、佛如、佛性、佛相，无所从来，亦无所去，亦无所住"[①]。《法门名义集》说：

> 阿摩罗者，西域音也，此语翻之名曰净识，又名佛性，亦名法身。体修众德本来清净，在圣体而不增，处凡身而不减，但有隐显之殊，而无高下之别。烦恼覆之则隐，智惠了之方现。非生因之所生，从了因而得了。[②]

此中所说净识，就是末那识。《转识论》说："此境识俱泯即是实性，实性即是阿摩罗识。"[③]

法性，也是法身的同义词。《翻译名义集》载："达摩羯罗，奘传云：'唐言法性。'"[④] 校注中注明达摩羯罗的梵文是 Dharmakara。该经又说："驮摩，秦言法性。"[⑤] 驮摩，梵文是 Dharma。《大智度论》解释说："'法性'者如前说，各各法空，空有差品，是

---

① （后秦）鸠摩罗什译《大智度论》卷51，《大正藏》第25卷，第427页下。
② （唐）李师政撰《法门名义集》卷1，《大正藏》第54卷，第195页中。
③ （陈）真谛译《转识论》卷1，《大正藏》第31卷，第62页下。
④ （宋）法云编《翻译名义集》卷1，《大正藏》第54卷，第1135页上。
⑤ 同上。

为'如';同为一空,是为'法性'。"① 这里,"如"可以理解为诸法自相,而"法性"则是诸法共相。进一步解释说:"'法性'者,'法'名涅槃,不可坏,不可戏论。'法性'名为本分种,如黄石中有金性,白石中有银性;如是一切世间法中,皆有涅槃性。诸佛贤圣以智慧、方便、持戒、禅定,教化引导,令得是涅槃法性。"② 最终,将诸法共相的法性归结为涅槃性。

法界,也是法身常用的替换语。《一切经音义》说:"驮都,梵语也,此云法界,界即体也。"③ 驮都,梵文即 Dhātu,是"界"的意思,界也是体的意思。又说:"驮都,梵语也,唐言法界生,如来碎身灵骨舍利从法界体性生也。"④

对于法界的认识,不同经典、不同人有不同看法,《翻译名义集》总结了关于法性的一些主要观点。其卷五载:

> 达磨驮都（Dharmadhātu——《大正藏》校注）,此云法界。妙乐云,所诠无外,故名法界。贤首云,依生圣法,故云法界。清凉云,法界者一切众生身心之本体也。起信云,心真如者即是一法界,大总相法门体,所谓心性不生不灭,一切诸法唯依妄念而有差别。净名云,从无住本,立一切法。天台释云,若迷无住则三界六道纷然而有,则立世间一切诸法;若解无住即是无始无明,反本还源,发真成圣,故有四种出世圣法。普门玄云,世者为三,一五阴,二众生,三国土（云云）,世是隔别,即十法界之世,亦是十种五阴。乃至依报,隔别不同也。间是间差,三十种世间差别,不相谬乱,故名为间。各各有因,各各有果,故名为法。各各有界畔分齐,故名为界。

---

① （后秦）鸠摩罗什译《大智度论》卷32,《大正藏》第25卷,第297页下。
② 同上书,第298页中。
③ （唐）慧琳撰《一切经音义》卷8,《大正藏》第54卷,第352页上。
④ （唐）慧琳撰《一切经音义》卷13,《大正藏》第54卷,第387页中。

今就一法界各有十法，所谓如是性相等，十界即有百法，十界互相有则有千法。如是等法，皆因缘生法。六道是惑因缘生法四圣是解因缘法（云云）。是诸因缘法即是三谛，因缘所生法，我说即是空，亦名为假名，亦名中道义。清凉新经疏云，统唯一真法界，谓总该万有，即是一心。然心融万有，便成四种法界：一事法界，界是分义，一一差别有分齐故；二理法界，界是性义，无尽事法同一性故；三理事无碍法界，具性分义，性分无碍故；四事事无碍法界，一切分齐事法一一如性融通，重重无尽故。①

吕澂说：

可知法界者即无差别遍一切有情心而为共相之所显者也。在众生边说即心法性（如来藏）而已；在如来边说即圆满证得此法性心而已。是故第一义明佛之圆满证得；第二义明心与心性非一非异，而为生佛之所依；第三义明法界由共相显，即示入道之门也。云何入道，谓由观共相而显法界也。②

如来，常常作为法身的另一称谓。《翻译名义集》说："梵语多陀阿伽陀（Tathāgata——《大正藏》校注），亦云怛闼阿竭，后秦翻为如来。《金刚经》云，无所从来，亦无所去，故名如来，此以法身释。《转法轮论》云，第一义谛名如，正觉名来，此以报身释。《成实论》云，乘如实道来成正觉，故名如来，此约应身释。"③ 此中从法身、报身、化身三个层面分别解释如来的含义。其

---

① （唐）慧琳撰《一切经音义》卷5，《大正藏》第54卷，第1130页上。
② 吕澂：《法界释义》，《吕澂佛学论著选集》（一），齐鲁书社1991年版，第417、418页。
③ （宋）法云编《翻译名义集》卷1，《大正藏》第54卷，第1056页下。

卷五又说："多陀阿伽陀（Tathāgata——《大正藏》校注），秦言如去。《大品·他字门》，入诸法处不可得故。《论》曰，即知四句如去不可得，华严唱他（他可）字时，名真如平等藏。《疏》云，即是杜处所性。"① 《大智度论》载："若有人言：何以故但佛'如实说'，如'来'如'去'故，'应受'最上供养？以佛得'正遍智慧'故；'正'名诸法不动不坏相，'遍'名不为一法、二法故，以悉知一切法无余不尽，是名'三藐三佛陀'。"②

所谓如来，即如来如去、不来不去、如如不动之意。《大智度论》说："如先世来，后世亦如是去，是亦名'如来'，亦名'如去'。"③ 又说："若闻陀字，即知四句如去不可得。多陀阿伽陀，秦言如去。"④ 此中所言，闻"陀"字即知如去不可得，为什么？因为"陀"字是"陀阿伽陀"的简称，也就是以梵文字中的核心音节代替整个词。这一思想在早期很多经典中都出现，如《佛说大般泥洹经》说："咽者，是也，言是佛法，如来泥洹，亦说是法。咽者，如来也，有来去义，以是故说如来如去。"⑤ 实际上这是陀罗尼思想的早期形态，密教中的陀罗尼字门及真言，其实也就是某些术语、概念一再简化并神秘化之后的结果。

另外，如来也有如实知的意思。《大智度论》载："'多陀阿伽陀'者，或言'如来'，或言'如实说'，或言'如实知'。"⑥ 又载："云何名'多陀阿伽陀'？如法相解，如法相说。如诸佛安隐道来，佛亦如是来，更不去后有中，是故名'多陀阿伽陀'。"⑦

实相，也是法身的异称。《翻译名义集》说："三般若中，实

---

① （宋）法云编《翻译名义集》卷5，《大正藏》第54卷，第1134页下。
② （后秦）鸠摩罗什译《大智度论》卷21，《大正藏》第25卷，第219页中。
③ （后秦）鸠摩罗什译《大智度论》卷55，《大正藏》第25卷，第454页中。
④ （后秦）鸠摩罗什译《大智度论》卷48，《大正藏》第25卷，第408页下。
⑤ （东晋）法显译《佛说大般泥洹经》卷5，《大正藏》第12卷，第888页上。
⑥ （后秦）鸠摩罗什译《大智度论》卷65，《大正藏》第25卷，第521页下。
⑦ （后秦）鸠摩罗什译《大智度论》卷2，《大正藏》第25卷，第71页中。

相即法身，观照即般若，文字即解脱。"① 又说："实相之相，即如来相。"② 所谓如来相，从色身来说即是"三十二大人相""八十种好"，从法身而言，即是不来不去、诸法实相。另载："夜他跋（Yathāvat——《大正藏》校注），秦言实。《大品》，夜字门，入诸法如实不生故。《论》云，诸法入实相中，不生不灭。华严唱也（以可）字时，名差别积聚。《疏》云，悟如实不生故，则诸乘积聚皆不可得。"③ 其中，Yathāvat，意思是正是那样、就是那样、恰如其分的④，和佛教所说实相意思相同。

真如，也是法身的替换词，在汉译佛经中出现频率非常高。早期汉译佛经多用"如"，也有用"如如"，后来才固定以"真如"代替"如"。真如这一概念在西晋及之前的汉译佛经中尚未使用，东晋佛陀跋陀罗所译《大方广佛华严经》与竺佛念所译相关经典中出现真如一词，后者如《出曜经》《最胜问菩萨十住除垢断结经》。此二人大约生活在同一时期，略可推断真如一词在汉译佛典中的出现始于此一时代，约在4世纪以后。稍晚，在竺法护所译《佛说大乘菩萨藏正法经》亦见真如一词。从南北朝开始，真如一词则频见于汉译佛典，这也反映出中国佛教思想史的转变。真如与实相实则为一，也常常连在一起。

如，梵文为 yathā。《梵语千字文》载："yathā，也他（引），如。"⑤ 又载："yathā，也他（引），犹。"⑥ 可知，梵文 yathā 有两个意思，一个是"如"，一个是"犹"，其实相通。yathā，不变词，"像……一样"，"和……一样"，"以……方式或方法"，"根据……"；

---

① （宋）法云编《翻译名义集》卷6，《大正藏》第54卷，第1148页中。
② （宋）法云编《翻译名义集》卷7，《大正藏》第54卷，第1177页下。
③ （宋）法云编《翻译名义集》卷5，《大正藏》第54卷，第1134页中。
④ MonierMonier-Williams, *A Sanskrit-English Dictionary*, Oxford University Press, 1899, p. 843.
⑤ （唐）义净撰《梵语千字文》卷1，《大正藏》第54卷，第1209页下。
⑥ 同上，第1207页上。

"根据某种正确的"，"正确的"，"适当的"，"合适的"等。yathā和tathā常常连用，表示"就像……一样"，"正如……"。①

根据《梵语杂名》，"如"有另外一个对应的梵文词，即pathayani。《梵语杂名》载："如，跛他（去）又也你，pathayani。"② 根据《大正藏》校注，pathayani同于padhāyadi。

关于"如""真如"的理解，中国佛教论述极多。庐山慧远说："色不离如，如不离色；色则是如，如则是色。"③ 此论述与《心经》中"空不异色，色不异空；空即是色，色即是空"句式相似，意思也相似。显然，如被理解成佛教的最高真理，就是说色与如相即不离，如体现在色中，色反映着如。如《法门名义集》说："一切众生皆如也，一切法亦如也。夫如者不二不异，如此道相无不融故。"④《大般若经》说："甚深般若波罗蜜多所证诸法真如实相极为甚深难见难觉，一切如来、应、正等觉皆用诸法真如实相显示分别诸佛无上正等菩提。"⑤

所谓"如"，实际上就是指佛教所认为的真理或者真实性。略言之，小乘佛教多以缘起法为最高真理，大乘佛教各派不尽相同，般若经类以空性为最高真理，胜鬘经类则以如来藏为如，凡此种种。⑥

三 华严经系中的法身思想

华严经系也是流传很早的大乘经典之一。《华严经》全名《大

---

① Monier Monier-Williams, *A Sanskrit-English Dictionary*, Oxford University Press, 1899, p. 843.
② （唐）礼言集《梵语杂名》卷1，《大正藏》第54卷，第1227页中。
③ （梁）僧祐撰《出三藏记集》卷9，《大正藏》第55卷，第66页上。
④ （唐）李师政撰《法门名义集》卷1，《大正藏》第54卷，第202页上。
⑤ （唐）玄奘译《大般若波罗蜜多经》卷510，《大正藏》第7卷，第604页中。
⑥ 亦可参考吕澂著《谈真如》，《吕澂佛学论著选集》（一），齐鲁书社1991年版，第410—414页。

方广佛华严经》，有两种汉译本，[①] 一种是东晋佛陀跋陀罗所译，共六十卷，称《六十华严》(418 年)，亦称旧译华严；一种是唐代实叉难陀所译，计八十卷，称《八十华严》（699 年），亦称新译华严。另外，唐德宗时般若译出《大方广佛华严经入不思议解脱境界普贤行愿品》（798 年），简称《普贤行愿品》，共计四十卷，称《四十华严》，亦称后译华严。实际上《四十华严》只是《华严经》《入法界品》的别译，况且经名亦非《大方广佛华严经》，所以严格意义上不能和前两种译本混为一谈。[②]《六十华严》最早译出，《八十华严》语言流畅华丽，流传更广，但就其影响来说，《六十华严》影响更为深远，也是华严宗立宗所依。实际上，在《六十华严》译出之前，早就有一些华严支品单独流传，并已产生影响，诸如东汉支娄迦谶译出的《佛说兜沙经》、三国吴支谦译出的《佛说菩萨本业经》及《十地经》等。

　　华严系经典中佛身思想已经非常成熟，较之小乘佛教乃至般若经已有诸多新的进展。般若经类大力宣扬法身的殊胜性，并与般若智慧联系在一起，具有形而上的抽象性，普通信众似乎难以企及。但是华严经类解决了这个问题，华严经首先指出了如何证得法身的途径与方法，即菩萨行。其次，华严经塑造了法身佛卢舍那佛，使抽象的法身有了形象化的表现，强化了信仰。最后，华严经从理论上论证了生佛不二，拉近了佛与众生的距离，即佛与众生本质上无异，区别在于迷悟，实际上这与如来藏思想是相通的。

　　[①] 持此观点的学者有：杜继文《汉译佛教经典哲学》，江苏人民出版社 2008 年版，第 154 页；任继愈主编《中国佛教史》，中国社会科学出版社 1997 年版，第 195 页。

　　[②] 有些学者认为《华严经》有三个译本。参见金忠烈《华严宗理论的构架》，《华严思想论集》，张曼涛主编《现代佛教学术丛刊》，北京图书馆出版社 2005 年版，第 89 页；桑大鹏《三种〈华严〉及其经典阐释研究》"前言"，华中师范大学出版社 2006 年版。

（一）《华严经》早期支品经中的法身思想

作为《华严经》最重要的支品之一的《十地经论》明确将佛身划分为三种，尽管不同经典、不同宗派对佛身的划分不尽一致，但是这种三种佛身的划分始终是佛教的主流，被普遍接受。《十地经论》说："一切佛者有三种佛：一应身佛，二报身佛，三法身佛。"①

但其他的华严支品中，佛身思想丰富但较散乱，多种佛身并提②，并没有特别强调三身。如《十住经》说："众生、国土身，业报、贤圣身，智身与法身，知皆同平等。"③又说："是菩萨知众生身、知国土身、知业报身、知声闻身、知辟支佛身、知菩萨身、知如来身、知智身、知法身、知虚空身。"④

色身、法身、一切智身并提是华严支品新的说法。如西晋竺法护译《渐备一切智德经》载：

> 晓知诸见邪网遮罗五趣尘劳，习诸生灭，众声闻行，缘觉之行，诸菩萨行，如来十力，四无所畏，色身，法身，及一切智，成最正觉，而转法轮，示现灭度，常以平等，入一切法，分别越度，解达诸习，审如从兴。⑤

---

① （后魏）菩提流支译《十地经论》卷3，《大正藏》第26卷，第138页中。

② 如《渐备一切智德经》说道："己身国土，随立己身，其意无尽，己身建立，无身之身，己身国身，罪福之身，乃须建立，罪福报身，建立己身，无尽身意，无身之身，己身无尽，众生类身，国土身，缘报应身，声闻身，缘觉身，菩萨身，如来圣慧身，法身，随时建立。显此诸身，悉解众生，罪福身，报应身，尘劳身，色身，无色身，国土身，多少大小，秽浊清净，广大无量，减损平正，导利平等，讲说报应，皆悉知之。"[（西晋）竺法护译《渐备一切智德经》卷4，《大正藏》第10卷，第483页中。]

③ （后秦）鸠摩罗什译《十住经》卷3，《大正藏》第10卷，第523页下。

④ 同上，第522页上。

⑤ （西晋）竺法护译《渐备一切智德经》卷5，《大正藏》第10卷，第491页上。

普贤菩萨是华严经中的重要角色,在华严经系中认为普贤境界同于法身。如《等目菩萨所问三昧经》说:"世尊告曰:'如是,族姓子!汝等不见普贤菩萨身及坐处。所以者何?其普贤菩萨处深行故不可得,以其慧行住无碍,得如师子强猛之故,得佛无上感变,寂无碍际,住佛十力法界首藏,致佛威神,严无毁慧,于三世等,诸佛法身,普贤菩萨净一心界。'"① 此中说诸佛法身实际上就是普贤菩萨的心之本体。

认为法身充满法界,遍至十方,并赋予法身以清净的属性。如《等目菩萨所问三昧经》说:"法身无量,而皆具足,名流显称,普至十方。"② 又说:"观于诸法,而顺度之;又如法身,本之清净,晓入诸法,亦复如是!"③

西晋竺法护译《佛说如来兴显经》是最重要的华严支品,也是在汉地流传最早的华严支品之一。该经对法身的理解已经非常成熟,认为法身无形无相、三世诸佛为一法身、遍一切处。如说:

> 去、来、今佛一切悉等,为一法身;一切诸佛行皆平等,神通之行无所罣碍。法身慧体,究竟无相;法度无极,游于法界,无有二行,玄旷无限为最正觉,其等如称则超度行,无有阴盖解脱之门。其法界者,普同虚空;常游十方诸佛国土,无限之故靡所不睹。④

西秦圣坚译《佛说罗摩伽经》也表达了相似的观点。⑤

---

① (西晋)竺法护译《等目菩萨所问三昧经》卷1,《大正藏》第10卷,第576页上。
② 同上,第575页上。
③ 同上,第577页下。
④ (西晋)竺法护译《佛说如来兴显经》卷1,《大正藏》第10卷,第592页下。
⑤ 参见(西秦)圣坚译《佛说罗摩伽经》卷3,《大正藏》第10卷,第867页下、868页上。

又认为法身以无身而入一切身、以无形而显一切形、以无行而成一切行的思想。这种法身，本质上是抽掉了自相的共相。经载：

> 何谓，佛子！诸菩萨众觐见如来至无限量？菩萨设若亲近如来则为归道。所以者何？无所见者，为见如来；见如来者，则为一法身；以一法身，若一慈心向于一人，则为普及一切群萌，多所将养。如虚空界无所不苞、无所不入，或至一切有色、无色，有形、无形，有处、无处，亦无所至、亦无有来，则无有身；以无身故，无所不周。佛身如是，普入一切群萌之类，悉于诸法、一切佛土靡所不遍，亦无所去、亦无所从来。所以者何？用无身故。如来身者，欲以开化众生之故，因现身耳。是为，佛子！菩萨入于第一之门，归趣兴显则谓如来。[①]

后秦竺佛念译《最胜问菩萨十住除垢断结经》中认为修行即是证得法身，证得法身亦即成佛。经载：

> 当念修行悉归如来无漏法身。又观如来无漏身者，不住本无，不堕三界，达知本无为一法身，观身无漏，如本无住，住不见住亦无所住，以无漏身入生死海，示现色身如无色身，无边无际无形，不可睹现，色身灭已亦不见灭，亦不见生身之本无如本无住。[②]

这一思想也被后来的《六十华严》所发展，并进一步指出证得法身的路径就是菩萨行。

---

① （西晋）竺法护译《佛说如来兴显经》卷2，《大正藏》第10卷，第598页中。
② （后秦）竺佛念译《最胜问菩萨十住除垢断结经》卷7，《大正藏》第10卷，第1019页下、1020页上。

（二）《华严经》中的法身思想

在《华严经》中（《六十华严》《八十华严》），法身思想在继承前期佛身思想的基础上有所发展，表现在：第一，对法身的属性有进一步界定，赋予法身以清净、唯一等属性；第二，将法身与众生身等同，蕴含着生佛不二思想；第三，将法身与普贤联系起来；第四，在继承化身、报身、法身的基础上，认为文殊、普贤、毗卢遮那也是三位一身。

《大方广佛华严经》载：

> 佛子！一切诸佛，具足成就细密法身，诸佛法身，境界无量。一切世间所不能知，于三界中无所染污，随因缘应，一切普现。非实非虚，平等清净，非去非来，无为无坏，清净常住；一相无相，是法身相，非处非方，一切身身，自在无量，妙色无量，摄一切身，作种种身，随方便身，普照一切，具足智藏，而无种种分别。其身充满无余世界，说一切法界，虽动非动，清净法身，非有非无，非方便非不方便，随众生所应，悉能示现；非灭非不灭，亦非不现，而化众生；一切功德宝所起之身，一切法佛法起，如如法身自然寂静。于一切法，无所障碍，随顺一切法界，清净一切世间，分别一切世间，无有动转，无有境界，如来解脱，摄一切智，随顺一切身。[①]

此段描述可以看作《华严经》对佛身的一个纲领性认识。

法身无身，无形无相、不来不去。《大方广佛华严经》说：

[①] （东晋）佛陀跋陀罗译《大方广佛华严经》卷31，《大正藏》第9卷，第599页中。

> 法身非生灭身、非来去身、非虚实身、非聚散身。一切诸相即一相。身离边见、身无所著、身无穷尽、身灭众虚妄。如电光身、如幻梦身、如镜像身、如净日身,充满一切诸方,化身于三世中无坏。法身非身之身,如是等身一切世间所不能见;唯是普贤菩萨所见彼善知识行无碍行,我当云何能见、亲近知其相貌?闻法受持?①

一即一切、一切即一的思想是《华严经》的一个特色。又说:"因缘所生无有生,诸佛法身非是身,法性常住如虚空,以说其义光如是。"②又说:"现在非和合,去来亦复然,一切法无相,是则佛真体。若能如是观,诸法甚深义,则见一切佛,法身真实相。于实见真实,非实见不实,如是究竟解,是故名为佛。"③

又说:

> 如来法身亦复如是,至一切处、一切刹、一切法、一切众生,而无所至。何以故?诸如来身,非是身故;随所应化示现其身。佛子!是为菩萨摩诃萨初入胜行门,知、见如来。复次,佛子!譬如虚空弥广,悉能容受一切众生而无染着;如来法身亦复如是,照一切众生世间善根、离世间善根亦无染着。何以故?如来法身,于一切染着悉已断故。佛子!是为菩萨摩诃萨第二胜行,知、见如来。④

法身遍在,充满法界。经载:"如来法身甚弥旷,周遍十方无

---

① (东晋)佛陀跋陀罗译《大方广佛华严经》卷57,《大正藏》第9卷,第761页下。
② (唐)实叉难陀译《大方广佛华严经》卷15,《大正藏》第10卷,第77页下。
③ (唐)实叉难陀译《大方广佛华严经》卷16,《大正藏》第10卷,第83页上。
④ (东晋)佛陀跋陀罗译《大方广佛华严经》卷34,《大正藏》第9卷,第616页上。

涯际，智慧光明方便力，寂灭禅乐亦无边。"① 又载："法身充满一切刹，普雨一切诸法雨，法相不生亦不灭，悉照一切诸世间。"② 又说："法身坚固不可坏，充满一切诸法界，普能示现诸色身，随应化导诸群生。"③ 又说："法身充满诸法界，一切十方佛国土，遍游一切众生海，安住深妙清净法。"④ 亦说："法身充满遍虚空，安住不动十方界。"⑤ 又说："智慧如空无有边，法身广大不思议，是故十方皆出现，焰目于此能观察。"⑥

法身唯一，十方三世诸佛同一法身。认为："一切诸佛身，唯是一法身，一心一智慧，力无畏亦然。"又说："清净法身一，普应一切世。"⑦ 又说："诸佛同法身，无依无差别，随诸众生意，令见佛色形。"⑧

法身无生而无不生，长养一切如来智慧。如《大方广佛华严经》卷七所言："因缘所生非生性，如来法身非是身，湛然常住如虚空，因此化导成法光。"⑨ 又说："一切诸法无身而能出生法身智慧。"⑩ 亦说："菩萨净法身，无量等虚空，随众所欲乐，一切无不现。"⑪ 说："如来法身不思议，法界法性辩亦然，光明普照一切法，寂静诸法皆悉现。"⑫

法身无相，可现一切相。如说："如来法身不思议，无色无相

---

① （东晋）佛陀跋陀罗译《大方广佛华严经》卷1，《大正藏》第9卷，第400页下。
② （东晋）佛陀跋陀罗译《大方广佛华严经》卷3，《大正藏》第9卷，第408页上。
③ 同上书，第408页中。
④ 同上书，第408页下。
⑤ 同上书，第434页中。
⑥ （唐）实叉难陀译《大方广佛华严经》卷3，《大正藏》第10卷，第12页上。
⑦ （东晋）佛陀跋陀罗译《大方广佛华严经》卷9，《大正藏》第9卷，第455页上。
⑧ （唐）实叉难陀译《大方广佛华严经》卷6，《大正藏》第10卷，第30页中。
⑨ （东晋）佛陀跋陀罗译《大方广佛华严经》卷7，《大正藏》第9卷，第438页上。
⑩ （东晋）佛陀跋陀罗译《大方广佛华严经》卷30，《大正藏》第9卷，第591页中。
⑪ （东晋）佛陀跋陀罗译《大方广佛华严经》卷9，《大正藏》第9卷，第455页上。
⑫ （东晋）佛陀跋陀罗译《大方广佛华严经》卷1，《大正藏》第9卷，第400页中。

无伦匹，示现色身为众生，十方受化靡不见。或为众生现短命，或现长寿无量劫，法身多门现十方，常为世间良福田。或有能令不思议，十方刹海车悉清净。"[1] 也说："清净妙法身，应现种种形，犹如大幻师，所乐无不见。或处为众生，究竟菩萨行，或复现初生，出家行学道，或于树王下，自然成正觉，或处为众生，示现入泥洹。"[2] 又说："清净妙法身，三世如如等，随其所应化，一切无不现。"[3] 又说："三世诸佛家中生，证得如来妙法身，普为群生现众色，譬如幻师无不作。"[4] 所有这一切相都是法身的显现，但都不是法身的本质，只是为了度脱众生而为，从根本上讲，法身无形无相、不来不去。

随顺佛法，可证得法身，法身本质上与众生身等。《大方广佛华严经》说："随顺佛正法，究竟得法身，悉了知世间，一切众生身。"[5] 又说："一切众生身示现法身，法身示现一切众生身自在。"[6] 这又是一即一切、一切即一的说法。

法身放光。"因缘所生非生性，如来法身非是身，湛然常住如虚空，因此化导成法光。"[7] 将法身与光联系，以光喻法身，这直接影响了密教中的大日如来。

法身清净，不离染污而不着染污。如说：

> 十方诸世界，一切群生类，普见天人尊，清净妙法身。譬如一心力，能生种种心，如来一法身，出生诸佛身。菩提无二

---

[1] （东晋）佛陀跋陀罗译《大方广佛华严经》卷3，《大正藏》第9卷，第411页下、412页上。

[2] （东晋）佛陀跋陀罗译《大方广佛华严经》卷9，《大正藏》第9卷，第454页下。

[3] （东晋）佛陀跋陀罗译《大方广佛华严经》卷51，《大正藏》第9卷，第721页下。

[4] （唐）实叉难陀译《大方广佛华严经》卷17，《大正藏》第10卷，第93页上。

[5] （东晋）佛陀跋陀罗译《大方广佛华严经》卷33，《大正藏》第9卷，第610页下。

[6] （东晋）佛陀跋陀罗译《大方广佛华严经》卷39，《大正藏》第9卷，第648页上。

[7] （东晋）佛陀跋陀罗译《大方广佛华严经》卷7，《大正藏》第9卷，第438页上。

法，亦无有自性，无二净法身，庄严无不现。究竟如虚空，犹如幻化现，功德不可尽，其唯诸佛境。三世一切佛，法身悉清净，随其所应化，普现妙色身。未曾生想念，我为如是像，远离诸希望，自然应众生。不坏诸法性，亦不着法界，应现种种形，教化众生故。法身非变化，亦非非变化，诸法无变化，示现有变化。正觉不可量，究竟等法界，深广无涯底，言语道悉断。一切趣道法，如来知实义，游行一切刹，未曾有障碍。①

又说：

如来法身藏，普入世间中，虽在于世间，于世无所著。譬如清净水，影像无来去；法身遍世间，当知亦如是。如是离染着，身世皆清净，湛然如虚空，一切无有生。知身无有尽，无生亦无灭，非常非无常，示现诸世间。除灭诸邪见，开示于正见，法性无来去，不著我、我所。②

（三）《华严经》中的法身佛毗卢遮那佛

"法身"和"法身佛"尽管仅一字之差，但内涵相去甚远。法身，一般是佛法身的简称，意即佛的法身。法身在《六十华严》之前的佛经中始终是一种抽象的普遍存在，并没有具体的形象，但是法身佛则有将抽象的法身具体化、实体化的倾向。

"法身佛"作为佛名在《佛说佛名经》中多次出现，如"法身佛""彼妙法身佛""法平等法身佛""见平等法身佛""不可思议法身佛"，又说："复有百亿殃伽萨那庾多不可说不可说世界无边量

---

① （东晋）佛陀跋陀罗译《大方广佛华严经》卷14，《大正藏》第9卷，第486页中。
② （唐）实叉难陀译《大方广佛华严经》卷49，《大正藏》第10卷，第261页上。

化佛,复有如是不可说量法身佛,复有不可说量报身佛"①。此中法身佛有时候作为一个具体的佛名出现,又认为有无数法身佛,两种说法具有矛盾之处,这也说明此经中的法身佛还不具有唯一性。《大智度论》说:"又法身佛常放光明,常说法。"②《入楞伽经》说:"此世界中及余佛国,有诸众生行菩萨行,而复乐于声闻法行,为转彼取大菩提,应化佛为应化声闻授记,非报佛法身佛而授记荪。"③《大乘理趣六波罗蜜多经》认为:"性净即涅槃,亦是法身佛。"④

真正将法身这样一个抽象的佛教最高真理具体化的则是《华严经》塑造的毗卢遮那佛。毗卢遮那佛的成功塑造,使之前佛教反复探讨的抽象理体——法身变成一个具体的、有形象的佛。在此基础上,密教继承发展了法身佛思想,大日如来的盛行说明了这一点。法身佛的塑造无疑强化了佛教信仰,加速了佛教信仰的传播。

1. 毗卢遮那释义。在《六十华严》中,毗卢遮那佛被译为卢舍那佛。《一切经音义》载:"卢舍那(或云卢柘那,亦言卢折罗,此译云照,谓遍照也,以报佛净色遍周法界故也。又日月灯光遍周一处亦名卢舍那,其义是也)。"⑤可知卢舍那是光明遍照之意,和毗卢遮那含义相同。如《一切经音义》说:"毗卢遮那(案:梵本毗字应音云无废反,此云种种也。毗卢遮那云光明照也,言佛于身智以种种光明照众生也。或曰:毗,遍也;卢遮那,光照也,谓佛以身智无碍光明遍照理事无碍法界也)。"⑥法藏亦说:"卢舍那者古来译,或云三业满,或云净满,或云广博严净,今更勘梵本,具

---

① (后魏)菩提流支译《佛心经》卷2,《大正藏》第19卷,第12页上。
② (东晋)鸠摩罗什译《大智度论》卷9《序品》,《大正藏》第25卷,第126页中。
③ (北魏)菩提流支译《入楞伽经》卷8,《大正藏》第16卷,第560页下。
④ (唐)般若译《大乘理趣六波罗蜜多经》卷10,《大正藏》第8卷,第912页上。
⑤ (唐)慧琳撰《一切经音义》卷20,《大正藏》第54卷,第434页下。
⑥ (唐)慧琳撰《一切经音义》卷21,《大正藏》第54卷,第434页下。

言毗卢遮那。卢舍那者，此翻名光明照，毗者，此云遍，是谓光明遍照也。"① 都证明卢舍那和毗卢遮那实则为一，只是翻译不同。天台宗对卢舍那、毗卢遮那有不同解释，其把毗卢遮那、卢舍那和释迦与法身、报身和应身相对应。但华严宗认为毗卢遮那和卢舍那只是音译的不同，意译为光明遍照或者直接译为遍照②，这一点从上面的引文也可以得知。③

《续一切经音义》载："毗卢遮那（梵语，讹也，应云吠噜左曩，旧译云光明遍照，新翻为大日如来，云如大日轮无幽不烛也）"，④ 可知毗卢遮那也即大日如来，这一翻译为密教广泛使用。毗卢遮那作为法身佛地位的完全确立是到了密乘，密乘认为"大日如来"即为法身佛，"所谓毗卢遮那者日也，如世间之日能除一切暗冥，而生长一切万物，成一切众生事业，今法身如来亦复如是，故以为喻也"。⑤

卢舍那，即毗卢遮那，在汉译佛经中由于翻译用字不同，也常

---

① （魏）法藏撰《华严经探玄记》卷3，《大正藏》第35卷，第146页下。
② 任继愈主编《中国佛教大辞典》，江苏古籍出版社2002年版，第917页。
③ 毗卢遮那佛到底是法身佛、报身佛还是化身佛，从整个《华严经》来看，没有明确界定。但是毫无疑问，《华严经》中的卢舍那佛是作为法身佛来塑造的，又明显具有报身佛的特性，但是似乎没有作为化身佛存在的痕迹。因为化身佛的最大特性就是直接面对众生，而《华严经》中的毗卢遮那佛面对的是诸菩萨，"是故毗卢遮那佛说佛乘，化佛说三乘"。[（唐）李通玄撰《新华严经论》卷6，《大正藏》第36卷，第757页下。] 直接教化众生的实际行动并不多见。但是毗卢遮那佛又是可以为众生所感受到的，这在一定意义上又具有化身佛的意味。魏道儒认为："集中把法身限定在卢舍那佛这样一个具体的佛身，从而把'法身'和'报身'、'化身'统一起来，使其具有了三位一体的特性。"（魏道儒著《中国华严宗通史》，江苏古籍出版社2001年版，第27页。）任继愈主编的《中国佛教史》也持相似的观点。（任继愈主编《中国佛教史》，中国社会科学出版社1988年版，第201页。）笔者认为，《华严经》中的毗卢遮那佛更多的是作为法身佛和报身佛存在的，但是并不完全排除其作为化身佛存在的痕迹。因此，也可以说是法身、报身、化身不一不异、圆融无碍的存在，这也为众生认知抽象法身佛提供了可能，有利于激发众生的信仰热情。毗卢遮那佛具有本体性质，诸佛以毗卢遮那佛为其存在的根据，乃至众生的存在也依赖于毗卢遮那佛。这里所说毗卢遮那作为诸佛和众生存在的根据，并不是说是毗卢遮那佛创造了诸佛众生。
④ （宋）希麟集《续一切经音义》卷4，《大正藏》第54卷，第951页下。
⑤ （唐）一行撰《大毗卢遮那成佛经疏》卷16，《大正藏》第39卷，第746页下。

写作"卢遮那""毗楼遮那""毗娄遮那"。汉译佛经中出现卢舍那佛,并非《六十华严》最早。《六十华严》译出之前已有多部汉译佛经出现卢舍那佛,并已经看出其超越释迦佛的倾向。

西秦圣坚所译华严经支品《佛说罗摩伽经》中已经出现卢舍那佛,载:"见卢舍那佛,道场成正觉,十方微尘刹,悉转正法轮。"① 同经卷三亦有出现卢舍那佛,载:"无数劫修行,摄受诸众生,普见卢舍那,一切诸佛刹。"② 可见,该经中卢舍那佛已经出现并有一定影响。此外,罗什译《十住经》中也出现卢舍那佛,如说"如是,十方世界微尘数等诸佛皆同一号,加汝威神,又卢舍那佛本愿力故"③ 云云。昙无谶译《菩萨戒本》开篇即说"归命卢舍那"云云。

罗什所译《梵网经》中卢舍那佛已经作为法身佛出现,其地位在释迦佛之上。《梵网经》载:"尔时卢舍那佛即大欢喜,现虚空光体性本原成佛常住法身三昧,示诸大众:'是诸佛子!谛听,善思修行。我已百阿僧祇劫修行心地,以之为因,初舍凡夫成等正觉,号为卢舍那,住莲花台藏世界海。其台周遍有千叶,一叶一世界为千世界,我化为千释迦,据千世界。后就一叶世界复有百亿须弥山、百亿日月、百亿四天下、百亿南阎浮提、百亿菩萨释迦坐百亿菩提树下,各说汝所问菩提萨埵心地。其余九百九十九释迦各各现千百亿释迦亦复如是。千花上佛是吾化身,千百亿释迦是千释迦化身。吾已为本原,名为卢舍那佛。'"④ 此中已经表达得很明确,卢舍那佛实际上就是法身佛,"吾已为本原,名为卢舍那佛"。

可以看出,《六十华严》(418年)译出之前,已有几部佛经出现卢舍那佛,尤其在《梵网经》中,其已经作为法身佛出现。其中

---

① (西秦)圣坚译《佛说罗摩伽经》卷2,《大正藏》第10卷,第866页上。
② (西秦)圣坚译《佛说罗摩伽经》卷3,《大正藏》第10卷,第868页下。
③ (后秦)鸠摩罗什译《十住经》卷1,《大正藏》第10卷,第498页上。
④ (后秦)鸠摩罗什译《梵网经》卷1,《大正藏》第24卷,第997页下。

《佛说罗摩伽经》约在 385—388 年译出，《十地经》译于弘始年间，即 399—416 年，《梵网经》译于 406 年，《菩萨戒本》译于东晋安帝（397—418），约在 5 世纪初。西晋竺法护译《梵网六十二见经》与罗什译《梵网经》属同本异译，另有三国吴支谦的译本，但是在前两经中并未出现卢舍那佛，而在后经中卢舍那佛的地位已经超越了释迦佛。可知，约在 4 世纪末卢舍那佛出现在汉译佛经中，在 418 年译出的《六十华严》中卢舍那佛已经完全超越释迦佛，开辟了佛教新的发展途径。又经密教宣扬，大日如来的影响远远超出了华严时期的毗卢遮那佛，相关造像亦出现在多地石窟、壁画、经变中，掀起了一股巨潮。

就佛教史来看，经《六十华严》的宣扬，毗卢遮那佛信仰逐渐兴起，其不仅在华严体系中具有重要地位，密教中的毗卢遮那佛亦受到《华严经》的影响，且与中亚有密切关系。考诸密教思想史发现，佛顶佛的出现是佛教神灵体系寻求至上神的一次理论尝试，而且佛顶佛在密教中确也产生重大影响，尤其尊胜佛顶。佛顶佛之所以凸显出来，就因为顶是尊胜之意，最在身上，佛顶自然更加尊贵殊胜。如此发展逻辑，佛顶佛完全有成为密教最高主尊的可能性，但最终还是被毗卢遮那佛取代，这是一个值得研究的问题。

2.《华严经》塑造毗卢遮那佛的意义。《华严经》塑造毗卢遮那佛的主要目的是什么？要解决什么问题？要回答这一问题，还是要从《华严经》的主旨入手。那么，《华严经》的核心内容或者根本观点是什么呢？杜继文先生在其著作《汉译佛教经典哲学》中概括说："《华严经》的庞杂体系就在论述佛与众生的关系问题，把深入众生、利益众生和向众生学习，定为自己的根本任务。"[①] 吕澂

---

① 杜继文：《汉译佛教经典哲学》，江苏人民出版社 2008 年版，第 156 页。

认为："《华严经》本以佛的境界做对象，来发挥佛境原是众生心地所具的理论。"① 庄为玑在论文《华严经考》中指出："本经专明'万法唯心'四字。以为一心可摄十法界，众生皆依一心建立，一心之中，全具三世因果，迷则为凡，悟即成圣，迷悟之境，总由一心。"② 纵观《华严经》不难看出，该经的落脚点在普贤行上，而普贤行正是《华严经》的关键之所在，是联系毗卢遮那佛与众生、世间与出世间的唯一纽带，是最终成佛的途径，自然是《华严经》的核心。确立这一点之后，再去理解和分析《华严经》对于毗卢遮那佛塑造的特性、意义，就会有一个比较清楚的认识。

（1）毗卢遮那佛与诸佛菩萨的关系

《华严经》把法身作为最高的信仰对象，一反以往诸经中释迦牟尼佛的最高地位，释迦牟尼佛只是作为诸佛中的一个出现，诸佛皆依法身佛——毗卢遮那佛而存在，相对于法身来说，包括释迦在内的诸佛都属于应化身。这直接秉承了《兜沙经》开辟的"分身"说的理论立场，企图弥合一神（释迦佛）崇拜与多神（诸佛）崇拜之间的矛盾。③ 一多关系的探讨可以说是整个《华严经》的核心，这一思想为华严宗大大发挥，也成为宋明理学的核心命题。用此解释法身与化身、理与事、净与秽等各个方面，体现着《华严经》的圆融思想。

为了便于说明，先引入几段文字。

> 清净法身毗卢遮那佛，千百亿化身释迦牟尼佛。今既相即，明是真应相融故，名号品云，或云毗卢遮那，或名释迦牟

---

① 吕澂：《中国佛学源流略讲》，中华书局2006年版，第354页。
② 庄为玑：《华严经考》，《华严典籍研究》，（台湾）大乘文化出版社1979年版，第29页。
③ 参见魏道儒《中国华严宗通史》，江苏古籍出版社2001年版，第3页。

尼，但名异耳。①

与十佛世界微尘数等大菩萨俱，其名曰普贤菩萨……光明尊德菩萨，与如是等诸菩萨俱，皆是卢舍那佛。②

问曰："若以理行同故名号同者，何故卢舍那佛而名独异？"答曰："卢舍那佛名满净如来，是自体异用，报果圆寂故，不与因同名，十方诸佛是自体方便，相在对因故，与菩萨同名也。"③

此中说明，法身佛与诸佛菩萨是不异的，即"法身性体无异"；同时，法身佛与诸佛菩萨是不一的，即"功德威力有差别"。另外，诸佛菩萨皆是毗卢遮那佛的应化，是依其存在的，诸佛菩萨是多，法身毗卢遮那是一。

（2）毗卢遮那佛放光的特性

关于毗卢遮那佛发光的特性已为众多学者关注和研究，魏道儒先生对此作了归纳④，并对佛身发光的历史做了简要追溯。后来，杜继文先生系统归纳了《华严经》中毗卢遮那佛发光的特点，说："在《华严经》中，卢舍那佛除了发光之外，别无其它作为。"⑤ 的确，在整个《华严经》中，毗卢遮那佛从未主动施动，甚至连放光都非有意为之，因为关于毗卢遮那佛的所有一切都是通过其他诸菩萨的描述和赞叹来表现的，但它却无可辩驳地作为一切存在的根据，它有一种特殊的力量或者也可以称之为行动，那就是愿力和神力。这在《华严经》中大肆渲染，而毗卢遮那佛正是通过这种特殊的行动来体现其作为最高存在的不可替代的作用的。可以说是无做

---

① （唐）澄观撰《大方广佛华严经随疏演义钞》卷4，《大正藏》第36卷，第28页中。
② （东晋）佛陀跋陀罗译《大方广佛华严经》卷1，《大正藏》第9卷，第395页中。
③ （北周）法上撰《十地论义疏》卷1，《大正藏》第85卷，第761页中。
④ 魏道儒：《中国华严宗通史》，江苏古籍出版社2001年版，第27—28页。
⑤ 杜继文：《汉译佛教经典哲学》，江苏人民出版社2008年版，第172页。

之做，是无所住而生其心的做，这与其作为法身佛的属性是相通的。

> 尔时，世尊知诸菩萨心之所念，即于面门及一一齿间，各放佛世界尘数光明。所谓宝幢照光明……演出诸佛语轮光明。如是等一一光明，各有佛世界尘数光明，以为眷属。一一光明，照十佛土微尘等刹。彼诸菩萨见此光已，得睹莲华藏庄严世界海，佛神力故。①
>
> 无量劫海修功德，供养十方一切佛。
> 教化无边众生海，卢舍那佛成正觉。
> 放大光明照十方，诸毛孔出化身云。②
>
> 彼诸众生。见光明已，皆大欢喜，命终皆生兜率天上。生天上已，闻天妙音，名不可乐。此音声语诸天子，以不放逸故，于诸佛所种善根故，遇善知识故，卢舍那佛威神力故。于地狱命终生此天上，如来足下千辐轮中有妙光明，名普照王。于彼海王随形好，悉放四十广大光明。一名清净功德，普照六十亿那由他佛刹微尘数世界。③

毗卢遮那佛的光明充满法界，是一种神力与愿力交织的抽象的光，有度化众生的功用，也是法身佛遍在性、本体性的象征。

（3）毗卢遮那佛的愿力与神力

《十住经》已经开始强调卢舍那佛的愿力，说："如是，十方

---

① （东晋）佛陀跋陀罗译《大方广佛华严经》卷2，《大正藏》第9卷，第405页中。
② 同上书，第405页下。
③ （东晋）佛陀跋陀罗译《大方广佛华严经》卷32，《大正藏》第9卷，第605页上。

世界微尘数等诸佛皆同一号,加汝威神,又卢舍那佛本愿力故。"①《华严经》中《菩萨十住品》《功德华聚菩萨十行品》《金刚幢菩萨十回向品》《佛小相光明功德品》《入法界品》等各品皆有对毗卢遮那佛愿力、神力的集中描述,不惜浓墨重彩,就是为了塑造这样一个神力和愿力交织的法身佛。也是继《大般涅槃经》以来为扭转《般若经》彻底否定一切造成信仰危机的进一步努力,肯定法身佛的存在和殊胜境界,从而强化信仰,客观上推动了大乘信仰主义的发展。甚至可以说,《华严经》中,神力和愿力是毗卢遮那佛作为法身佛存在的本质属性。

> 毗卢遮那佛,愿力周法界,
> 一切国土中,恒转无上轮。②
> 彼诸菩萨见此光已,得睹莲华藏庄严世界海,佛神力故。③
> 善男子,乃能入是菩萨无量方便三昧正受。善男子,十方各千佛刹,尘数诸佛,加汝神力故,能入是三昧正受。又卢舍那佛本愿力故,威神力故,及汝善根力故。④
> 佛子,乃能入是菩萨明智三昧正受。善男子,十方各百万佛刹微尘数等世界诸佛加汝神力故,乃能入是三昧正受。又卢舍那佛本愿力故,威神力故。⑤

通过上面几段引文,对毗卢遮那佛神力、愿力的特点做一归纳。首先,毗卢遮那佛的愿力和神力无处不在、无所不能、遍一切法界,同时又是不来不去、不可毁坏的。其次,毗卢遮那佛的愿力

---

① (后秦)鸠摩罗什译《十住经》卷1,《大正藏》第10卷,第498页上。
② (唐)实叉难陀译《大方广佛华严经》卷6,《大正藏》第10卷,第32页下。
③ (东晋)佛陀跋陀罗译《大方广佛华严经》卷2,《大正藏》第9卷,第405页中。
④ (东晋)佛陀跋陀罗译《大方广佛华严经》卷8,《大正藏》第9卷,第444页下。
⑤ (东晋)佛陀跋陀罗译《大方广佛华严经》卷14,《大正藏》第9卷,第488页上。

和神力是诸佛菩萨能够领略华严境界的原因,而且,诸佛菩萨能够成其为佛菩萨并能度化众生都是源于毗卢遮那佛的愿力和神力。最后,毗卢遮那佛的愿力和神力是众生成佛的重要原因,但是这里并没有否定众生自身的根力是成佛的原因,"能入是三昧正受,又卢舍那佛本愿力故、威神力故、及汝善根力故"。

(4) 卢舍那佛与众生的关系

> 谓毗卢遮那佛为本身,千百亿为化身。①
> 真记云:所谓六相者,此中大意,卢舍那佛最尊胜,我等众生最卑劣;舍那是总相,众生是别相;众生身者无别自体,全以舍那身成。②

这里,是从六相的角度阐释卢舍那佛与众生的关系的。六相是华严宗教义的核心内容,分别是总相、别相、同相、异相、成相、坏相。由"六相"到"十玄",成为华严宗的核心理论。但是,这一思想的发端还是在《华严经》。众生的存在是以卢舍那佛为根据和凭借的。《华严经》以毗卢遮那佛法身的遍在性与本体性作为众生成佛的根据,这受了如来藏思想的影响。吕澂也说:"不过以'法界'为一心,又牵涉到'如来藏'的功德本具和随缘不变,其中很受了《起信论》一系的思想影响。"③ 这里包含着《华严经》的成佛观,即众生何以成佛,怎样成佛的理论与实践问题。在《华严经》看来,佛与众生是不一不异的,众生与佛只有迷、悟的区别,成佛也就是由迷转悟的过程。迷悟的差别在于是否了悟法界实相(法身),同时《华严经》又强调万法唯心。成佛的原因,一方

---

① (唐)李通玄撰《新华严经论》卷1,《大正藏》第36卷,第722页上。
② 佚名《法界图记丛髓录》卷1,《大正藏》第45卷,第735页下。
③ 吕澂:《中国佛学源流略讲》,中华书局2006年版,第354页。

面是自心对法界实相的体认,另一方面又必须依靠毗卢遮那佛的神力和愿力。

吕澂说:"这部经(《华严经》——笔者案)对大乘学的贡献是,扩大了成佛的范围,把成佛的修行方法推广到一切有情,这种思想就超过了部派佛学。"[①] 这种修行方法也即菩萨行,并提出具体的修行步骤,即十住、十行、十无尽藏、十回向、十地、十定,从而最终成佛的整个过程。菩萨行也是整个《华严经》的落脚点。当然,之所以通过实践菩萨行能够成佛,其根本原因在于佛与众生不一不二。虽然众生心包含着染与净两个方面,但是二者不即不离,心性本净,实际上这与如来藏思想相通。

四 小结

佛教最初所说的佛身就是佛陀肉身,但随着佛教发展,佛身思想愈加复杂,逐渐形成了应身、报身、法身的划分,成为佛教的主流观点。在三身中,法身处于统领地位。而法身的形成伴随着大乘佛教的兴起,一方面佛与法分开,将法置于佛之上,另一方面又将佛等同于法,佛与法合二为一。此中所言法即是佛教所认为的最高真理,而佛则证悟了这种真理,所以佛又与法不二。当然在不同的发展阶段、不同的派别中,对这种真理(法身)的理解不完全相同。在般若经中,空性是最高真理,在涅槃经中,涅槃四德则是最高真理。无论是空性还是涅槃佛性,都具有形而上的抽象性,对于信众而言显得曲高和寡。因此,树立一个形象化的法身,无论在理论层面还是信仰层面,都具有非常重要的意义。华严经则完成了这一历史使命,树立卢舍那佛为法身佛,从而使抽象的法身佛具体

---

① 吕澂:《印度佛学源流略讲》,上海世纪出版集团、上海人民出版社2002年版,第107页。

化、形象化。在佛身思想发展史上，华严经的贡献不仅仅在于树立起法身佛卢舍那佛，更是通过对一多关系、生佛关系、成佛途径等的探讨，详细论证了众生成佛的可能性与现实性，并进一步指出以菩萨行为主导的一系列完整的修学体系，从而把从涅槃佛性以来的众生皆有佛性思想落实到具体的修证路径和过程中去，大大完善了佛教的修学体系。经华严经对法身卢舍那佛的宣扬，卢舍那佛信仰日渐兴起，又经过密教的塑造和弘扬，毗卢遮那佛信仰更盛。但是在无上瑜伽密教中，阿閦佛的地位却又抬升。总之，密教中的佛身思想又有诸多不同于显教的特点，以后另作探讨。

（张文卓，浙江工业大学讲师）

中国华严佛身论

灵辨《华严经论》中的法身说

张文良

《华严经》在佛教经典中是一部地位比较特殊的经典，其说法主不是现世的释迦牟尼佛，而是佛的法身——毗卢遮那佛，而其内容则是讲佛是什么、佛的世界是怎样的、如何才能成佛。所以，《华严经》的世界是"果上现"的世界，是佛的"自内证"的世界。从这个意义上说，《华严经》不是"佛说"的经典，而是"说佛"的经典。在六十卷《华严经》的诸品中，对"佛"和"佛身"有多重分类，而后世的《华严经》注释者围绕如何理解《华严经》中的"佛"和"佛身"则提出各种解说，从而形成华严学的佛身论。

灵辨《华严经论》[①]作为《华严经》现存最早的注释书，自然要对《华严经》中的佛及佛身做出自己的解说。这些解说构成灵辨

---

① 灵辨（477—522），北魏华严思想家，其所著《华严经论》是现存最早的关于《六十华严》的注释书。《续藏经》只收录了《华严经论》的第10卷。20世纪50年代，在日本正仓院发现了《华严经论》的5卷（3、14、16、17、18）；20世纪90年代，在韩国奎章阁又发现其中的6卷（51、52、53、54、55、56）。在日本发现的《华严经论》卷3、卷14、卷16、卷17、卷18分别刊于《南都佛教》第9、10、11、12、13号。在韩国发现的六卷，2003年由佛日出版社出版。以下引文，分别出自《南都佛教》和佛日版《华严经论》。

独特的佛身观。由于《华严经》被认为是法身毗卢遮那佛所说的经典，所以"法身"是《华严经》的核心词之一。灵辨的佛身论也主要围绕"法身"问题而展开。说到"法身"，自然让人联想到世亲的《十地经论》等著作中出现的"法身""报身""化身"，即三身说中的"法身"。实际上，后世的佛身论大多基于此三身说而展开。从《华严经论》问世的时间（520）上看，它晚于《十地经论》的译出时间（512），但由于灵辨著《华严经论》时尚未见到已经问世的《十地经论》，所以，灵辨对于包括"法身"在内的佛身的解说并没有参考《十地经论》的佛身说，而是基于《华严经》的佛身说而独自展开，故而在许多方面与《十地经论》及其之后的佛身论大异其趣。

以下在考察《华严经》的佛身说的基础上，分别考察灵辨在《华严经论》中对"法身""报身""应身"的解释，并通过对灵辨的佛身论与中国早期佛教中的佛身论的比较，探讨灵辨"法身"观的特色。

一 《华严经》中的"法身""报身""化身"

《华严经》是由《十地经》《等目菩萨经》等诸多单行经典汇编而成的经典，虽然各部分都围绕着大乘菩萨道的主题而展开，但由于成立的时期不同，所以在内容上又有很大差别。如《卢舍那佛品》中所出现的"卢舍那佛"的形象，就与密教经典关系密切，其性质与《华严经》其他诸品不尽相同。毗卢遮那（Virocana），是太阳的别名，所以又称为"大日如来"。现代的学术研究表明，毗卢遮那信仰与太阳神崇拜有关。在《卢舍那品》中，毗卢遮那如来经过无量劫海的修行功德而成正觉，修世界海微尘数大愿而严净华藏庄严世界海。从这个意义上说，毗卢遮那佛是"报身"①。但从宇宙万有皆为毗卢遮那如来的泛神论立场来看，又具有"法身"的内涵。

"法身"的观念，在《八千颂般若经》中就已经出现。在该经的第十七章中，佛告须菩提"佛世尊以法为身"②，即要人们不要把佛看成无常的色身，而应该视为不灭的法身。正如经名所示，般若智慧才是佛陀的本质，才是佛陀之所以成为佛陀的根本原因。佛陀的肉体可以坏灭，但作为佛陀本质的觉悟和所获得的智慧却是不灭的。

《华严经》中的"法身"作为佛身论的概念，其内涵与后来的佛身说有很大差异。世亲时代成熟的"三身说"中，"法身"是真如、真理的代名词，是诸佛的理体。而《华严经》中的"法身"又称"法界身"，是佛法的具象化的说法。如菩萨的"无漏法身"和如来的"无上法身"的说法，不应该读为"无漏"之"法身"、"无上"之"法身"，而应该是"无漏法"之"身"、"无上法"之"身"之意。其所强调的是菩萨身上所体现的"无漏法"和如来身上所体现的"无上法"，而不是与"报身"和"应身"对举的"法身"。可以说，从概念形成的角度看，《华严经》中出现的"法身"的概念还是未充分展开的、内涵未固定化的一个概念。

除了"法身"，在《华严经》的诸品中，关于菩萨所知、所见、所成之身还有种种不同说法。如"十行品"中的无量无边法界身、未来身、不生身、不灭身、不实身、离痴妄身、无来去身、不

---

① 除了《华严经》的"卢舍那佛品"，出现毗卢遮那如来的经典还有：《观普贤菩萨行法经》《菩萨地持戒本》《萨遮尼乾子经》《善住意天子所问经》《大乘同性经》《梵网经》，以及《大日经》等密教部经典。因为这些经典为东晋之后译出，而《法华经》《涅槃经》和《大智度论》等早期大乘经论无此说，故"毗卢遮那如来"应是4世纪之后才进入佛教经典之中。

② Ibid. 168.31。另第28章"（此般若波罗蜜）无非是过去、未来的如来、阿罗汉、正等觉者的法身"（AṢP228.13 – 14）。

坏身、一相身、无相身;"十忍品"中的无来身、不生身、不聚身、不实身、一相身、无量身、平等身、不坏身、至一切处身、离欲际身;"十地品"有菩萨身、愿身、化身、住持身、相好庄严身、势力身、如意身、福德身、智身、法身,以及众生身、国土身、业报身、声闻身、辟支佛身、菩萨身、如来身、智身、法身、虚空身等[①]。这些佛身,有些是修行而得的果报身,有的则是为救度众生而化现之身。

在《华严经》关于佛身或菩萨身的诸种说法中,"十地品""如来十身说"和"离世间品"中的"十佛说"最具代表性,在后世的注释者那里也最受重视。"如来十身"说,是所谓"融三世间十身"(即众生身、国土身、业报身、声闻身、辟支佛身、菩萨身、如来身、智身、法身、虚空身)中的"如来身"的进一步分类,即菩萨所见的如来菩提身、愿身、化身、住持身、相好庄严身、势力身、如意身、福德身、智身、法身等十身。其中,"智身"是善分别如实;"法身"是平等不坏相。"十佛"即菩萨所见十种佛,其说法有两种:一是正觉佛、愿佛、业报佛、住持佛、化佛、法界佛、心佛、三昧佛、性佛、如意佛;二是无著佛、愿佛、业报佛、持佛、涅槃佛、法界佛、心佛、三昧佛、性佛、如意佛。因为"无著佛"即安住世间而成正觉之意,而涅槃佛即作为化身而示灭之意,所以两种"十佛"在内涵上大体相同。

关于"十地品"中的"如来十身"与"离世间品"中的"十佛"的关系,华严宗四祖澄观认为它们是相互对应的,即菩提身与正觉佛、愿身与愿佛、相好庄严身与业报佛、住持身与持佛、化身

[①] 此外,还有《十回向品》中的十身(明净身、离浊身、究竟净身、清净身、离尘身、离种种尘身、离垢身、光明身、可爱乐身、无碍身),和《入法界品》中的十身(随方面身、一切众生色身、普贤一切众生前身、一切众生无所著身、一切众生身身、一切众生无上身、随顺教化一切众生身、游十方身、至一切十方身、究竟佛身、究竟教化一切众生身)。但前者是众生通过菩萨的回向而得到的十身,并非佛身;而后者则是妙德守护诸城夜天所示现之身。

与涅槃佛、势力身与心佛、福德身与三昧佛、智身与性佛、如意身与如意佛、法身与法界佛等相互对应。而二祖智俨则将"十地品"中的"融三世间十身"称为"解境十佛";将"离世间品"中的"十佛"称为"行境十佛"。

虽然《华严经》中出现了"法身""报身"("业报身")、"化身"的概念,但能否认定这就是其他经典中所出现的"三身说"是值得疑问的。首先,在《华严经》中,上述三身的说法都是在"十佛""十身"等其他的概念框架下出现,并不是三者作为一组概念而出现。这与世亲的《十地经论》卷三"一切佛有三种,一应身佛,二报身佛,三法身佛"的说法显然不同。除了"法身"概念的内涵尚未完全固定化之外,《华严经》中出现的"报身"和"化身"的含义也与世亲在《十地经论》中所说的"报身"和"化身"不同。虽然"十佛"中的"业报佛"与"报身"含义相近,但"融三世间十身"中的"业报身",按照世亲《十地经论》卷十的说法,与"众生身""国土身"一道属于"染分",即非菩萨、如来所现之身。显然,这里的"业报身"与作为佛身表现形态之一的"报身"在性质上是完全不同的。而"化身",在《华严经》中特指"涅槃佛",指有生有灭的生身佛。这种意义上的"化身"还保留着初期大乘经论中所谓"本、迹"二身或"法身、生身"二身说中的佛陀生身的印记。而在后来的大乘著作中,"化身"则主要指顺应众生的根机而方便教化一切众生的佛。两者之间虽然有关联,但作为"三身"说中的"化身",其内涵是在佛与众生的关系之中得以确立,比之《华严经》中的"化身",无疑具有更丰富的宗教内涵。

二 《华严经论》中的"法身"

《华严经论》中的"法身"概念,与《华严经》中的"法身"

概念有联系又有区别。作为《华严经》的注释书,《华严经论》沿着《华严经》的脉络阐释其概念内涵是理所当然的。在《华严经论》的"法身"义中,我们也看到《华严经》中的"法身"的影子。如关于文殊菩萨的"法身"功德,灵辨释云:

> 圣者文殊,如是于一切处,依大光明,方便以偈,显示法身。无为常住,随众生器,现四种道,充满法界。大众睹见,于常果法身,令得正解。何以故?知佛法身,犹如满月,不一不异,一切现化故。①

这里的"犹如满月"出自《华严经》"入法界品"②。在"入法界品"中,伊舍那优婆夷为善财童子说法,讲到菩萨的功德时,借此譬喻形容文殊的"法身"虽然无为常住,但能够随着众生的根器而显现,进而能够为一切众生所睹见。这里的"法身"是文殊菩萨之"法身"。至于菩萨的"法身",与作为如来"三身"之一的"法身"在内涵上有何区别,无论是《华严经》还是《华严经论》都没有做出明确的说明。而且,这里的立意重点在于菩萨的随机教化,并不在于说明"法身"本身。由此也可以看出,《华严经论》的佛身观与世亲的《十地经论》中的佛身观之间,最大的不同在于前者将"法身"视为佛教化众生的各种形式之一,并没有刻意对佛的三身进行概念上的界定,后者则对"法身""报身""化身"之间的概念内涵做出了清晰的区分。前者还是从信仰的立场理解《华严经》的概念,而后者则倾向于从学理上来界定这些概念。

而且,"无为常住"虽然是"法身"的属性,但"随众生器,

---

① (北魏)灵辨造《华严经论》卷10,《卍续藏》第3卷,第5页中。
② "福德光明,犹如满月,能令见者,咸得安乐。"《大方广佛华严经》卷8,《大正藏》第10卷,第697页上。

现四种道,充满法界"则属于"化身"的属性。《华严经》中,"法身"与"化身"常常一起出现,而且两者之间并没有清楚的概念划分。

尽管如此,在《华严经》译出之后到灵辨著《华严经论》之间,还有四卷《楞伽经》《涅槃经》《如来藏经》等经典论及"法身"问题。这些经典的"法身"观或多或少影响到灵辨的"法身"观。与《华严经》的"法身"说相比,灵辨对"法身"的理解还是有一些新意。

如灵辨在注释《华严经》的文殊菩萨赞叹佛之法身时,认为文殊显示了五种"观",第一种"观"即"依正平等观":

> 依正平等观者,法从缘起,犹如幻化。如实观察,身与依果,自性无二。于一切法平等,同真际。如是见佛身者,是净慧眼,如法性故。[1]

"法身"与"法性"是一个概念还是两个概念,曾是中国僧人阐释"法身"概念时遇到的很大困惑。一般说来,"法性"指万法"空"的本性,而"法身"则是这一万法本性的具象化,两者在本质上是一致的。但当"法身"概念与"报身""化身"等作为一组概念出现时,"法身"与"报身""化身"的关系就变得重要,即"法身"不仅仅是万法的本质,除了作为本体存在的意义之外,它还必须具有特定的功用,因而能够发起"报身"和"化身"。换言之,"法身"除了"体"的属性还具有"用"的属性,是"体""用"合一的概念,而"法性"则只有"体"的属性而无"用"的属性。这样,"法身"与"法性"在概念上又不完全一致。

---

[1] (北魏)灵辨造《华严经论》卷10,《卍续藏》第3卷,第1页下。

在《放光般若经》中,"法性"基本上是作为"法身"的同义词出现的①。对《大品般若经》素有研究的道安在其著作中也是将"法身"与"法性"同等看待的。因为道安将佛教的"法身"与道家的"道"相比附,主要着眼于"法身"作为万法本体的侧面,所以他倾向于二者之同也是理所当然的。

作为道安弟子的庐山慧远,据说是在道安座下听《般若经》而开悟。慧远对《般若经》中的"法身"概念自然非常关注。慧远知道鸠摩罗什到达长安之后,很快致书鸠摩罗什,就数十个问题与其探讨。其中,关于"法身"的问题占了很大分量。慧远的困惑在于,既然"法身"称为"身",其中应该有肉体之身体的含义。但由于肉身是由四大五根构成,是有漏的存在,而法性则是无漏的。那么,有漏的身体如何能够与无漏的法性结合在一起呢?慧远困惑的根源是把"法身"之"身"作了实体化理解。实际上,"法身"只是"法性"的具象化,是为了与"化身"等并举的形象化说法,并不是指实体性的肉身。慧远受到小乘阿毗昙的影响,将"法身"之"身"视为肉体,从而陷入"法身"与《般若经》中的"法性"之间的冲突。

灵辨在论及"法身"概念时,首先强调"法身"非世间的色身:

是不生性,法身常身非身故。是身常住寂灭如虚空。常以何想为因缘生性,以非性为性故。②

与庐山慧远曾将"法身"视为地水火风(四大)和眼耳鼻舌

---

① "云何波罗蜜,亦不持无为法有所与,亦不弃有为法。何以故?有佛无佛,法性住如故。法性者,则是法身,亦不以忘住,亦不以损住"(《放光般若经》卷9,《大正藏》第8卷,第67页下)。

② 《华严经论》卷14,《南都佛教》第10号,第9页。

身（五根）构成的肉身不同，灵辨在这里明确指出"法身"不是肉身。肉身因为是因缘和合法，所以有生有灭，而"法身"因为是非因缘法，所以不生不灭，是"常身"。

在佛教史上，"法身"概念是佛教徒面对释迦牟尼佛住世八十年而入灭这一事实，为了解决佛陀住世的有限性与佛陀教法的无限性之间的矛盾、基于对佛陀的人格信仰与对佛陀教义信仰之间的张力而构想出来的概念。它彰显的是佛陀所代表的真理的无限性，以及佛教教义中对"法"的信仰传统。"法身"概念的出现意味着对佛陀的色身的有限性的超越。灵辨用"不生""非身""常住""寂灭"等说法，表达了"法身"与世间色身之间的不同。"法身"不同于肉身和色身，所以它无形无相：

> 法身离相者，体净涅槃如实际，离一切色，非相所摄，而具妙色随应故。①

这里的"无相"亦即万法的空性，一切万法皆因缘和合而成，无有自性，故不拘于一切相。此"离相"的特性就是万法的"实相"。值得注意的是，灵辨在论述"法身"的实相时，引用了《维摩诘经》的经文：

> 阴平等观者，法性涅槃中，一切法平等。佛与众生，入实相门。阴界相尽，犹如虚空。如经中说，"观身实相，观佛亦然，寂灭无二故"。偈说，"若见我及佛（至）彼是大牟尼"。②

"观身实相，观佛亦然"，出自《维摩经》卷下的"香积佛

---

① （北魏）灵辨造《华严经论》卷10，《卍续藏》第3卷，第3页中。
② 同上书，第1页下。

品",世尊问维摩诘"汝欲见如来,为以何等观如来乎?"维摩诘回答"如自观身实相,观佛亦然"。并历数佛与众生之实相的特征,如"同实际,等法性"等①。在"实相"的层面,佛与众生是相通的,故见到众生的实相也就意味着见到佛的实相②。

值得注意的是,灵辨所理解的"法身"不仅具有"无相""常住""不生"等属性,而且具有清净的智慧:

> 六者智净法身常住。不思议流注灭,真如体照不二,善觉法性故。偈说,"最胜自觉超世间(至)是名善入如来智"。③

"实相"的概念在《般若经》中与"真如"是同一层次的概念,都是指万法的空性本质。但在《般若经》中,"真如"并没有智慧之意。"体照不二"是灵辨特有的说法,即"真如"不仅是空性的本体,而且具有遍照万物的智慧。只是这种智慧不同于世间的对象性认识,而是一种能知与所知完全一体的根源性智慧,所以它只有在"不思议流注"(根本无明)消除之后才能显示出来。

"流注"是四卷《楞伽经》中多次出现的概念,指烦恼妄识相续不断,如水之流注。妄识流注止灭,方显出真如之体。关于"流注"与"真如"关系的理解,灵辨显然受到四卷《楞伽经》的影响。而将"法身"视为"真如"也与四卷《楞伽经》有关。在

---

① (姚秦)鸠摩罗什译《维摩经》卷下,《大正藏》第14卷,第554页下。
② 僧肇在注释《维摩经》的"如自观身实相,观佛亦然"时云"佛者何也?盖穷理尽性,大觉之称也。其道虚玄,固以妙绝常境。心不可以智知,形不可以像测。同万物之为,而居不为之域。处言数之内,而止无言之乡。非有而不可为无,非无而不可为有。寂寞虚旷,物莫能测。不知所以名,故强谓之觉"。"穷理尽性"语出《周易》"说卦传",原指对天地万物法则的透彻认知,僧肇借此来形容佛陀的觉悟。这说明除了道家的思想要素,僧肇也开始借用《周易》等中国传统思想中的要素来诠释佛教中的"佛"。僧肇所说的超出众人言表和思维的界限,超越"有""无"对立的"觉者",实际上就是作为绝对者的"法身",亦即众生与佛共同的"实相"。
③ (北魏)灵辨造《华严经论》卷10,《卍续藏》第3卷,第3页下。

《楞伽经》中,"法身"与"真如"同义,但《楞伽经》中的"真如"与《般若经》中的"真如"有差异。具体地说,在《般若经》中真如是空性,而《楞伽经》中,"真如"具有如来藏之义,有"空"和"不空"两个方面。"空"是指如来藏中的烦恼是空的,称为"空真如"或"空如来藏";而"不空"则指如来藏具有无量的性功德,此性功德称为"不空真如"或"不空如来藏"。从"真如"具有性功德的角度来说,"真如"是一种"实在"。灵辨所说的"智净法身"显然就是"不空真如"所具有的"性功德"之一。

将如来藏等同于如来的法身,是对《般若经》的"法身"概念的扩大解释。作为如来藏的"法身"在自性清净、不生不灭方面,与《般若经》和《维摩经》的"法身"相一致,但如来藏系经典不仅强调诸佛有如来藏,而且强调众生也有如来藏。只是众生的如来藏是被无明烦恼所覆,不得显现而已。众生通过修行,去除无明,如来藏就得以显现,就能够与佛同体。通过作为法身的"如来藏"概念,将佛的世界与众生的世界连接起来,是如来藏系经典理论上的特色。灵辨的"智净法身"说显然与如来藏思想有关。

三 作为"报身"的法身

据传为后汉支谶译的《内藏百宝经》是早期的大乘经典之一。其中讲道,佛陀从托胎出胎开始一直到佛陀的入灭,都是佛陀教化众生的一种方便善巧,并不是终极的真实。也就是说,作为历史人物的佛陀背后还有一个真身佛陀,历史上的佛陀不过是真身的"示现"而已。

既然历史上的佛陀只是"示现",那么其"真身"是什么呢?对佛陀"真身"的探索,在大乘佛教中沿着两个方向展开:一是上面提到的"法身"说,即真实的佛陀是佛陀所体现的真理。佛陀可以入灭,而真理却永恒存在。二是大乘佛教经典中出现的各种"报身"说。"报身"的原型是佛传文学中关于佛陀前世修行的故事,即佛陀在过去世经过无量劫的修行才得以在此世成佛,我们在此世所见到的佛陀是佛陀在过去世修行所得的果报。如在《无量寿经》中,阿弥陀佛的前身是法藏比丘,在前溯七十佛以上的世自在王佛在世时,在佛前发四十八大愿,并为实现这些大愿精进修行,最终成佛,获得无量寿命和无量光明。阿弥陀佛的形象就是典型的"报身"佛的形象[①]。可见,"报身"是建立在大愿和大行观念基础之上的佛身论,是大乘菩萨道思想的组成部分。

大乘经典关于"报身"的描述集中在两个方面:一是佛的寿命无量;二是佛的庄严相好。如《首楞严三昧经》中说佛的寿命为"七百阿僧祇劫"。《法华经》第五"如来寿量品"云,如来的实身在五百尘点劫之前就已经成佛,其实际寿命达无量阿僧祇劫。《大智度论》卷九云,佛分为"法性身"和"父母生身"。法性身满十方虚空,无量无边,色相端正,相好庄严,有无量光明,无量音声。《大智度论》卷三十云,佛分为"法性生身佛"和"随众生优劣现化佛",而"法性生身佛"在无量阿僧祇劫积集一切善本功德,具足一切无碍智慧。可见,"报身"的理念一方面是"法身"的具体化,另一方面是作为历史人物佛陀的理想化。作为"报身"佛,在空间上,佛遍布于十方世界,并不限于我们所生活的娑婆世界;在时间上,佛的寿命无量,并不限于佛传上所说的住世八十年;由于积劫修行,故功德圆满,智慧无量。

值得注意的是,"报身"概念从"法身"中分化出来是在世亲

---

① 按照藤田弘达的研究,《无量寿经》中的阿弥陀佛与世自在王的故事结构,与佛传中的佛陀前世释迦菩萨与燃灯佛的故事结构相似。此经是以佛传为基础,从无量寿命和无量光明两方面重塑佛陀形象而成立的经典。参见藤田弘达《原始净土思想的研究》,岩波书店1970年版,第349—352页。

的时代（5世纪前后）①。而在此之前的大乘经典中，"法身"与后来的"报身"并没有明确的区分。如在《维摩经》中，维摩居士告诉众人："诸仁者！此可患厌，当乐佛身。所以者何？佛身者即法身也，从无量功德智慧生。"②这里的"法身"因为是无量智慧功德凝聚而成，显然是"报身"而非后来意义上的"法身"。在《华严经论》中有如下问答：

> 问曰：菩萨入初地时，已永断欲爱，是中何故不说离淫？
> 答曰：初地断者证法身，无漏智相应。灭依应果处，亦同此地。是中不断者，应居王位，示受妻色，而法身处净如虚空。虽处妻色，实无所染，如鹅王入水，不污其毛。是故二地永无邪淫。③

这里原本是讲菩萨在初地证得"无漏智"，虽居王位、享受女色而无所染著。这里的"法身"即"无漏智"的具象化表达，与后来所说的"报身"相当而不是纯粹的理体。

从"报身"的角度把握"法身"似乎是《十地经论》译出之前中国僧人的一种普遍的思想倾向。如被称为梁代三大士之一的光宅寺法云（467—529）在其《法华义记》中就提出"神通延寿"说。按照传统的说法，佛陀证得觉悟就要入涅槃，但由于佛陀具有无限的大悲心，所以佛陀以神通之力，使自己的寿命无限延长，以三界六道之形救度一切众生。法云将"神通延寿"之佛

---

① 关于世亲生活的年代，日本学术界有320—400年说和400—480年说。320—400年说是主流意见，但干泻龙祥在《世亲年代再考》[《印度学佛教学论集》（《宫本正尊教授还历纪念论文集》），1954年]中，根据世亲与笈多王朝（320—540）国王的关系，提出400—480年说。

② （姚秦）鸠摩罗什译《维摩经·方便品》，第2，《大正藏》第14卷，第539页中。

③ 《华严经论》卷51，佛日出版社2003年版。

称为"法身佛",所谓"延金刚心,久住世者,以为法身"。但这里的"法身"显然不是抽象的"真如"或"法性",而是修行得的"报身佛"。按照法云的说法,"如来法身智慧功德相好","如来法身慧命养育众生","法身"与智慧、功德、相好庄严等联系在一起。

"法身"概念的多义性,一方面说明"法身"概念还没有充分分化,另一方面则说明"报身"概念还没有获得独立地位。如上所述,在《华严经》中已经出现了"业报身"的概念,但它属于众生的烦恼身、轮回身而不是菩萨身或佛身,与三身说中的"报身"不是一个概念,甚至可以说是正相反对的概念。值得注意的是,灵辨在《华严经论》中也使用了"报身"的概念,并对这一概念作了详细的规定。在对《华严经》的"贤首菩萨品"的注释中,灵辨指出贤首菩萨的"报身"解脱有九种方便:

示报身解脱有九种方便。一者示现成道方便;二者现土方便;三者庄严方便;四者法门方便;五者同事摄方便;六者身权方便;七者善说方便;八者光照方便;九者三昧地方便。[1]

这九个方面都与大乘菩萨道的修行内容相关,而这些内容又与历史上的佛陀的生平有对应的关系,可见此处的"报身"不是《华严经》中出现的"业报身",即不是轮回于三界六道的众生身而是菩萨身或佛身。这说明灵辨在《华严经》中的"业报身"之外确立了作为佛菩萨身的"报身"的概念。这是"报身"概念展开史上值得注意的事件。

但仔细考究起来,我们发现灵辨在这里所说的"报身",其内

---

[1] (北魏)灵辨造《华严经论》卷14,《南都佛教》第10号,第9页。

涵又与作为"果德"的"报身"不同，而与后来的"应身"的内涵相近。如上述九种方便的第一"成道方便"，其内容如下：

> 初十六偈显示现成道方便。上智身解脱，净受甘露智识，已能为大方便示无阂自在。何等示自在。往彼成道故。是示现有五种。初五偈明于无佛国土往彼成道。说增上法，明一念充满一切法界。随群生根。悉能普现。如满月现水。应无不至，善巧方便，示坐道树故。次一偈显示现灭度，转大法轮，入般涅槃，分流舍利，利益群生故。①

这里说的"成道"如菩提树下悟道、转大法轮、入般涅槃、分发舍利等，都以作为历史人物的释迦牟尼佛的生平事迹为蓝本，只是没有出现释迦牟尼的名字，而是把其事迹泛化为一切如来共同的特征。但在大乘经典中，作为历史人物的释迦牟尼佛被视为"应身"佛。即八十年住世、转大法轮、教化众生的释迦佛只是本源实佛的应现身。而灵辨在《华严经论》中却将此"应现身"定位于"报身"。

之所以出现这种现象，原因在于在五世纪末和六世纪初的中国佛教中，"报身"概念尚未获得明确的内涵，尚未与"法身"和"应身"在概念上区别开来，故而"报身"的内涵或者被植入"法身"之上，或者被纳入"应身"概念之中。自《法华经》提出"本佛""迹佛"的概念，而《大智度论》提出"生身""法身"的概念之后，二元构造的佛身论成为中国僧人理解佛身的基本思维模式。尽管《华严经》中出现了"十佛""十身"的说法，但从类型上分析，它们都可以归为"法身"和"应身"，即都在二元构造

---

① （北魏）灵辨造《华严经论》卷14，《南都佛教》第10号，第9页。

的佛身论框架之中。其深层原因或许与中国人传统思维中的阴阳观念、道器观念（形而上者谓之道，形而下者谓之器）等有关。总之，在灵辨这里虽然出现了"法身""报身""应身"等三身的概念，但究其实，灵辨仍然是在二元结构的框架下理解佛身，"报身"概念并没有获得充分展开。

四 作为"应身"的法身

虽然中国僧人沿用《大智度论》的二元结构的佛身论，但由于思维方式的差异，中国僧人所理解的二元结构与《大智度论》本身的二元结构的内涵是不同的。简单地说，《大智度论》中的"二元"是指"生身"和"法身"之间的区别和对立，而中国僧人所理解的"二元"则是"法身"与"应身"之间的不一不二的关系。而之所以有这样的差异，原因在于中国僧人在理解"法身"与"应身"的关系时，导入了"本""迹"和"体""用"的范畴，从而将原本是相互对立的存在融合在了一起。

这两种二元结构佛身观，在庐山慧远的"法身"观的转变中表现得很明显。如上所述，庐山慧远在早年曾对"生身"与"法身"之间如何统一的问题而发生困惑。其困惑的实质则是把"生身"与"法身"视为两种性质对立的存在，即"生身"是有漏身，而"法身"则是无漏身，一个属于染法，一个属于净法。两种性质对立的存在自然难以相容。但在与鸠摩罗什交流之后，其思想发生了根本变化。在其晚期的文献《佛影铭》（完成于412年）中，慧远表达了他对"法身"新的理解：

> 法身之运物也，不物物而兆其端，不图终而会其成。理玄于万化之表，数绝乎无名者也。若乃语其筌寄，则道无不在。

是故，如来或诲先迹以崇基，或显生途而定体。或独发于哦寻之境，或相待于既有之场。独发类乎形，相待类乎影。推夫冥寄，为有待耶？为无待耶？自我而观，则有间于无间矣。求之法身，原无二统。形影之分，殊际之哉？①

慧远在这里力图借助"道"的概念来阐释佛教的"法身"。它虽然无名无相，超越一切表相，但又无所不在。它既有"独发"的方面又有"相待"的方面。两者的关系如同"形"与"影"的关系。这里的"独发"近似于佛的"报身"，而"相待"则近似于"应化身"。那么，"法身"的这两个方面是相异的还是相通的？慧远认为，站在众生的立场上看，两者是有差别的；但从"法身"的立场看，两者并无差别。由于慧远的时代还有许多关于佛身的经典尚未翻译出来，佛身论的概念如"报身""应化身"等也尚未进入中国佛教的概念系统，所以中国佛教徒尚不能全面把握佛身论的要义。尽管如此，慧远借助道家的概念，对"法身"作了较深刻的发挥，达到了那个时代的中国佛教徒在佛身论问题上所能达到的最高思维水准。

灵辨的"应身"说的特点之一是将"应身"视为"法身"教化众生的"方便"，即在"究竟"和"方便"的框架下理解"应身"：

应身普至者，是应现有九种：一者出生方便。降身母胎，示行人道。虽复出生，相好具足。犹如山王，住寂后身。示成正觉，普照世间，如满月故；二者行摄方便。禅思经行，集无量功德。定慧清净，心无所畏，如师子王故；三者观察方便。

---

① （唐）道宣撰《广弘明集》卷15，《大正藏》第52卷，第198页上。

净眼观察十方界藏，或示戏笑，调御众生故；四者身净方便。示末后身，大师子吼。所转法轮，莫不真实。其身清净，如日光故；五者弃家方便。舍家出家，解脱无染。修行禅寂，入如实际。心常志乐，住诸佛行，取解脱果故；六者亦坐道场方便。先已善觉一切法相而现坐道场。修无漏智道，度诸法彼岸。以金刚智火，灭无明闇。正觉诸法，成无上道故；七者调伏方便。以大悲云，遍覆一切。慈光流入，诸群生根。示以法宝，悉调伏故；八者转法轮方便。容仪殊特，处一切大众。示无畏说，神力自在。无能映蔽，悉摄众生，置如实法故；九者灭度非灭度方便。器咸尽故，示般涅槃。普现佛事，如实饶益。或复炽然，明照世间。如千日出，普照一切。随根充满，皆令达到究竟菩提故。①

这里的"应身"的九种"方便"即出生、行摄、观察、身净、弃家、坐道场、调伏、转法轮、灭度非灭度等，都是以历史上的释迦牟尼佛的生活为原型。在释迦牟尼佛入灭之后，佛教信徒一方面开始寻找释迦牟尼的代替者，从而出现了过去佛、未来佛和十方佛的概念，而释迦牟尼佛则是这无数佛之一，从而演化出"化身"或"应身"的概念；另一方面，佛教信徒将佛陀所说的"法"视为永恒的真理，而历史上的佛则变为"法"的体现者，从而演化出"法身"的概念。在这里，灵辨所说的九种"方便"是基于《华严经》的相关说法，将历史上的释迦牟尼一般化、普遍化的结果。

值得注意的是，灵辨在谈及"应身"时，所用的概念框架是"究竟"和"方便"。"究竟"在《华严经论》中，与"涅槃""解

---

① 《华严经论》卷10，《卍续藏》第3卷，第2页中—下。

脱""大乘""正觉""佛智""彼岸"等联系在一起,指佛菩萨修行所得到的境地,以及引导众生所要达到的境地。而与此相对的"方便"则是佛菩萨适应众生的根机而示现种种神通,佛菩萨通过"方便"而教化众生,使之获得觉悟。

"方便"梵文为"upāya",原意为"接近"。在佛教看来,由于佛教的教义比较深奥,众生难以直接领悟佛教的真理。佛菩萨为了引导众生最终走向真理,就先针对不同根机的众生分别说不同的法。这些不同的说法虽然不是最终的真理,但却是众生走向最终真理的中介和手段。如《法华经》的《方便品》就主张,佛所说的声闻、缘觉和菩萨三乘之说就是一种"方便",而唯一的"佛乘"则是终极的真实。为了说明这一道理用了七个譬喻。如三车的譬喻,就是讲,父亲为了让在火宅中玩耍的孩子脱离火宅,谎称外面有羊车、鹿车、牛车,等孩子们脱离了火宅,则给了他们大白牛车。羊车、鹿车、牛车譬喻"三乘",而大白牛车则譬喻"佛乘"。

在《法华经》中,"方便"虽然主要是为了说明"三乘"和"一乘"的关系而提出的概念,但正如"三乘"在价值上低于"一乘"一样,"方便"与真实相比,具有"权宜的""暂时的""不得已的"等意义,在价值上不能与"真实"等量齐观。

但灵辨在《华严经论》中所说的"方便"直接就是"法身"教化众生的种种具体活动,它反映了佛的智慧、佛的慈悲和佛的自在,所以它与"究竟"是等值的。这可以说是后世的"方便"即"究竟"说的萌芽。在《华严经》卷三十七中讲道,菩萨在到达"十住"位的第八位即"童真"位之后,就可以获得十种辩才,能够观察了解一切众生的根机,随机说法。灵辨释云:

> 如是示现神通,自利利他,智行清净,不可破坏,住童真

地，究竟转入萨婆若海，善巧出生者。①

在这里，作为"究竟"的佛的智慧（"萨婆若海"）与"善巧"是一体的。没有"善巧"方便的教化，就不能显示佛的智慧。"方便"是佛的智慧得以显现的载体，它作为佛的功德之一，在价值上与佛的智慧是相等的。

灵辨在对"应身"进行说明时，除了"方便"的概念，还使用了"权道"的概念。"权"是权宜、变通之意。在《孟子·离娄上》就有"男女授受不亲，礼也；嫂溺授之以手者，权也"。"权"与"常"相对，是指一种非常态的、应急的、暂时的状态。灵辨所说的"权道"，有时与"方便"并用：

> 九者权道无碍解脱方便，于三转智处，善巧示现，过一切世间思量心念，入一切出世间无余智集故。②

这里的"权道"与"无碍""解脱""方便"并用，显示出它是佛的一种境界，所以讲它超过一切世间的思维和认识，是一切出世间智慧所生出的境界。由于它属于佛的境界，所以这里的"权道"与上面的"方便"一样，都属于佛的智慧的一部分。在后来的"权教""实教"的判教理论中，"权"成为与"实"相对立的概念，"权"同时也成为带有否定意味的概念。但在《华严经论》中，"权道"是菩萨教化众生的各种表现形式，是菩萨慈悲济世精神的具体体现：

> 圣者文殊菩萨，复开示名号四谛，法门权道，随一切世间

---

① （北魏）灵辨造《华严经论》卷17，《南都佛教》第12号，第4页。
② 同上经，卷3，《南都佛教》第9号，第2页。

众生根生，应无量身云，悉分别说。显示四种权道，充满法界：一者身权，随群生器水，示根净方便无量身云，一切悉现故；二者依果权，随诸业集，垢净刹土，无碍兴起，充满世间故；三者名号权，随群生器，应无量德号，称其悕望，皆利安故；四者法门权，随其欲性，雨甘露法雨，应彼根器，盈满其中。如龙王雨，无不泽润故。①

文殊菩萨有四种"权道"，即"身权""依果权""名号权""法门权"，其中的"身权"即菩萨所示现的无量"应身"。"权道"不仅与"应身"联系在一起，而且也与佛的"法身"联系在一起，是"法身"内涵中的一部分，所以也称为"法身权道"：

光网普觉者，流光普照一切法界，悉令大众见法身权道。充满世间，自在摄化，尽无余故。②

"权道"的概念虽然也出现在《华严经》中，但仅有一处③。而在《维摩经》中，"权道"则出现了三次④。这里的"权道"是诸佛、诸菩萨教化众生的诸种手段，是不可思议的境界，所以并不是与"实"相对立的概念，毋宁说是诸佛菩萨精神的具体体现。

---

① 同上经，卷10，《卍续藏》第3卷，第5页上。
② 同上。
③ "是皆如来为菩萨时，有因缘者为度此故，种种方便、口业、音声、行业、果报、法门、权道、诸根所乐，令众生知如来法。"(《华严经》卷4，《大正藏》第9卷，第420页中。)
④ 即"欲度人故，居维耶离，矜行权道"，"如是，长者维摩诘不可称说善权方便，无所不入，其以权道，现身有疾"，"世尊！诸佛权道不可思议，以度人故，为随所欲而现佛土之好"。僧肇在注释《维摩经》时，很重视"权道"概念。如"肇曰。维摩诘，秦言净名，法身大士也。其权道无方，隐显殊迹。释彼妙喜，现此忍土"(《大正藏》第38卷，第327页下)。

五　余论

综上所述，灵辨《华严经论》中的"法身"有狭义的"法身"和广义的"法身"之分。狭义的"法身"即作为"法性""真如"的"法身"；而广义的"法身"则包括一般意义上的"报身""化身"乃至"如来藏"在内。在《华严经论》中，虽然"法身""报身""应（化）身"的概念已经出现，但还不是作为一组概念而出现，其内涵还没有充分地分化和展开。从思想来源看，灵辨的法身观，既受到《华严经》中的佛身说的影响，也受到《般若经》《大智度论》《楞伽经》的佛身说的影响。

灵辨的法身说的另一值得关注之处，是灵辨从心识的角度对"法身"的考察。灵辨结合四卷《楞伽经》的"七识"说而界定"法身"，认为"法身"是七识背后的"真心"。这里的"真心"是"真如"的同义词。关于"七识"和"真心"的关系，四卷《楞伽经》中有详细的论述。即识有三种，所谓真识、业识和分别事识。业识和分别事识属于有为法的"七识"，而"真识"则是灵辨在这里所说的"真心"，属于无为法。四卷《楞伽经》虽然提到"三佛说"和"四佛说"，但并没有将心识说与"法身"说联系在一起。灵辨借用四卷《楞伽经》之说来说明"法身"，是为了通过"法身"与"七识"的对比，说明"法身"是常住法，是清净法。

灵辨的另一个意图，则是以"法身"概念打破佛与众生之间的屏障，强调佛与众生之间的连续性。在《十地经论》中，"法身"被称为佛的"法身"，或者"法身佛"。那么，除了佛之外，菩萨、声闻、辟支佛是否有"法身"？众生是否有"法身"？世亲并没有具体地说明。但根据《大智度论》等的说法，"法身"显然被限定为佛的"法身"。"法身"是为了探究其佛的"化身"的根据而逆推出来的概念，是与"化身"作为一组概念而出现的。所以"化身"只可能在佛"法身"的意义上被使用，众生没有"化身"，自然也就没有"法身"可言。而如果像灵辨那样，把"法身"理解为真如、"真心"，那么，不仅佛有"法身"，一切众生皆有"法身"。灵辨这里所说的"法身"实际上就是众生皆具的如来藏。

如来藏的概念一般是就众生而言的，即众生所具有的、为烦恼所覆盖的清净本性，只有通过修行，这一清净本性才能显现，所以如来藏是"因位"的存在。而"法身"则是就佛而言的，是获得觉悟的佛所具有的功德之一，与涅槃、解脱等一体不二，所以是"果位"的存在。从"果位"的立场看，因果不二，"法身"与如来藏可以说是相通的，但从众生的立场看，显然"如来藏"不等于"法身"。从思想史或概念的展开史来看，如来藏和法身各有其自身的发展脉络，虽然它们之间也有交集，但内涵和属性毕竟不同。

灵辨的这种"法身"观，显然与《华严经》"唯心偈"的"心、佛、众生，是三无差别"之说有一定关系。虽然关于"唯心偈"中的"心"是真心还是妄心，后代的注释者意见不一，但一般说来，华严宗思想家倾向于将其理解为"真心"。即在"真心"的基础上，佛与众生是一体不二的。灵辨以"真心"规定"法身"，显然是将佛与众生的无差别建立在"真心"基础之上。

（张文良，中国人民大学佛教与宗教学理论研究所教授）

关于六世纪中国佛教佛身论的一个考察[*]

——以与《宝性论》《佛性论》和种姓思想的关联为中心

李子捷

众所周知,被认为是真谛三藏(499—569)所译的《摄大乘论》及《摄大乘论释》在被汉译后,佛身论被较为体系化地介绍到了中国。而在此之前,北魏佛教的地论师教团以菩提流支(?—527?)和勒那摩提(?—?)的译经为中心,已将三身说的佛身论介绍到了中国。在这一过程中,中国佛教的佛身论立足于中国传统思想,在消化印度佛教的佛身论的基础上,逐渐形成了带有自身特点的佛身理论。而这一变化,在译经和对经论解释的过程中表现尤为明显。本文拟通过对勒那摩提译《究竟一乘宝性论》、真谛译《佛性论》的相关部分的考察,以及此二种经论译出后,净影寺慧远(523—592)对种姓说的解释为中心,对六世纪前中期中国佛教

---

[*] 本文受到平成二十七年度日本政府文部科学省日本学术振兴会科学研究辅助金"特别研究员奖励费"的资助,属于其研究成果的一部分。

的佛身论做一考察。

一 《究竟一乘宝性论》的法身与真如

作为印度佛教如来藏思想的集大成论著，《宝性论》对印度、西藏佛教的影响力极其深远。菩提流支、勒那摩提将其译为汉文后，对后来的东亚佛教也产生了不可忽视的影响。现存汉译本为勒那摩提的译本，本节以与现存梵文本的异同来考察其法身说。

《宝性论》将法身分为两种，并且汉译本中还明确了法身与真如的密切关系。相关具体说法如下：

> dvividhobuddhānāṃdharmakāyo'nugantavyaḥ/
> suviśuddhścadharmadhātoravikalpajñānagocaraviṣayaḥ/
> sacatathāgatānāḍpraty-ātmamadhigamadharmamadhikṛtyavedita-vyaḥ/
> tatprāptihetuścasuviśuddhadharmadhātuniṣyandoyathā vainay-ikaparasattveṣuvijñaptiprab-havaḥ/
> sacadeśanādharmamadhikṛtyaveditavyaḥ/
> (RG, 70)[①]

梵文汉译：诸佛的法身可分为两种，第一是清净法界，这属于无分别智作用的领域。

对此应理解为：这是与诸如来的自内证之法相关的部分。第二则是得此清净法界的原因，即与清净法界同质，与众生相应，而使

---

① *Ratnagotravibhāga*, ed. byEdwardHamiltonJohnston, Patna, TheBiharResearchSociety, 1950.

其他广大众生知晓。这是与所说之法相关的部分。

> 此偈明何义？诸佛如来有二种法身。何等为二？一者寂静法界身，以无分别智境界故。如是诸佛如来法身唯自内身法界能证应知，偈言清净真法界故。二者为得彼因，谓彼寂静法界说法，依可化众生说，彼说法应知，以依真如法身有彼说法，名为习气，偈言及依彼习气故。①

依照此处的说法，法身分为两种，一种是清净法界，这属于无分别智所作用的领域。关于这一点，《宝性论》的梵文本和汉译本是一致的。但是，关于第二种法身的解释，梵文本与汉译本之间的区别就比较明显了。对此，梵文本的说法是"得到清净法界的原因，与清净法界同质，这是所说之法"。而汉译本则表示"为得彼因，谓彼寂静法界说法，依可化众生说，彼说法应知，以依真如法身有彼说法，名为习气"。

这里应当注意的是，此处梵文本只说基于清净法界的说法这一层面，而汉译本则在此基础上言及真如法身的说法。② 由此看来，真如可以像有为法那样说法，这一过程被称为习气。更重要的是，梵文本只说基于清净法界的自内证之法与所说之法，而汉译本则直接表明真如法身的说法。《宝性论》梵文本的二种法身说，到了汉译本变为真如法身的说法，这对于当时中国佛教的佛身论以及真如

---

① （元魏）勒那摩提译《究竟一乘宝性论》卷4，《大正藏》第31卷，第838页中。
② 关于印度佛教的法身说法问题，可参考越智淳仁《关于法身说法：Vairocana 与 Mahavairocana》（《密教学研究》第17号，1985年）、生井智绍《伴随作用的法身》（《密教学研究》第34号，2002年）等论文。而关于东亚佛教，尤其是日本密教的法身说法问题，可参考大久保良峻《台密教学研究》（法藏馆，2004年）第六章"日本天台的法身说法思想"。根据大久保教授的研究，日本密教的法身说法思想可追根溯源至菩提流支译《入楞伽经》中的"法佛说法"这一概念。此外，笔者认为，与梵文本有所不同，《宝性论》汉译本中的"法身说法·真如说法"也属于东亚佛教中法身说法思想的素材。

说的演变来说，是不可忽视的一环。

二 《佛性论》的"佛性"与佛身论

被认为是真谛三藏所译的《佛性论》，目前梵文本和藏译本均不存，只有汉译本现存。对其撰述和翻译问题，目前尚无定论。[①]但不可忽视的是，《佛性论》和《宝性论》一样，译出后则被东亚佛教界频繁引用。华严宗的法藏（643—712）在判教时对《佛性论》也多有关注，这直接影响了后来的中国佛教，以及以法藏的教学为基础的日本天台思想。本节以《佛性论》的"佛性"为中心，着重探讨其与当时中国佛教的佛身论之间的关系。

《佛性论》非常重视"佛性"这一概念。关于佛性，《佛性论》有着如下的论述。

> 复次，佛性体有三种三性所摄义，应知。三种者，所谓三因三种佛性。三因者，一应得因，二加行因，三圆满因。应得因者，二空所现真如。由此空故，应得菩提心及加行等，乃至道后法身，故称应得。加行因者，谓菩提心。由此心故。能得三十七品十地十波罗蜜助道之法，乃至道后法身，是名加行因。圆满因者，即是加行。由加行故，得因圆满及果圆满。因圆满者，谓福慧行。果圆满者，谓智断恩德。此三因前一则以无为如理为体，后二则以有为愿行为体。三种佛性者，应得因中具有三性，一住自性性，二引出性，三至得性。记曰，住自性者，谓道前凡夫位。引出性者，从发心以上，穷有学圣位。

[①] 关于《佛性论》的成书与《宝性论》的关联问题，可参考服部正明《佛性论的考察》（《仏教史学》通卷第十五号，1955 年）、中村瑞隆《梵汉对照究竟一乘宝性论研究》（山喜房佛书林 1971 年）等先行研究。

至得性者,无学圣位。①

《佛性论》在该处对佛性进行了定义式的说明。对这一部分可简单概括为,具有"应得因(=无为的真如)·加行因(=有为的菩提心)·圆满因(=有为的加行圆满)"之"三因"②,这当中的"应得因(=无为的真如)"中又有三种佛性。这三种佛性即"住自性性(=道前凡夫位)·引出性(=有学圣位)·至得性(=无学圣位)"。

根据先行研究,《佛性论》中三佛性的"住自性性"和"引出性",与《瑜伽师地论》中的"本性住种姓"和"习所成种姓",以及《菩萨地持经》中的"性种性"和"习种性"有着密切的关联。③而另一方面,《瑜伽论》和《地持经》中只谈到两种种姓。《佛性论》中所见的三佛性的"至得性(=无学圣位)",在《瑜伽论》和《地持经》中找不到对应的概念。

要理解这一问题,首先要从昙无谶(385—433)译《菩萨地持经》和玄奘(602—664)译《瑜伽师地论》以及相应的梵文本入手。对应的具体部分如下所示:

tatragotraṃkatamat/
samāsatogotraṃdvividham/
prakṛtisthaṃsa-mudānītaṃca/
tatraprakṛtisthaṃgotraṃyadbodhisattvānāṃṣaḍāy-atanaviśeṣaḥ/

---

① (陈)真谛译《佛性论》卷2,《大正藏》第31卷,第794页上。
② 《佛性论》中的"应得因·加行因·圆满因"之三因,与玄奘译《瑜伽师地论》菩萨地中的"堪任性持·加行持·所圆满大菩提持"之三持非常近似。但类似的用语表达在作为《瑜伽论》的同本异译的昙无谶译《菩萨地持经》中则见不到。
③ 高崎直道《佛性论·大乘起信论》(大藏出版社2005年版,第121页)、金成哲《关于种姓无为论的起源考察——以〈宝性论〉与〈佛性论〉中"gotra"的翻译用例为中心》(《东亚佛教学术论集》第2号,东洋大学东洋学研究所2014年版)。

satādṛśaḥparaṃparāgatoanādikālikodharmatāpratilab-dhaḥ/
tatrasamudānītaṃgotraṃyatpūrvakuśalamūlābhyāsātpratilabdhaṃ/
tadasminnarthedvividhamapyabhipretam/
tatpunargotraṃbījam-ityapyucyatedhātuḥprakṛtirityapi/
（BBh，2）①

梵文汉译：这其中的种姓可分为两类，即本性存在的种姓和被完善的种姓。本性存在的种姓就是菩萨的六处。其因无始时的法性而得。至于被完善的种姓，就是基于过去的善根所得到的种姓。此二种姓都有所对应。这里的种姓又可称为种子，也可称为界或性。

昙无谶译《菩萨地持经》：

> 云何为种性，略说有二。一者性种性，二者习种性。性种性者，是菩萨六入殊胜，展转相续，无始法尔，是名性种性。习种性者，若从先来修善所得，是名习种性。又种性名为种子，名为界，名为性。②

玄奘译《瑜伽师地论》：

> 云何种姓，谓略有二种。一本性住种姓，二习所成种姓。本性住种姓者，谓诸菩萨六处殊胜，有如是相，从无始世辗转传来，法尔所得。是名本性住种姓。习所成种姓者，谓先串习善根所得，是名习所成种姓。此中义意，二种皆取。又此种姓

---

① *Bodhisattvabhūmi*, ed. by N. Dutt, Patna, 1966.
② （北凉）昙无谶译《菩萨地持经》卷1，《大正藏》第30卷，第888页上。

亦名种子，亦名为界，亦名为性。①

《地持经》当中所说的"性种姓"和"习种姓"，在《瑜伽论》中翻译为"本性住种姓"和"习所成种姓"。这当中，性种姓（＝本性住种姓）是本来的存在，从无始时来就存在。另一方面，关于习种姓（＝习所成种姓），梵文本、玄奘译《瑜伽论》与昙无谶译《地持经》之间的差异则非常明显。梵文本的"pūrvakuśalamūlābhyāsātpratilabdham"，玄奘译为"先串习善根所得"，而昙无谶将其译为"从先来修善所得"。

话题回到《佛性论》。如同前文所述，《佛性论》对于三种佛性，有着"应得因中具有三性，一住自性性，二引出性，三至得性。记曰，住自性者，谓道前凡夫位。引出性者，从发心以上，穷有学圣位。至得性者，无学圣位"的论述。对应《地持经》和《瑜伽论》中"性种姓"的《佛性论》中"住自性性"，在《佛性论》中被定义为道前凡夫位。对应《地持经》和《瑜伽论》中"习种姓"的《佛性论》中的"引出性"，在《佛性论》中被定义为发心以上的有学圣位。按照这样的解释，对应凡夫发心的引出性，可以说和《地持经》中的习种性很接近。如此看来，《佛性论》所受到的《地持经》的影响则不可忽视。

按照以上的分析，《佛性论》中所见的三种佛性中，与住自性性和引出性相比，至得性的重要性似乎未被强调。作为这一推论的佐证，出了三种佛性，《佛性论》中还有只强调二种佛性的情况。如下所述：

> 佛性有二种，一者住自性性，二者引出性。诸佛三身因

---

① （唐）玄奘译《瑜伽师地论》卷35，《大正藏》第30卷，第478页下。

此二性故得成就。为显住自性故，说地中宝藏譬，此住自性佛性者……取宝藏以譬住自性佛性。二者引出佛性，从初发意至金刚心，此中佛性名为引出。言引出者，凡有五位。一能出阐提位，二能出外道位，三出声闻位，四出独觉位，五出菩萨无明住地位。此法身能破烦恼縠其体显现故。……佛说三身果，一者因住自性佛性，故说法身。……二者因引出佛性，故说应身。……三者因引出佛性、复出化身。①

这里需要注意的是，同样是《佛性论》中的原文，有的地方谈三种佛性，有的地方则谈二种佛性。而对这当中的引出佛性，《佛性论》的作者表示："言引出者，凡有五位。一能出阐提位，二能出外道位，三出声闻位，四出独觉位，五出菩萨无明住地位。"也就是说，包括一阐提在内的一切有情都有引出佛性（＝习种性）。笔者认为，这明显是受到了《地持经》的影响。

那么，同样是《佛性论》中的原文，为何有的地方谈三种佛性，而有的地方却谈二种佛性呢？要解决这一问题，笔者认为需要注意与《佛性论》中佛身论的关联。《佛性论》中主张"法身·应身·化身"之三身说。这明显与菩提流支系统的佛身论有所不同，而与真谛系统的佛身论一脉相承。重要的是，《佛性论》的作者非常强调三佛身与三佛性之间的对应性，也就是说，强调一种佛身论与佛性论的融合。《佛性论》中"佛说三身果，一者因住自性佛性、故说法身……二者因引出佛性、故说应身。……三者因引出佛性、复出化身"。这一佛身说，表明了"住自性佛性＝法身、引出佛性＝应身、引出佛性＝化身"的对应关系。重视种姓思想的《菩萨地持经》并未言及佛身论，而详谈佛身论的《摄大乘论》及

---

① （陈）真谛译《佛性论》卷4，《大正藏》第31卷，第808页中一下。

《摄大乘论释》则未论述种姓说。而将此二种理论体系进行融合的，正是《佛性论》。

然而，《佛性论》中所见的三身与三佛性的对应关系中，并未见到本应是最高级别的至得佛性。应身与化身所对应的佛性都是引出佛性。这其中的理由，笔者认为需要从《佛性论》的二佛性与《菩萨地持经》的二种性的关联性来思考。即《佛性论》有意识地注意到与《地持经》的二种性的关系，以佛性说来统摄与种姓说和佛身论之间的对应关系。因此，为了会通《地持经》的二种性和《摄大乘论》的三佛身，被认为是真谛翻译的《佛性论》的佛性说在二种佛性和三种佛性之间摇摆不定。①

除了一般的三身说的佛身论以外，《佛性论》的作者还对法身进行了更为详细的分类。具体说法如下：

> 因三种自性为显心清净界，名如来藏故说九种如莲花等譬。三种自性者，一者法身，二如如，三佛性。合此九譬为三，初三譬法身，次一譬如如，后五譬佛性。云何如此明。诸佛法身有二种，一正得，二正说。言正得法身者，最清净法界，是无分别智境，诸佛当体，是自所得法。二正说法身者，为得此法身清净法界正流，从如所化众生识生，名为正说法身。②

这里出现的"正得法身"和"正说法身"的用语，据笔者所知，在中国佛教的汉文经论中，除了散见于华严系统的智俨（602—668）、法藏（643—712）及唯识系统的圆测（613—696）的著作外，只在被认为是真谛所译的《佛性论》中出现

---

① 关于该问题更为详细的研究，可参考李子捷《真谛译〈佛性论〉中的"佛性"——以〈地持经〉〈宝性论〉〈摄论释〉关联为中心》（《驹泽大学佛教学部论集》第46号，东京驹泽大学佛教学会，2015年）。

② （陈）真谛译《佛性论》卷4，《大正藏》第31卷，第808页上。

过。根据《佛性论》的解释，正得法身就是清净法界，而问题在于正说法身。对此，《佛性论》表示，正说法身从真如所化，与众生之识密切相关。如此一来，按照印度阿毗达磨佛教的立场，本应与无为法密切相关的法身，有被《佛性论》向有为法的方向推进的倾向。关于法身的这种说法，在《宝性论》的佛身论中很难看出。

三 净影寺慧远的种姓说与佛身论

根据近年来的新研究，以前未被深入研究的净影寺慧远的种姓思想，有了新的进展。[①] 如上所述，被认为是真谛所译的《摄大乘论》及《摄大乘论释》大篇幅地介绍了唯识思想，但却并未正面讨论种姓说。另一方面，昙无谶所译的《菩萨地持经》则对种姓思想有直接论述。而身为地论学派南道派的代表性人物，以及对后来的华严宗等中国北方佛教诸学派产生深远影响的南北朝学僧，净影寺慧远在这之后，对以上两系思想进行了会通。

在《大乘义章》中，慧远表述了融合佛身论与种姓说的思想。具体论述如下所示：

> 问曰：《法华优婆提舍》说，解行前为分段死，《胜鬘》何故说为变易。释言，菩萨种性已上有五种身。一法性身，谓性种性及解行中清净向等。如《地持》说，六入殊胜，无始法尔。如是等也。二实报身，谓习种性及解行中得前方便。如

[①] 关于这一问题的最新研究，可参考冈本一平《净影寺慧远的佛性思想》（下）（《驹泽大学佛教学部论集》第38号，2007年）、冈本一平《净影寺慧远的三佛性与二种姓》（《东亚佛教学术论集》第2号，东洋大学东洋学研究所，2014年）、耿晴《净影寺慧远的"佛种姓"与"佛性"》（《东亚佛教学术论集》第1号，东洋大学东洋学研究所，2013年）、李子捷《净影寺慧远与〈菩萨地持经〉》（《佛教学研究》第72号，京都龙谷大学佛教学会，2015年）。

《地持》说。若从先来修善所得。如是等也。三者生灭变易法身，所谓缘照无漏业果。四分段身，谓无始来有漏业果。五应化身，随物现生。[①]

这段原文表明，存在法性身、报身、变易身、分段身、应化身这五种佛身，而这五种佛身都在菩萨种姓这一阶段之上。在这五种佛身中，法性身相当于性种性，报身相当于习种性。而这性种性和习种性的解释，慧远都引用了《地持经》的相关说法。很明显，慧远利用《地持经》中的种姓说，来解释菩萨种姓与佛身论。

更重要的是，慧远在这里将三身说的佛身论与唯识学中菩萨的二种生死说结合在了一起。慧远在此处所说的"法身、报身、化身"之三佛身说，属于菩提流支系统的佛身论，而非真谛系统的佛身论。这说明了慧远的佛身思想主要还是继承了以菩提流支等人为首的地论学派的佛身论，而非如《佛性论》等真谛系统经论的佛身论。在此基础上，由菩提流支的译经而被介绍给中国佛教的"分段生死、变易生死"之二种生死说，也被慧远融合了进来。以这种佛身论与二种生死说的结合为基础，再将种姓说也导入其中，建立对应关系，形成了慧远对佛身论的理解与解释。

四 小结

如上所述，本文主要以《宝性论》《佛性论》及净影寺慧远对佛身与种姓、佛性之间关系的论述为线索，对六世纪中国佛教的佛身论演变的一个侧面进行了考察。不可忽视的是，根据《宝性论》的定义，法身也属于如来藏的一个部分。因此，作为隋唐佛教的准

[①] （隋）慧远撰《大乘义章》卷8,《大正藏》第44卷, 第617页上。

备时期的南北朝佛教，对其佛身论的考察也应当置于当时印度佛教的唯识思想与如来藏思想在中国佛教的发展这一背景当中。这也是笔者今后的课题之一。

（李子捷，日本学术振兴会特别研究员 DC、
日本东京驹泽大学佛教学专攻博士生）

"卢舍那"与"释迦"的异同问题

——以《梵网经》的佛身解释为中心

[日] 长谷川岳史

中国佛教中"卢舍那"与"释迦"的异同问题，例如佛陀跋陀罗（359—429）译《大方广佛华严经》（以下简称《华严经》）及相关经典所提及的卢舍那与释迦的关系，是基于《梵网经卢舍那佛说菩萨心地戒品第十》（以下《梵网经》）的内容，并以三身说为基准发端的。六世纪后半期，阿弥陀（无量寿）与释迦的关系，以三身说为基础，以《观无量寿经》为轴心而展开。而"卢舍那"与"释迦"的关系，也在这时展开。[①]

本文以智顗、吉藏、智俨、法藏对《梵网经》中佛身说的解释为中心，来探讨"卢舍那"与"释迦"异同问题这一中国佛教的重要课题。[②]

---

① [日] 长谷川岳史：《隋代佛教的三身解释诸相》，《龙谷大学论集》第471号，2008年，第471页。

② 关于本文所讨论的议题，还可参考如下先行研究，曹郁美《〈华严经〉之如来放光》，文津出版社2015年版。

一 《梵网经》的佛身

首先对《梵网经》的佛身说做一概观:

尔时卢舍那佛即大欢喜,现虚空光体性本原,成佛常住法身三昧,示诸大众。是诸佛子,谛听,善思,修行。我已百阿僧祇劫修行心地,以之为因初舍凡夫成等正觉号为卢舍那。住莲花台藏世界海。其台周遍有千叶。一叶一世界为千世界。我化为千释迦据千世界。后就一叶世界。复有百亿须弥山百亿日月百亿四天下百亿南阎浮提。百亿菩萨释迦坐百亿菩提树下。各说汝所问菩提萨埵心地。其余九百九十九释迦各各现千百亿释迦亦复如是。千花上佛是吾化身。千百亿释迦是千释迦化身。吾已为本原名为卢舍那佛。[①]

这段话的所指可概括如下:
卢舍那佛——住莲花台藏世界海——本源·佛常住法身三昧
千释迦——莲花台周边的千叶(千花·千世界)——卢舍那佛(本源)之化身
千百亿释迦——莲花台周边的千叶中的百亿——千释迦的化身

本文主要就诸师对《梵网经》中该论述的解释为中心进行探讨。此外,"卢舍那佛""千释迦""千百亿释迦"中,"卢舍那佛"对应"华台上","千释迦"对应"叶上"或"花(华)上"的情况也存在。

---

① (后秦)鸠摩罗什译《梵网经》卷10,《大正藏》第24卷,第997页下。

二 智颉(538—597)

试图对三身说中卢舍那与释迦的关系进行定位的尝试，大概是从法朗和智颉的时代开始的。本节以智颉的《妙法莲华经文句》（以下简称《法华文句》）为对象进行讨论。①

在《法华文句》的关于三如来的定义中，对作为理的法身、作为智的报身，以及应现的应身，有如下论述：

> 三如来者，《大论》云，如法相解，如法相说，故名如来。如者法如如境，非因非果，有佛无佛，性相常然。遍一切处而无有异为如，不动而至为来，指此为法身如来也。法如如智，乘于如如真实之道来成妙觉，智称如理，从理名如，从智名来，即报身如来。故《论》云，如法相解故名如来也。以如如境智合故，即能处处示成正觉。水银和真金，能涂诸色像。功德和法身，处处应现往。八相成道，转妙法轮，即应身如来。②

《法华文句》将毗卢遮那、卢舍那、释迦文之"三佛"，与法身、报身、应身之"三如来"进行对应。同样内容的论述，在《菩萨戒义疏》中也可见到：③

> 法身如来名毗卢遮那，此翻遍一切处。报身如来名卢舍那，此翻净满。应身如来名释迦文，此翻度沃焦。是三如来，

---

① 关于《法华文句》的佛身观，可参考多田孝正《天台大师的佛身观》，《佛之研究》，春秋社，1977年。
② （隋）智颉说、灌顶记《妙法莲华经文句》卷9下，《大正藏》第34卷，第128页上。
③ 佛身四种，一谓法身，二谓真应，三谓法报应，毗卢遍耀正法为身，舍那行满报果为身，释迦应迹赴感为身也（《大正藏》第40卷，第569页下）。

若单取者，则不可也。①

这些论述可整理为如下的对应关系：
法如如境（性相常然遍一切处）——法身如来——毗卢遮那
法如如智（成妙觉智称如理）——报身如来——卢舍那
处处应现（能处处示成正觉）——应身如来——释迦文

然而，如同《法华文句》中明确表示的"是三如来，若单取者，则不可也"那样，对"三如来"分别单独理解是不正确的。作为其根据，以下将《梵网经》《像法决疑经》《普贤观经》的相关内容进行总结，来看其"三佛"非一非异之旨：

《梵网经》结成华严教。华台为本，华叶为末。别为一缘，作如此说，而本末不得相离。《像法决疑经》结成《涅槃》。文云，或见释迦为毗卢遮那，或为卢舍那。盖前缘异见，非佛三也。《普贤观》结成《法华》，文云，释迦牟尼名毗卢遮那，乃是异名，非别体也。总众经之意，当知三佛非一异明矣。②

此处所涉及的《梵网经》《像法决疑经》《普贤观经》的相关内容，可整理如下：
《梵网经》（结成华严教）——华台为本华叶为末——本末不得相离
《像法决疑经》（结成涅槃）——或见释迦为毗卢遮那或为卢舍那——非佛三
《普贤观经》（结成法华）——释迦牟尼名毗卢遮那——异名非别体

---

① （隋）智𫖮说、灌顶记《妙法莲华经文句》卷9下，《大正藏》第34卷，第128页上。
② 同上。

在此当中，《梵网经》表示，"华台为本"意味着莲华台上的"卢舍那佛"。再与三佛及三如来进行对应，这华台上的"卢舍那佛"就成为"报身如来"，华叶上的"千释迦"就成为"应身如来"。

此外，对于"华台为本"的范畴中是否涵盖法身如来（毗卢遮那）这一问题，《梵网经》中未提及毗卢遮那，因此无法断言。同样的还有"华叶为末"中是否涵盖"百千亿释迦"这一问题，也无法判明。

三　吉藏(549—623)

吉藏在《法华玄论》和《华严游意》中，广泛地论述了卢舍那与释迦的关系。本节将对此进行探讨。[①]

首先，《法华玄论》中，对三身有如下记述：

> 问，三身有几名耶。答，经论列名不同。或法身、舍那身、释迦身，又名法身、报身、化身，又名法身、应身、化身，又名佛所见身、菩萨所见身、二乘凡夫所见身。[②]

这里对三身进行了种种分类，首先就是法身、舍那身、释迦身之三身说。此三身说包含了《梵网经》的说法，这一点由如下解释可知：

> 又约《摄大乘论》明三身义，员不得多小。法身为自德，

[①]　关于吉藏的佛身观，可参考末光爱正《吉藏的佛身论》，《驹泽大学佛教学部研究纪要》1986年，第44号。

[②]　（隋）吉藏撰《法华玄论》卷9，《大正藏》第34卷，第437页中—下。

余二身化他德。化他中自有二。一者化菩萨身,总名舍那身。二者化二乘身,名释迦身。所化虽多,不出大小也。又化净土缘为舍那,化秽土缘为释迦。化处虽多,净秽摄尽。又纯化菩萨为舍那,杂化三乘为释迦。所化虽多,不出斯二也。又华台世界为舍那,华叶国土为释迦。又本为舍那,迹为释迦。能化虽多,摄唯本迹。又酬因义名舍那,舍那名报佛。化物既名释迦,释迦化佛。又初成道为舍那,成道已后为释迦。①

此论述可整理如下:

法身——自德

舍那身——化菩萨身·化净土缘·纯化菩萨·华台世界·本·报佛·酬因·初成道

释迦身——化二乘身·化秽土缘·杂化三乘·华叶国土·迹·化佛·化物·成道已后

如此,在《法华玄论》中,《梵网经》的华台的卢舍那与华叶的释迦(千释迦)的"本·迹"和"报·化"被明确区分,对其二身的异同问题,有如下论述:

> 答:二佛有一义有异义。一义者,如《华严》名号说,或名释迦,或名舍那。两佛异义者,如《梵网》本迹不同。又《华严》中二乘但见释迦,不见舍那。又如《像法决疑》,明二佛为异也。②

这里首先以《华严经》的异名同体说为根据,论证卢舍那与释迦的同一性。后又以《梵网经》的"本迹不同"及《像法决疑经》

---

① (隋)吉藏撰《法华玄论》卷9,《大正藏》第34卷,第437页下。
② 同上书,第438页上。

的"二佛为异"为根据，论证卢舍那与释迦的差异性。这与前文所述的智𫖮用《梵网经》及《像法决疑经》来论证"三佛非一异"形成了对比。

吉藏对法身，没有像智𫖮那样明示"毗卢遮那"之佛名。在华叶国土的"释迦身"中是否包含有"千百亿释迦"的内容，也无法明确判定。

根据《华严游意》的记述[1]，卢舍那与释迦的异同问题，在吉藏的老师法朗（507—581）的时代似乎已经被讨论。

通过《华严游意》可知，兴皇大师法朗提出了《华严经》究竟为释迦所说还是舍那所说的问题。作为解答，有"南方解"和"北方解"两种回答。

"南方解"从释迦·舍那一体的立场认为是释迦所说，而"北方解"则从释迦·舍那异体的立场主张"法·报·化"三身中，并非化佛释迦所说，而是报佛舍那所说。

在《华严游意》中，作为结论，列举了法朗与建初法师的对论，否定了南北两种解答，而以法朗的"舍那释迦，释迦舍那"为依据，主张二者的非一非异。

四　智俨（602—668）

智俨在《华严经内章门等杂孔目章》中，有如下论述：

> 依《梵网经》。但分卢舍那报身化身二佛，不分法性身。……中略……此经无三身，但有二种十身。[2]

---

[1] （隋）吉藏撰《华严游意》，《大正藏》第35卷，第1页中—下。
[2] （唐）智俨集《华严经内章门等杂孔目章》卷4，《大正藏》第45卷，第580页上—中。

这里将《梵网经》看作在三乘中示现二佛的经典，论述卢舍那报身与化身之二佛的区别，但同时认为该经并未对法性身进行区分。同时认为《华严经》中没有三身，只有二种十身。

下面的论述也属于同样性质的内容，对《梵网经》的内容进行了详细的讨论：

> 此约三乘，卢舍那当彼报身，所化千佛及化千亿释迦，亦当报身。下阎浮提，七岁出家等，当是化身。若依《华严》，即不如此。为有十佛不同故，其卢舍那等及化释迦，并是十佛化用。应可准知。①

这里首先出于三乘的立场，将"卢舍那""千佛（千释迦）""千亿释迦（千百亿释迦）"都看作报身。而后将"七岁出家"等看作化身。然后，从《华严经》的立场出发，将"卢舍那等，及化释迦"看作十佛的化用。

此外，还有如下论述：

> 若依三乘，法身无方充遍法性，报身成就在色究竟处，化身示现在菩提树。化用及德皆悉不离。此之三位，若一乘义。所有功德，皆不离二种十佛。一行境十佛，谓无着佛等，如《离世间品》说。二解境十佛，谓第八地三世间中佛身众生身等。具如彼说。②

将此内容可整理如下：

---

① （唐）智俨集《华严经内章门等杂孔目章》卷4，《大正藏》第45卷，第587页下。
② （唐）智俨集《华严经内章门等杂孔目章》卷2，《大正藏》第45卷，第559页下—560页上。

＜三乘（十佛化用）＞

法身——无方充遍法性

报身——成就在色究竟处——卢舍那·千佛（千释迦）·千亿释迦（千百亿释迦）

化身——示现在菩提树——下阎浮提七岁出家等

＜华严一乘（无三身）＞

二种十佛（十身）——行境十佛·解境十佛

五　法藏(643—712)

法藏在《梵网经菩萨戒本疏》中，引用了"有人"的解释，有如下论述：

> 有人释云，千华台上卢舍那佛是自受用身。千花上佛是他受用身。百亿释迦为变化身。此释恐不应理。以华台上佛亦是随他受用身故。今释，此佛内自实成，及应机化境。[①]

这是将《梵网经》的"卢舍那佛"看作自受用身，将"千释迦"看作他受用身，将"千百亿释迦"看作变化身的说法。

这种说法与作者不详的《梵网经述记》的记述[②]对应，但需要搞清其与法藏《梵网经菩萨戒本疏》成书的前后关系。在内容上，就像从"自受用身"和"他受用身"的区分使用可以看到的那样，其明显吸收了以《佛地经论》和《成唯识论》为中心的玄奘所译经论的佛身观（自性身、自受用身、他受用身、变化身）。

---

① （唐）法藏撰《梵网经菩萨戒本疏》卷1，《大正藏》第40卷，第605页下。
② 《大正藏》第85卷，第734页下。

对这种说法，法藏以"不应理"为由，认为华台上佛也应包含他受用身。同时，认为圣教中有五说，在起初的小乘阶段并未直接涉及卢舍那佛。而后以《入大乘论》等为依据，论述了实报成佛（一释迦）与一时成佛（百亿释迦）的关系后，表示了如下两种说法：

> 三若依此经，莲华台藏世界之中，坐华台上实身成佛名卢舍那。其千华上千释迦则是千摩醯首罗天上各有一释迦。此千释迦一一各化作百亿释迦故，有千百亿释迦于千百亿国中菩提树下一时成佛。准此言之。则一实身成佛时，以千三千世界为主化境，合有千个百亿。其千释迦是实报。千百亿释迦是化身。四依《摄论》等，受用身有二种。一自受用，是实身成佛，称法界成，身土相称，依正无碍。唯佛独住，更无菩萨。二随他受用身，为地上菩萨于净土中现身说法，为地前机现化身佛。①

在这里，首先将《梵网经》所说的华台上的卢舍那佛看作实身成佛。实身成佛之时，将千世界看作主要的化境，在其基础上又各自有百亿领域。这之后，将千世界的"千释迦"看作实报成佛，并将"百亿释迦"看作一时成佛的化身。

其次，对《摄大乘论》中的二种受用身之说进行了论述。认为"自受用身"是实身成佛，是"依正无碍"的"独住"之身。而"随他受用身"则是为地上菩萨说法的净土中身，是为地前机根而显现的"化身佛"。《摄大乘论》的这种说法，与玄奘所译的受用身、变化身之说一致。

---

① （唐）法藏撰《梵网经菩萨戒本疏》卷1，《大正藏》第40卷，第605页下—606页上。

然而，法藏认为"卢舍那佛"中也包含有他受用身。法藏或许是考虑到《梵网经》中同时说卢舍那说和释迦说，所以这么主张吧。以上内容可整理如下：

卢舍那佛——实身成佛——自受用身（独住）·随他受用身（说法）

千释迦——实报成佛——随他受用身（说法）

千百亿释迦——一时成佛——变化身

那么，法藏从《华严经》的立场是如何解释的呢？对此，五说中的最后部分有如下论述：

> 五依《华严经》，无成无不成，故卢舍那一切处皆实身成佛。又以卢舍那则是释迦，不分报化二位之别。但说十身以显无尽，是故所主化境无边无尽。①

在这里，"卢舍那佛"在一切处实身成佛，因此"卢舍那佛"即"释迦"，并不分"报（受用身）"与"化（化身）"。《华严经》说"十身"并显"无尽"，因此非"所主"与"化境"之别，而是"无边无尽"。同样的论述在《华严经探玄记》中也可见。②

那么，法藏是否有像智俨那样，将三身看作三乘，并将十佛（十身）看作一乘呢？答案是否定的。《华严经旨归》中认为"三身即十身"。

> 则三身即十身，同一无碍自在法界。③

---

① （唐）法藏撰《梵网经菩萨戒本疏》卷1，《大正藏》第40卷，第606页上。
② （唐）法藏撰《华严经探玄记》卷2，《大正藏》第35卷，第130页中。
③ （唐）法藏述《华严经旨归》，《大正藏》第45卷，第591页下。

此外，法藏在《梵网经菩萨戒本疏》中还将"三聚净戒"与"三德"和"三身"进行对应，来论述证得无碍佛果。

> 究竟令得三德三身无碍佛果。是意趣也。谓一律仪离过显断德法身。二摄善修万行善以成智德报身。①

如上所述，法藏从佛果的观点，强调了佛身、佛土、法界的"无碍""圆融"和"圆通"。

六　结语

本文探讨了诸师对《梵网经》中佛身论的解释。这其中，智𫖮和吉藏在三身中对"卢舍那佛"和"释迦"进行了定位，并以《华严经》为基础，主张三身的"非一非异"。

然而，智俨将《梵网经》和三身说定位为"三乘"。并以《华严经》中未说三身为理由，从华严一乘的立场主张"二种十佛（十身）"。这是强调《华严经》一乘超于诸经三乘的优越性的解释。

对此，法藏以玄奘译《摄大乘论》为依据，将《梵网经》中"卢舍那佛""千释迦""千百亿释迦"定位于三身说当中的同时，从《华严经》的立场主张"三身即十身"。

法藏从佛果的观点，强调佛身、佛土、法界的"无碍""圆融""圆通"。这是将诸经（三乘）包含入《华严经》（一乘）当中的解释。通过法藏的解释，可以说华严思想被真正确立了。

---

① （唐）法藏撰《梵网经菩萨戒本疏》，《大正藏》第40卷，第604页中。

此外，不仅是《梵网经》，智俨与法藏连《华严经》的"卢舍那佛"也未置于三身中的法身。这一点是探讨重视十身（十佛）的华严思想的法身论时应当注意的。①

最后，法藏在《梵网经菩萨戒本疏》中将"三聚净戒"与"三德"和"三身"进行对应，对得无碍佛果这一点进行了补充。

法藏这种思想，与立足于唯识立场的慧沼（648—714）在《金光明最胜王经疏》（《大正藏》第39卷，第213页下—214页上）中所主张的"见《梵网经》中卢舍那佛、千释迦、千百亿释迦为二地菩萨，其为十波罗蜜中的戒波罗蜜"这一见解应当有密切的关系。

此外，不空（705—774）在《金刚顶瑜伽略述三十七尊心要》（《大正藏》第18卷，第296页中）中对"戒波罗蜜"进行论述时，对以"三聚净戒"和"三德"为基准的"三身"有如下总结：

摄律仪戒——毗卢遮那如来满法界身——如如之体——断德

摄善法戒——毗卢遮那如来圆满报身——为诸菩萨说大乘经——智德

摄众生戒——释迦牟尼如来化身——救度众生令登彼岸——恩德

由此看来，这也可以成为不空在自己的佛身观中吸收了法藏的思想的一个证据。②包括本文所涉及的内容在内，从这一点也可窥探中国佛教思想的重层性。

（长谷川岳史，龙谷大学教授）

（翻译：李子捷，日本东京驹泽大学佛教学专攻博士生）

---

① 关于重视十身（十佛）的华严，思想的佛身观可参考陈永裕（陈本觉）《华严的佛身与观佛的意义》，《印度学佛教学研究》第62卷第2号，2014年，第6212页。

② 关于窥基、慧沼、不空对《梵网经》的佛身说的解释，可参考长谷川岳史《毗卢遮那与释迦——不空译经之解释与其背景》，《曼荼罗诸相和文化》下，2005年。

「盧舎那」と「釈迦」の一・異の問題

──『梵網経』の仏身解釈を中心として─

長谷川岳史

はじめに

　中国における「盧舎那」と「釈迦」の一・異の問題は、仏駄跋陀羅（三五九～四二九）訳『大方広仏華厳経』（以下『華厳経』）や関連経典に説かれる盧舎那と釈迦の関係が、『梵網経盧舎那仏説菩薩心地戒品第十』（以下『梵網経』）の内容をもとに、三身説を基準に論じられたことに端を発する。それは、おそらく六世紀後半であり、阿弥陀（無量寿）と釈迦の関係が、三身説に基づいて、『観無量寿経』を軸に行われ始めた時代と一致する。[①]

　本論文では、智顗、吉蔵、智儼、法蔵における『梵網経』の仏身解釈を中心に検討することによって、盧舎那と釈迦の一・異の問題が、中国仏教における重要課題であったことを明らかにしていく。[②]

一　『梵網経』における仏身

まず初めに『梵網経』における仏身について概観する。

爾時盧舎那仏即大歓喜、現虚空光体性本原、成仏常住法身三昧、示諸大衆。是諸仏子、諦聴、善思、修行。我已百阿僧祇劫修行心地、以之為因初捨凡夫成等正覚号為盧舎那。住蓮花台蔵世界海。其台周遍有千葉。一葉一世界為千世界。我化為千釈迦拠千世界。後就一葉世界。復有百億須弥山百億日月百億四天下百億南閻浮提。百億菩薩釈迦坐百億菩提樹下。各説汝所問菩提薩埵心地。其余九百九十九釈迦各各現千百億釈迦亦復如是。千花上仏是吾化身。千百億釈迦是千釈迦化身。吾已為本原名為盧舎那仏。

（大正二四・九九七下）

この内容をまとめると以下のようになる。

盧舎那仏―住蓮花台蔵世界海―本源・仏常住法身三昧

千釈迦―蓮華台周辺の千葉（千花・千世界）―盧舎那仏（本源）の化身

千百億釈迦―蓮華台周辺の千葉中の百億―千釈迦の化身

本論文では、主にこの記述に対する諸師の解釈を検討する。なお、「盧舎那仏」、「千釈迦」、「千百億釈迦」の中、「盧舎那仏」は「華台上」、「千釈迦」は「葉上」あるいは「花（華）上」と示される場合もある。

二　智顗（五三八〜五九七）

三身説の中に盧舎那と釈迦を位置づける試みは、おそらく法朗（後述）や智顗の時代に開始されたと考えられる。ここでは智顕説『妙法蓮華経文句』（以下『法華文句』）を取り上げる。[3]

　まず、『法華文句』では、三如来を定義する中で、理としての法身と、智としての報身、応現する応身という三身について述べている。

　三如来者。大論云。如法相解如法相説故名如来。如者法如如境。非因非果、有仏無仏、性相常然。遍一切処而無有異為如、不動而至為来。指此為法身如来也。法如如智。乘於如如真実之道来成妙覚、智称如理。従理名如従智名来、即報身如来。故論云、如法相解故名如来也。以如如境智合故、即能処処示成正覚。水銀和真金、能塗諸色像。功徳和法身、処処応現往。八相成道転妙法輪、即応身如来。

（大正三四・一二八上）

　次に『法華文句』では、毘盧遮那、盧舎那、釈迦文の「三仏」を、以下のように法身、報身、応身の「三如来」に対応させている。なお、同内容の記述は、『菩薩戒義疏』にもみられる。[4]

　法身如来名毘盧遮那。此翻遍一切処。報身如来名盧舎那。此翻浄満。応身如来名釈迦文。此翻度沃焦。是三如来、若単取者、則不可也。

（大正三四・一二八上）

これらの内容をまとめて示すと以下のようになる。

　法如如境（性相常然遍一切処）—法身如来—毘盧遮那
　法如如智（成妙覚智称如理）—報身如来—盧舎那
　処処応現（能処処示成正覚）—応身如来—釈迦文

しかし、『法華文句』では、「是三如来　若単取者　則不可也」とあるように、「三如来」各々を単独で捉えるべきではないと述べている。そして、その根拠として、以下のように『梵網経』、『像法決疑経』、『普賢観経』の内容を要約して記し、「三仏」は、一なのでもなく、異なのでもないとしている。

梵網経結成華厳教。華台為本華葉為末。別為一縁作如此説、而本末不得相離。像法決疑経結成涅槃。文云、或見釈迦為毘盧遮那、或為盧舎那。蓋前縁異見、非仏三也。普賢観結成法華。文云、釈迦牟尼名毘盧遮那。乃是異名非別体也。総衆経之意、当知、三仏非一異明矣。

（大正三四・一二八上）

ここで述べられている『梵網経』、『像法決疑経』、『普賢観経』の内容をまとめると次のようになる。

『梵網経』（結成華厳教）―華台為本華葉為末―本末不得相離

『像法決疑経』（結成涅槃）　―或見釈迦為毘盧遮那或為盧舎那―非仏三

『普賢観経』（結成法華）　―釈迦牟尼名毘盧遮那―異名非別体

この中で『梵網経』に着目すると、まず、「華台為本」とは、蓮華台上の「盧舎那仏」を示している。そして、先の三仏と三如来の対応に当てはめると、この華台上の「盧舎那仏」は「報身如来」となり、華葉上の「千釈迦」は「応身如来」となる。

なお、「華台為本」の範疇に法身如来（毘盧遮那）を含めているのか否か、ということについては、『梵網経』に「毘盧遮那」が説かれないので判別できない。また、「華葉為末」に華葉中の「千百億釈迦」を含めているのか否か、ということについても、明確に判別することはできない。

三　吉蔵(五四九~六二三)

　　吉蔵の三身説における盧舎那と釈迦の関係は、『法華玄論』と『華厳遊意』に広く論じられている。ここではその要点をみていきたい。⑤

　　まず『法華玄論』では、三身について以下のように述べる。

　　問、三身有幾名耶。答、経論列名不同。或法身舎那身釈迦身、又名法身報身化身、又名法身応身化身、又名仏所見身菩薩所見身二乗凡夫所見身。(大正三四・四三七中~下)

　　ここでは、種々の三身の分類が示され、初めに法身・舎那身・釈迦身が述べられる。この三身説は、『梵網経』の所説を含めて構成されていることが以下の記述からわかる。

　　又約摂大乗論明三身義、員不得多小。法身為自徳余二身化他徳。化他中自有二。一者化菩薩身総名舎那身。二者化二乗身名釈迦身。所化雖多不出大小也。又化浄土縁為舎那、化穢土縁為釈迦。化処雖多浄穢摂尽。又純化菩薩為舎那、雑化三乗為釈迦。所化雖多不出斯二也。又華台世界為舎那、華葉国土為釈迦。又本為舎那迹為釈迦。能化雖多摂唯本迹。又酬因義名舎那、舎那名報仏。化物既名釈迦、釈迦化仏。又初成道為舎那、成道已後為釈迦。

　　　　　　　　　　　　　　　(大正三四・四三七下)

　　この内容をまとめると以下のようになる。

　　法身―自徳
　　舎那身―化菩薩身・化浄土縁・純化菩薩・華台世界・本・報仏・酬因・初成道
　　釈迦身―化二乗身・化穢土縁・雑化三乗・華葉国土・迹・化

仏・化物・成道已後

　このように『法華玄論』では、『梵網経』の華台の盧舎那と華葉の釈迦（千釈迦）の「本・迹」、「報・化」などの区別が示されるが、この二身の一・異の問題については以下のように述べている。

　　答、二仏有一義有異義。一義者如華厳名号説。或名釈迦或名舎那。両仏異義者。如梵網本迹不同。又華厳中二乗但見釈迦不見舎那。又如像法決疑。明二仏為異也。

　　　　　　　　　　　　　　　　（大正三四・四三八上）

　ここでは、まず、舎那と釈迦が一義であることの証拠を『華厳経』の異名同体説によって示している。

　次に、舎那と釈迦が異義であることの証拠として、『梵網経』の「本迹不同」や『像法決疑経』の「二仏為異」をあげている。これは先に智顗が、『梵網経』や『像法決疑経』を使用して、「三仏非一異」を主張したこととは対照的である。

　なお、吉蔵は法身について、智顗のように「毘盧遮那」と仏名を明示することはない。また、華葉国土の「釈迦身」に、華葉中の「千百億釈迦」の内容が含まれているのか否か、ということについては、明確に判別することはできない。

　『華厳遊意』の記述（大正三五・一中〜下）によると、このような盧舎那と釈迦の一・異の問題は、吉蔵の師である法朗（五〇七〜五八一）の時代にすでに詳細に論じられていたようである。

　要約を示すと、『華厳遊意』では、「興皇大師」つまり法朗が、『華厳経』は釈迦所説か舎那所説かという問題を提起している。そして、その解答として「南方解」と「北方解」が示される。

「南方解」は釈迦・舎那一体の立場から釈迦所説とし、「北方解」は釈迦・舎那異体の立場から、法・報・化の三身中、化仏である釈迦所説ではなく、報仏である舎那所説とする。

『華厳遊意』では、結論として、法朗と建初法師との対論をあげ、南方の釈迦・舎那一体説と北方の釈迦・舎那異体説の両者を否定して、法朗の「舎那釈迦　釈迦舎那」という言によって、一とも異ともいえないとしている。

四　智儼（六〇二〜六六八）

智儼は『華厳経内章門等雑孔目章』において次のように述べている。

依梵網経、但分盧舎那報身化身二仏、不分法性身。…（中略）…此経無三身。但有二種十身。

（大正四五・五八〇上〜中）

ここで『梵網経』は、三乗の中で二仏を示す経として取り上げられており、盧舎那報身と化身の二仏の区分を説くが、法性身については区分していない経とされる。そして、『華厳経』には三身はなく、ただ二種の十身があるとする。

次の文も同内容であるが、『梵網経』の内容について詳しく述べられている。

此約三乗、盧舎那当彼報身、所化千仏、及化千億釈迦、亦当報身。下閻浮提、七歳出家等、当是化身。若依華厳、即不如此。為有十仏不同故。其盧舎那等、及化釈迦、並是十仏化用。応可準知。

（大正四五・五八七下）

ここでは、まず、三乗の立場として、「盧舎那」、「千仏（千釈迦）」、「千億釈迦（千百億釈迦）」をすべて報身とする。そして「七歳出家」等の事を示す身を化身とする。次に、『華厳経』の立場から、「盧舎那等　及化釈迦」は、すべて十仏の化用であるとしている。

また、他の箇所でも次のように述べている。

若依三乘。法身無方充遍法性。報身成就在色究竟処。化身示現在菩提樹。化用及德皆悉不離。此之三位。若一乘義。所有功德。皆不離二種十佛。一行境十佛。謂無著佛等。如離世間品説。二解境十佛。謂第八地三世間中佛身衆生身等。具如彼説。

（大正四五・五五九下～五六〇上）

これらをまとめると以下のようになる。

＜三乘（十仏化用）＞

法身―無方充遍法性

報身―成就在色究竟処―　盧舎那・千仏（千釈迦）・千億釈迦（千百億釈迦）

化身―示現在菩提樹―下閻浮提七歳出家等

＜華厳一乘（無三身）＞

二種十仏（十身）―行境十仏・解境十仏

五　法蔵（六四三～七一二）

法蔵は『梵網経菩薩戒本疏』において、「有人」の釈を引用して以下のように述べている。

有人釈云。千華台上盧舎那佛是自受用身。千花上佛是他受用身。百億釈迦為変化身。此釈恐不応理。以華台上佛亦是随他受用身故。今釈、此佛内自実成、及應機化境。

（大正四〇・六〇五下）

これは『梵網経』の「盧舎那仏」を自受用身、「千釈迦」を他受用身、「千百億釈迦」を変化身とみる説である。

この説は、著者未詳『梵網経述記』の記述（大正八五・七三四下）に対応するが、法蔵『梵網経菩薩戒本疏』との先後関係は別途検討を要する。内容としては、「自受用身」「他受用身」の使い分けにみられるように、『仏地経論』や『成唯識論』を中心とする玄奘訳の仏身観（自性身・自受用身・他受用身・変化身）を取り入れている。

この説に対して法蔵は「不応理」とし、その理由として、華台上仏にも他受用身が含まれるとする。

そして、聖教中に五説があるとして、初めに小乗では盧舎那仏を説かないことを述べ、次に『入大乗論』等によって、実報成仏（一釈迦）と一時成仏（百億釈迦）の関係を述べた後、以下の二説を述べる。

三若依此経、蓮華台蔵世界之中坐華台上実身成仏名盧舎那。其千華上千釈迦則是千摩醯首羅天上各有一釈迦。此千釈迦一一各化作百億釈迦故、有千百億釈迦於千百億国中菩提樹下一時成仏。准此言之。則一実身成仏時、以千三千世界為主化境、合有千箇百億。其千釈迦是実報。千百億釈迦是化身。四依摂論等、受用身有二種。一自受用。是実身成仏称法界成、身土相称依正無礙。唯仏独住、更無菩薩。二随他受用身。為地上菩薩於浄土中現身説法。為地前機現化身仏。

（大正四〇・六〇五下～六〇六上）

ここでは、まず、『梵網経』に説く華台上の「盧舎那仏」を実身成仏とする。そして、実身成仏する時に、千世界を主たる化境とし、さらに千世界それぞれに百億の領域が拡がるとする。次に、千世界の「千釈迦」を実報成仏とし、千世界それぞれの

「百億釈迦」（千百億釈迦）を一時成仏の化身とする。

次に『摂大乗論』などの受用身に二種があるとする説を取り上げ、「自受用身」は、実身成仏であり、法界を所縁とする「依正無礙」の「独住」の身であるとする。そして「随他受用身」は、地上の菩薩のために浄土中で現身説法する身であるとし、地前の機根のために現ずる身を「化身仏」とする。この『摂大乗論』などの説は、玄奘訳の受用身、変化身の見方と一致する。

ただし、先に法蔵は、「盧舎那仏」には他受用身が含まれているとしていた。法蔵は、おそらく、『梵網経』を盧舎那説と釈迦説の両者と考えていたため、説法の働きを有する「他受用身」を「盧舎那仏」に含ませたのであろう。このことを考慮して、ここまでの内容をまとめると以下のようになる。

盧舎那仏―実成成仏―自受用身（独住）・随他受用身（説法）

千釈迦―実報成仏―随他受用身（説法）

千百億釈迦――一時成仏―変化身

では、法蔵は、『華厳経』の立場からどのように解釈しているのか、そのことについては五説中の最後に、以下のように述べている。

　五依華厳経、無成無不成、故盧舎那一切処皆実身成仏。又以盧舎那則是釈迦、不分報化二位之別。但説十身以顕無尽、是故所主化境無辺無尽。

（大正四〇・六〇六上）

ここでは、「盧舎那仏」は一切処において実身成仏しているから、「盧舎那仏」は「釈迦」であり、報（受用身）と化（化身）を分けないとする。そして、『華厳経』は、「十身」を説いて「無尽」を顕しているのであるから、「所主」と「化境」の別はなく、「無辺無尽」であるとする。同様の記述は『華厳経探玄記』にも見られる。[6]

では、法蔵は、智儼のように、報（受用身）と化（化身）を含む三身を「三乗」、十仏（十身）を「一乗」というように区分しているのかというと、そうではない。『華厳経旨帰』では「三身即十身」とみている。

　則三身即十身。同一無礙自在法界。

（大正四五・五九一下）

　また、法蔵は『梵網経菩薩戒本疏』において、「三聚浄戒」を取り上げて、「三徳」と「三身」に対応させ、無礙の仏果を得ることを述べている。

　究竟令得三徳三身無礙仏果。是意趣也。謂一律儀離過顕断徳法身。二摂善修万行善以成智徳報身。三以摂衆生戒成恩徳化身故也。

（大正四〇・六〇四中）

　このように法蔵においては、仏果の観点から、仏身、仏土、法界の「無礙」「円融」「円通」が強調される。

結　語

　これまで『梵網経』の仏身に対する諸師の解釈をみてきたが、智顗と吉蔵は、三身の中に「盧舎那仏」と「釈迦」を位置づけながら、結論としては、『華厳経』を踏まえながら、三身の「非一非異」を主張していた。

　ところが、智儼は『梵網経』と三身説を「三乗」と位置づける。そして、『華厳経』は三身を説いていないとして、華厳一乗の立場から「二種十仏（十身）」を主張する。これは、諸経

（三乗）に対する『華厳経』（一乗）の優位性を強調した解釈である。

これに対し法蔵は、玄奘訳『摂大乗論』などをもとに、『梵網経』の「盧舎那仏」、「千釈迦」、「千百億釈迦」を三身の中に位置づけると同時に、『華厳経』の立場から「三身即十身」を主張する。

法蔵は、仏果の観点から、仏身、仏土、法界の「無礙」「円融」「円通」を強調している。これは諸経（三乗）を『華厳経』（一乗）に包括する解釈である。この法蔵の思想によって、真の華厳思想が確立したといえる。

なお、智儼と法蔵は、『梵網経』だけでなく『華厳経』の「盧舎那仏」についても、三身中の一つとしての「法身」に位置づけることはしていない。この点は、十身（十仏）を重視する華厳思想における「法身」を検討する上で、注意すべきである。⑦

最後に、法蔵が『梵網経菩薩戒本疏』で、「三聚浄戒」を取り上げて「三徳」と「三身」に対応させ、無礙の仏果を得ることを述べていた点について補足する。

法蔵のこの思想は、唯識の立場に立つ慧沼（六四八～七一四）が、『金光明最勝王経疏』（大正三九・二一三下～二一四上）の中で、『梵網経』の「盧舎那仏」、「千釈迦」、「千百億釈迦」を見るのは二地の菩薩であり、それは十波羅蜜中の「戒波羅蜜」である、とする見解と密接に関係していると考えられる。

また、不空（七〇五～七七四）の『金剛頂瑜伽略述三十七尊心要』（大正一八・二九六中）では、「戒波羅蜜」について述べる中で、「三聚浄戒」と「三徳」を基準とした「三身」が次のように示されている。

摂律儀戒―毘盧遮那如来満法界身―如如之体―断徳

摂善法戒―毘盧遮那如来円満報身―為諸菩薩説大乗経―智徳

摂衆生戒―釈迦牟尼如来化身―救度衆生令登彼岸―恩徳

これは、不空が、自身の仏身観に法蔵の思想を取り入れていた証拠と考えられる。⑧

本論文で取り扱った内容も含めて、この点からも、中国仏教思想の重層性をみることができる。

注

①長谷川岳史「隋代仏教における三身解釈の諸相」(『龍谷大学論集』四七一、二〇〇八年)

②本論文で取り扱う問題に関連する研究として以下のものがある。

曹郁美『《華嚴經》之如來放光』(文津出版社、二〇一五年)

③『法華文句』の仏身観については、多田孝正「天台大師の仏身観」(『仏の研究』、春秋社、一九七七年)を参照していただきたい。

④仏身四種。一謂法身。二謂真応。三謂法報応。毘盧遍耀正法為身。舎那行満報果為身。釈迦応迹赴感為身也。(大正四〇・五六九下)

⑤吉蔵の仏身観については、末光愛正「吉蔵の仏身論」(『駒沢大学仏教学部研究紀要』四四、一九八六年)を参照していただきたい。

⑥性融通故具足主伴。如帝網故。是故唯是周遍法界十仏之身。或非法非報化。以是十仏故。(大正三五・一三〇中)

⑦十身(十仏)を重視する華厳思想の仏身観については、陳永裕(本覺)「華厳の仏身と見仏の意義」(『印度学仏教学研究』六二―二、二〇一四年)を参照していただきたい。

⑧基、慧沼、不空における『梵網経』の仏身解釈については、長谷川岳史「毘盧遮那と釈迦―不空訳の解釈とその背景―」（『マンダラの諸相と文化』下、二〇〇五年）を参照していただきたい。

圆测之法身观

——以对《法华经》"一乘"的认识为中心

[韩] 张圭彦

一 序言:问题所在

本文试图以《法华经》一乘的解释为中心来阐释圆测(613—696)法身观的特征与其修行论的意义。众所周知,像众多古代汉传佛教思想家一样,圆测在理解某经典里的词语时,常借用另一部经典里的词语来重新解释其概念。在一切经都是佛说的前提下进行的这种"诠释学的循环"(hermeneutical circulation)有时对原来的词语赋予新的意义,乃至丰富其内涵。圆测所理解的"法身"与"一乘"就是如此,即他在《解深密经疏》里把《法华经》一乘思想理解为包括《解深密经》在内的众经里的法身,使这两个概念同时被赋予了更深刻的意涵。

以一乘为核心主题（宗）的《法华经》① 中，《方便品》包含明示一乘的几个核心语句，即（A）"声闻若菩萨，闻我所说法，乃至于一偈，皆成佛无疑。十方佛土中，唯有一乘法，无二亦无三，除佛方便说"②，（B）"唯此一事实，余二则非真"③，（C）"十方世界中，尚无二乘，何况有三"④等。《解深密经疏》引用这些句子有两处，一处是对于围绕着种性主题探讨一乘意义的《无自性相品》相关经文的注释部分。这是圆测为阐释彼此相异的三乘修行者所共有的同一性（一）意义而引用上面的（A）（B）（C）等句作为经证。另一处是现有的研究中并未受到重视的《地波罗蜜多品》解释部分。有意思的是，在被玄奘用《无自性相品》的"三时教判"说定义为第三时了义的《解深密经》（玄奘自译）中的《地波罗蜜多品》中，出现了佛陀直接说出了（A）前半颂的略句"若声闻乘，若复大乘，唯是一乘"之"说法密义"的、让人印象深刻的场面。这是印度唯识思想家们借用佛陀的权威对《法华经》做的教判⑤，非常尊重《解深密经》权威的圆测也关注到了这一点，他在注释中解释上句中的"一乘"之意义时，反过来引用前面《无自性相品》中有关种性的经文来作为经证。

有关圆测的《法华经》认识，笔者关注的是他对（A）的解释。在《无自性相品》的注释中，圆测对于（A）分别介绍了前代

---

① 二部别显宗者，[约时虽三]，而一一时皆有多部，随一一部所诠各别。如《法华》等一乘为宗，《无垢称》等不可思议解脱为宗，《涅槃经》等佛性为宗，《华严经》等四十二贤圣观行为宗。参见圆测撰《解深密经疏》卷1，《新纂大日本续藏经》第21卷，第178页上。《卍字续藏经》第34卷，第595页上。部别显宗者，于一一部虽有诸门，究其意趣，随部别识。如《法华经》一乘为宗，《无垢》即以不二为宗，依《涅槃经》佛性为宗，《华严》贤圣因果为宗，自余诸部准上应知。参见圆测撰《佛说般若波罗蜜多心经赞》，《大正藏》第33卷，第543页上—中。

② （姚秦）鸠摩罗什译《妙法莲华经》卷1，《大正藏》第9卷，第8页上。

③ 同上经。

④ 同上经，第7页中。

⑤ 后面的脚注有关《大乘庄严经论》与《大乘阿毗达磨杂集论》中的对《法华经》（＝大乘经）理解也是在相同脉络之下展开。

思想家的三种解释和当代思想家的两种解释，并认为当代的第二种解释为正说。①

《法华经》中"十方的佛陀国土中只有一乘法，没有第二，也没第三，除了佛陀的方便说法之外"的部分，有关经文的解释，各种说法不同。

鸠摩罗什等说道："说无二者，是没有声闻和缘觉的意思。无三者，没有声闻、缘觉，只实行六波罗蜜的菩萨的意思。"有人说："无二者，是指没有第二，就是没有缘觉。无三者，是没有第三声闻乘的意思。"另有人说："前面两种解释只建立了原因之乘，［我］因为仍然注意到佛乘有最上结果，［所以对这两种解释都］不想论破。"

现在［今者］来判断"无二"和"无三"［中的某一个］是否正确，［这些］根据佛陀的三身说明［《法华经》的无二亦无三的］意义。［对于认为"无二"是正说的人来说，］"无二"只有如来报佛（＝报身＝受用身）的一乘，没有声闻缘

---

① 关于（A）羽溪了谛说道：《法华经》中引用了"十方佛土中，唯有一乘法，无二亦无三，除佛方便说"之后，所谓的"二三"是第二第三的意思，无二亦无三解释为没有缘觉、没有声闻的意义更合适后，再次引用《法华经》的世间无有二乘而得灭度，唯一佛乘得灭度耳。《胜鬘经》的"声闻、缘觉乘皆入大乘者，即是佛乘"。《涅槃经》的"如来、声闻、缘觉，同一佛性，同一无漏"等，来证明二乘种性也可以成佛（引用文的标点是笔者所做的）。参见羽溪了谛《唯识宗之异派》，《宗教研究》1—3，东京：宗教研究会，1916年，第514—515页。羽溪对于《法华经》中与无二亦无三有关的各种解释之间的差异并没有重视，而是把不同主张的经证错误地解读为同一个主张，即一切众生都可成佛的经证。橘川智昭（「圆测における五性各别の肯定について－圆测思想に对する皆成の解释の再检讨－」，《佛教学》40，东京：佛教思想学会，1999，pp.105－106）直接指出了羽溪的错误理解。但是他在"圆测的解释，即与把'无二亦无三'解释为'无第二第三'之窥基《大乘法苑义林章》（以下简称《义林章》）的见解完全相同"之前提下，"为了理解现存汉文本中'虽有三释，第二为正'"把今者以前的两种解释分别看作第一、二种解释，今者以后的前破二皈一是破小入大、后破三皈一是泯事归理等看作第三种解释。可这里有两个问题。第一，对于今者以前的第三种解释并没给予任何说明。第二，对于本文脚注中"被窥基认识为对立的"，前破二皈一、破小入大和后破三皈一、泯事归理，没能给出两者相异的说明。

觉之二乘的意义。[所以]《胜鬘经》中说道:"声闻缘觉都入大乘的话,[那时的大乘]就是佛乘。"①[此外]《法华经》中说道:"[佛陀的智慧]②只有这一个是真实的,其他两个不是真实。"[对于认为"无三"是正说的人来说,]"无三"只有如来法身之一乘,没有声闻、缘觉、佛之三乘的意义。所以[真谛翻译的]《摄大乘论》中写道:"菩萨还没有进入[菩萨的]第二个阶段时,如果认为'行三乘的人有三种修行的差别'的话,[这是]不了解一乘的道理[一乘理]。"[又]在《法华经》中说道:"[十方世界中]连二乘都没有,怎么会有三[乘]呢?"[再者]《涅槃经》中说道:"如来、声闻、缘觉同样是同一个佛性,同样没有烦恼。"

[认为无二是正说的]前面[的解释],认为[声闻与缘觉]将二者归为一个,是把[声闻、缘觉]之小[乘]论破而进入到[菩萨]之大[乘]。[认为无三是正说的]后面[的解释],把[声闻、缘觉、如来]三者论破而归一,消除[有差别的]事而归结为[统一的]理。虽然有两种解释,但是**第二种解释是正确的**。所以在《法华论》的结尾写道:"第二《方便品》给出了论破二说明一[破二皈一]之内容。"(其他版本中写道"破三明一",但是大部分经文③中都给出"破二明一")《华严经》第十二、十八、六十卷中都提到"没有二乘的名字"④。《法华经》第三卷中说道:"[佛陀召集菩萨

---

① "声闻、缘觉乘皆入大乘,大乘者即是佛乘,是故三乘即是一乘。得一乘者,得阿耨多罗三藐三菩提。"《胜鬘经师子吼一乘大方便方广经》一乘章第五,《大正藏》第12卷,第220页下。

② 根据下面的《妙法莲华经》卷1《方便品》第二的原文而补充了主语:"但以假名字,引导于众生,说佛智慧故,诸佛出于世。唯此一事实,余二则非真,终不以小乘,济度于众生。"

③ 勒那摩提的翻译也是一样,第二方便品有五分示现破二明一。《妙法莲华经优波提舍》,婆薮槃豆菩萨造,勒那摩提共僧朗等译,《譬喻品》第三,《大正藏》第26卷,第19页下。

④ 在现存六十华严、八十华严中找不到类似的语句,估计是根据意义来引用的。

乘和声闻乘而说道：］世间没有通过二乘得到涅槃的，只能是通过唯一的佛乘来获得涅槃。"①又说道："［佛陀虽用方便之力而分别说为声闻、缘觉、菩萨三乘，而其实］只有一佛乘，只根据苏息处［休息处］而说［大小乘之］二（＝异）。"②

又《法华经》云："十方佛土中，唯有一乘法，无二亦无三，除佛方便说"者，释此经文，诸说不同。

罗什等云："言无二者，无声闻、缘觉，无三者，无声闻、缘觉及大乘中偏行六度独善菩萨。"复有人云："言无二者，谓无第二，即是缘觉，言无三者，谓无第三，声闻乘也。"一云："此前两解唯（立）因乘，仍见佛乘有极果性，不故［故不］③破焉。"

今者正判无二、无三，约佛三身以显此义。所言无二，唯有如来报佛一乘，无彼声闻、缘觉二乘。《胜鬘经》云："声闻、缘觉乘皆入大乘者，即是佛乘。"《法华经》云："唯此一事实，余二则非真。"所言无三，唯有如来法身一乘，而无声闻缘觉及佛三乘。《摄大乘》云："菩萨未入二地，生如是想，谓三乘人三行差别，迷一乘理。"《法华经》云："尚无二乘，何况有三？"《涅槃》云："如来、声闻、缘觉，同一佛性，同一无漏。"

前破二皈一，是破小入大，后破三皈一，是泯事归理。虽

---

① "我灭度后，复有弟子，不闻是经，不知不觉菩萨所行，自于所得功德，生灭度想，当入涅槃。我于余国作佛，更有异名，是人虽生灭度之想入于涅槃，而于彼土求佛智慧，得闻是经，唯以佛乘而得灭度，更无余乘，除诸如来方便说法。诸比丘！若如来自知涅槃时到，众又清净信解坚固，了达空法深入禅定，便集诸菩萨及声闻众，为说是经，世间无有二乘而得灭度，唯一佛乘得灭度耳（《妙法莲华经》卷3《化城喻品》第7，《大正藏》第9卷，第25页下）。"

② 括号里的原文根据下文而补充。诸佛方便力，分别说三乘，唯有一佛乘，息处故说二。同上经，第27页中。

③ 根据相应藏译（ZhT68.759.3-6：/kha cig na re sńa maḥi bśad pa ḥdi gñis ni rgyuḥi theg pa rnam par gs ag pa yin gyi/ saṅs rgyas kyi theg pa la ni mthar phyin paḥi ḥbras buḥi ṅo bo ñid du ma ＊ mthoṅ bas gsig paḥi thugs ma thub po [pa] ＊ ＊ seho/)，应补充"立"，并把"不故"改为"故不"（＊根据P. N.，应删除 ma，＊＊ po 应改为 pa）。

有三［二］① 释，**第二为正**。故《法华论》末云："第二《方便品》示现破二明一。"［或有本云破三明一，然诸本中多云破二明一。］又《华严经》第十二、十八、六十等皆云："无二乘之名。"又《法华经》第三卷云："世间无有二乘而得灭度，唯一佛乘得灭度耳。"又云："唯有一佛乘，息处故说二。"②

上面的介绍与评价中我们要关注的是如下两点：第一，圆测为了自己支持的"破三皈一、泯事归理"的第二种解释，即引用真谛（499—569）《摄大乘论释》中语句来作为其经证。相反，他并不认同的、与第二种解释相对立的"破二皈一、破小入大"之第一种解释，无疑是窥基（632—682）的③。第二，圆测在如何理解《法华经》一乘的问题上把法身与受用身看作互相对立的，而且在这个意义上的法身又被他命名为"理"。在这里我们可以推测，圆测的法身观一方面继承真谛的某种思惟，另一方面与窥基完全相反。下面笔者将阐释该法身观的具体内容与其修行论的意义。

对此，笔者首先通过考察圆测是在怎样的脉络下把（A）作为经证来引用或者解释的，以说明圆测本人对《法华经》一乘的解释

---

① 根据相应藏译（ZhT68.760.8：de ltar rnam pa gñis su bs ad pa yod kyaṅ）和文脉，应把"三"改成"二"。如果Chos grub把写本中的"三"解读成"二"错误地翻译成gñis的话，将会陷入把今者前相异的三种解释都看作第一说之过。又假设有人提出Chos grub把写本中的"五"误解为"二"之可能，可因为第二说与第四说实质上相同的原因，我们没有合理的理由认为只有前者是正确的。

② 《解深密经疏》卷4《无自性相品》第5，《新纂大日本续藏经》第21卷，第270页下—271页上；《卍续藏》第34卷，第780页中—781页上。

③ "二乘无故，既言'余二则非是真。'故知**不是破三会三以归于一**"（《妙法莲华经玄赞》卷四，《大正藏》第34卷，第724页上）。从把"洛阳"称为"神都"来看，《解深密经疏》无疑是在窥基圆寂（682年）之后"684年9月以后"编撰而成的。[参见조경철（赵景彻），《원측의 승의제에 대한 이해와 동아시아 여왕시대의 성불론（圆测对于胜义谛的理解与东亚女王时代的成佛论）》，이종철（李锺彻）・후나야마 토오루（船山彻）・조윤호（曹潤镐）・조경철（赵景彻）・김양순（金亮淳），《원측〈해심밀경소〉의 승의제상품 연구》（圆测《解深密经疏・〈胜义谛相品〉的研究》），성남（城南）：한국학중앙연구원（韩国学中央研究院），2013，pp. 175－177] 所以这一部分也可以理解为圆测对于窥基的批判也无妨。

与其相关的法身观。其次，确认引用真谛《摄大乘论释》的前后脉络，并考察与之有密切联系的、贯穿真谛修行论的"真如"（＝上面第二种解释中作为一乘意义而给出的法身）的意义，以此要寻找圆测所继承的真谛思维的一方面。再次，考察窥基在《法华玄赞》和《义林章》"诸乘义林"中对"一乘"和"广义的法身"如何进行解释并发现其比圆测明显的倾向性——圆测把对于（A）、上面的第一种解释中"一乘"解释为"报身"（＝受用身），把"广义的法身"解释为"解脱身"。最后，要总结圆测法身观的特征，并对其修行论的意义进行探讨。

二　本论

（一）圆测对《法华经》一乘的认识与其相关的法身观

1.《法华经》语句引用之脉络

首先是圆测为了自己的论述需要而引用（A）的情况。圆测首先（1）在"把一乘义与三无性连起来说明［约三无性观明一乘义］"的大主题之下，在对《无自性相品》中所属一系列经文①的分科中，把"向从小乘指向大乘的不定性回向声闻说他们一定成佛"之经文的取旨理解为"方便的说为三乘，实际上是一乘［方便说三，就实为一］"，并给出（A）作为其经证。② 为了了解圆测的这种引用意图，我们需要对相关经文及其注释做仔细的考察。经

---

① 《解深密经疏》卷4《无自性相品》第5：前中有五，一约三无性释经诸句，二复次胜义生下，约三性观辨立三无性意，三复次胜义生下，约位辨立三无性意，四复次胜义生下，约三无性观辨一乘义，五复次胜义生下，约无性教辨取解不同，《新纂大日本续藏经》第21卷，第261页上；《卍续藏经》第34卷，第761页中。

② 《解深密经疏》卷4：第三段意，不定种性回向声闻必当成佛，是故《法华·方便品》说："为二乘种性，理实决定得成佛果"。＊若依此说，方便说三，就实为一。故《法华》云："十方佛土中，唯有一乘法，无二亦无三，除佛方便说。"［＊的引用文是取（A）的前半部分（声闻若菩萨，闻我所说法，乃至于一偈，皆成佛无疑）的意义引用］《新纂大日本续藏经》第21卷，第268页中；《卍续藏经》第34卷，第775页中。

文是"从另一种角度来看,回向声闻之所以被称作是菩萨,是因为他已经断除了烦恼的障碍[烦恼障],如果能得到佛陀的帮助也可断除对于认识对象的障碍[所知障],获得解脱。"① 对此,圆测的说明如下:

> 解释如下:下面的第三[是阐释]回向声闻一定能成佛[的部分]……即回向声闻就是《瑜伽师地论》中五种种性中不定性者,或者是渐悟、顿悟两种菩萨中的渐悟[菩萨]。他一定成佛,所以《法华经》中"汝等所行是菩萨道",都是向其中的[种性]不定人说的。《大乘庄严经论》第六卷中"**为了去除不定[种性的]障碍,大乘经中说'诸佛授记声闻当成佛。'又说'[只有]一乘[而已]再没有第二[乘]'**"。《大乘阿毗达磨杂集论》第十二卷中也是一样。②

上面引用文是圆测利用《大乘庄严经论》的权威,(A)说明《法华经》的阐释暗示了大乘经典的一乘说法的对象是不定种性(不定性)以及渐悟菩萨,说法是为了去除他们所带有的某种

---

① 《解深密经疏》卷4:若回向菩提声闻种性补特伽罗,我亦异门说为菩萨。何以故?彼既解脱烦恼障已,若蒙诸佛等觉悟时,于所知障,其心亦可当得解脱。所知障与烦恼障,前者为"格限定复合词"(依主释),即所知非障,对于所知的障碍;后者为"同格限定复合词"(持业释),烦恼即障。《新纂大日本续藏经》第21卷,第273页下;《卍续藏》第34册,第786页上。

② 《解深密经疏》卷4:释曰:"此下第三回向声闻定得成佛……谓回向声闻,即是瑜伽五种性中不定性者,或是渐、钝[顿]*二菩萨中渐悟所摄:彼定成佛,故《法华》云'汝等所行是菩萨道',皆依此中不定者说。"又《庄严论》第六卷云:"为对治不定故,**大乘经说,诸佛授记声闻当得作佛,及说'一乘更无第二'**。"**《杂集》十二亦同。* 根据文脉和相应藏译(ZhT68.776.9-10:yaṅnarim gyis ḥjug pa daṅ cig car ḥjug paḥibyaṅchub sems dpaḥrnam pa gñis),应把"钝"改为"顿"(同上书,《新纂大日本续藏经》第21卷,第273页下;《卍续藏》第34册,第786页上)。**引用《大乘庄严经论》卷6《弘法品》第13中的(T31621a18-19:为对治不定障故,大乘经说"诸佛授记声闻当得作佛"及说一乘。)部分后,在"一乘"的后面添加了"更无第二"(《大乘庄严经论》卷6,《大正藏》第31卷,第621页上)。

障碍，以确保他们能成佛。那么不定种性的障碍是什么呢？另外一处，圆测引用了在文章最后提到的《杂集论》，明确指出他们的障碍是"像声闻那样低的目标［声闻下劣意乐］。"① 总之，圆测认为，（A）之一乘说法的目的针对的出发点不同的三乘修行者［方便说三］中去除了烦恼障、接近菩萨之道的回向声闻（或者渐悟菩萨），去除他们具有的"不能确定是否成佛，而转向声闻等低阶位的退行想法"，让他们通过"三无性观行"来获得"唯一的佛乘"［就实为一］。

以下是与特定的经文并无直接关系的、概括性讲述一乘的意义及其本质的部分。在此，圆测（2）指出一乘是指"唯一佛乘"，把（A）与上文中作为经证的《胜鬘经》的"声闻、缘觉皆入大乘，大乘即佛乘"一起引为经证。然而有意思的是，下面他又根据《法华论》指出，通过"法身"也可以给出一乘的意义。② 从圆测所引《法华论》前后的脉络来看，此时的法身是"三乘修行者所共有的平等佛性"③，这种情况的一乘说法的对象是具有认为仍有"乘"的差异颠倒妄想［颠倒信］或者是烦恼被沾染的骄慢［染慢］的声闻，向他们指出各乘之间的没有差异、

---

① 《解深密经疏》卷4《无自性相品》第5 "问：如上所说诸密意言，四秘密中，依何密意？解云，依**杂集说**，有四秘密，故彼论云，一令入秘密……八者不定性……**为对治不定种性故，令舍声闻下劣意乐**，记大声闻当得作佛，又说**一乘更无第二**……"《新纂大日本续藏经》第21卷，第264页下—265页上；《卍续藏》第34卷，第768页中—769页中。

② 《解深密经疏》卷4："然一乘者，唯一佛乘。故《胜鬘经》云，'声闻、缘觉皆入大乘，大乘即佛乘也'。又《法华经》云，'十方佛土中，唯有一乘法，无二亦无三'。**或可法身以明一乘**，故《法华论》云，'以如来法身与声闻法身法身' * 无异故与授记。" * 根据《法华论》的原文，应删除重复的"法身"（《新纂大日本续藏经》第21卷，第268页下；《卍续藏》第34卷，第776页中）。藏译（藏文《中华大藏经》第68卷，第744页）与此相同。

③ 《妙法莲华经优波提舍》（婆薮槃豆释，菩提流支共沙门昙林等译）卷下《方便品》："一大事者，依四种义应当善知。何等为四……二者同义，谓**诸声闻**、**辟支佛**、**佛法身平等**。如经欲示众生佛知见故，出现于世故。**法身平等者**，**佛性法身**无差别故"（《大正藏》第26卷，第7页上）。

互相平等,以此给予其对成佛确信［决定心］。① 圆测认识到了以上一乘的两种意义之间的"微妙而重要的差异",即从前者引用的《胜鬘经》文句来看,前者强调二乘修行者的归宿之佛乘的"唯一性",相反后者则强调相异的三乘修行者共有的成佛可能性之"同一性"。

其次,从第三者的角度来介绍（A）的情况。（3）真谛等思想家们把（A）与上文中作为第一种解释的经证之（B）之前《胜鬘经》的文句一起引为一切众生皆有佛性之主张的经证。② 之后圆测把真谛等人的观点简化为"实际上说一乘,隐喻（=方便）的说三乘［实说一乘,假说三乘］",后面又同时再次引用了前面的两处引文和（A）。③ 由此,在圆测看来,真谛把（A）理解为是为了强调相异的三乘修行者拥有同样的基础或者成佛可能性而说的法。根据圆测的思路,真谛更倾向于把（A）理解为"同一性""唯一性"的。

最后,有意思的是（4）在"玄奘所翻译介绍强调三乘修行者

---

① 《妙法莲华经优波提舍》卷下《方便品》：何者三种无烦恼人三种染慢？所谓三种颠倒信故。何等为三？一者信种种乘异,二者信世间涅槃异,三者信彼此身异。为对治此三种染慢故,说三种平等应知。何者名为三种平等？云何对治？一者乘平等,谓**与声闻授菩提记,唯一大乘,无二乘故,是乘平等无差别故**。二者世间涅槃平等……问曰：彼声闻等为实成佛故与授记？为不成佛与授记耶？若实成佛,菩萨何故于无量劫修集无量种种功德？若不成佛,云何与之虚妄授记？答曰：彼声闻等得授记者,**得决定心**,非谓声闻成就法性如来,**依彼三种平等说一乘法**。以佛法身、声闻法身平等无异故与授记,非即具足修行功德。是故菩萨功德具足,诸声闻人功德未足（《大正藏》第26卷,第8页下—第9页上）。

② 《解深密经疏》卷4："一真谛等一类诸师,依《法华》等诸经及论,皆作此说,一切众生皆有佛性。故《涅槃经》第7卷云……又《法华经》云,'十方佛土中,唯有一乘法,无二亦无三,除佛方便说'。又云,'唯此一事实,余二则非真'。又《胜鬘经》（云）＊,'声闻、缘觉皆入大乘'［＊添加标示引用的叙述语'云'更自然。"（《解深密经疏》卷4,《新纂大日本续藏经》第21卷,第268页下；《卍续藏》第34卷,第776页中］

③ 《解深密经疏》卷4："辨假·实者,诸教不同。有处**实说一乘,假说三乘**。如《法华经》云,十方佛土中,唯有一乘法,无二亦无三,除佛方便说。又云,**唯此一事实,余二则非真**。又《胜鬘》云,声闻、缘觉皆入大乘……"（《新纂大日本续藏经》第21卷,第271页下以下；《卍续藏》第34卷,第782页中以下）。

之间差异的经典中句子后",试图会同其与真谛等人前文中证明三乘修行者间的"同一性"的经文表面上的矛盾时圆测再次引用（A）来对比做新的解释。①所以应该自然理解为这里的（A）承认前文（3）里没有凸现出来的"三乘修行者的差异"的前提之下指出了他们之间的同一性。

2. 圆测对《法华经》一乘的解释：真如的平等

（1）解脱身的平等

那么彼此相异的三乘修行者所共同的"一乘"是什么呢？圆测只是给出"唯一的佛乘"或者"法身"的说明，不过可以从《无自性相品》中说明经文意义的结颂部分找到具体的内容。经文首先指出那是三乘修行者通过"各种清净的修行道［诸净道］"而获得的"解脱的平等［解脱等无差］"②，圆测将此解释为三乘修行者各自保持自身的本质，并通过三无性观而获得涅槃。③接着，圆测对涅槃做了如下说明：

"［涅槃的本质］<u>其中解脱平等无差别</u>"这句话是指

---

① 对于《无自性相品》种性论的整体结构，可参考笔者的译注与其附录［《원측〈해심밀경소〉"무자성상품"종성론부분역주－티벳어역에의한텍스트교정을겸해》, (Korean Translationand Annotations of the Sectionon Gotra-Theoryin "Musaseongsangpum" of Haesim-milgyeong-soby Woncheuk（613－696）－Witha Critical Revision BasedonIts Tibetan Translation＊］. 圆测《解深密经疏・无自性相品》"种性论"部分之韩文译注——兼附根据其藏译本做的批判校订本，서울（Seoul）：씨아이알（CIR），2013，"해제（解題）"。＊"Appendix1"（pp. 189－239）就是部分的英文批判校订本）。

② 《解深密经疏》：<u>依诸净道清净者，唯依此一无第二故</u>；于其中立一乘，非有情性无差别。众生界中无量生，唯度一身趣寂灭；大悲勇猛证涅槃，<u>不舍众生甚</u>。微妙难思无漏界，于中<u>解脱等无差</u>；一切义成离惑苦，二种异说谓常乐（《新纂大日本续藏经》第21卷，第283页下—284页上；《卍续藏》第34卷，第807页上—中）。

③ 《解深密经疏》谓释曰：自下第二，有三行颂，<u>约无性观释一乘义</u>。于中有四，初之一颂约三乘人<u>密说一乘</u>……谓三乘人皆依无性无漏圣道各证涅槃，<u>无第二道</u>，故说一乘，非彼三乘无有差别（《新纂大日本续藏经》第21卷，第283页下；《卍续藏》第34卷，第807页上）。

涅槃之果平等没有差别。一个真如有两种身的意义，其一是解脱的身［解脱身］，"依靠真如"而断除烦恼的障碍［烦恼障］从而获得解脱，所以称作是解脱的身。其二是真理的身［法身］，是佛陀的真理之身所具有的［十种］特别的力量［力］，依托［四种］没有畏惧［无畏］等能力的所依处，所以称为真理的身。其中真理的身只是如来所有，解脱的身则是三乘修行者无差别，所以说"解脱是平等无差别"。所以后面［《解深密经》］第五卷中说："善男子！由解脱之身而说一切声闻和独觉与诸如来平等，由真理之身而其有差别。因为如来的真理之身有差别，［他所具有的］无限的力量最显著。"［另外］根据《瑜伽师地论》**三乘修行者的无余涅槃**之间没有上、中、下的差别。所以在《瑜伽师地论》第八十卷中"不能说在这种无余涅槃的境界树立上中下、上下、愚劣的差别，这是如来，说［这是］声闻等"等说。①

上文中说明了"一个真如［一真如］"的两个方面中"依靠真如"而断除烦恼的障碍获得的是"解脱身"，以此阐释《无自性相品》经文的一乘是三乘修行者所将获得的"解脱身之平等"的意义。作为经证而被引用的《解深密经·如来成所作事品》的经文"由解脱身故，说一切声闻独觉与诸如来平等

---

① 《解深密经疏》卷5："于中解脱等无差者，**显涅槃果等无差别**。于一真如，有二身义：一解脱身，谓依真如断烦恼障，证得解脱，名脱身。二者法身，谓佛**法身力**、无畏等**功德所依**，故名法身。于中法身唯如来有。解脱身者三乘无别，故言解脱等无差。故下第五卷中说云，善男子！**由解脱身故，说一切声闻独觉与诸如来平等平等**，由法身故，说有差别。如来法身有差别故，无量功德最胜差别。若依《瑜伽》，**三乘无余涅槃无有上、中、下品差别**。故《瑜伽论》第八十云，非此无余涅槃界中可得安立上中下品、高下、胜劣，此是如来，是声闻等。广说如彼"（《新纂大日本续藏经》第21卷，第284页上；《卍续藏》第34卷，第807页中—808页上）。

平等"，对此圆测又明确指出，此时的解脱是三乘修行者之间的平等择灭①，与此同时引用的《瑜伽师地论》中明确指出三乘修行者之间平等无余涅槃。

圆测在上文中暗示无余涅槃在一个真如为基础而成就的意义上是平等的，这一点在对《般若心经赞》的"涅槃"的解释时更加明确。圆测引用《成唯识论》把涅槃分为自性清净涅槃、有余涅槃、无余涅槃、无住处涅槃，指出前面三种是三乘修行者所共有的，其中有余涅槃（＝这里的"无余涅槃"）②"就是依真如而断烦恼的障碍，因为这一障碍永远的沉寂，所以称作是涅槃。"③ 然后通过引用《成唯识论》来说明声闻们的有余涅槃（＝无余涅槃）也是涅槃，并给出如下的说明：

> 问：如果声闻等有无余涅槃，为什么在一些地方说他们没有（如《胜鬘经》等）？
> 答：[其实] 在有些地方说"[声闻等] 都没有涅槃，更别说有余涅槃了？那个是没有"（这也是《胜鬘经》中的 [话]），但是声闻等身体和智慧在的时候还持有对于认识对象的障碍，[所以] 苦痛的所依处还没有消失，完全的幽静

---

① 《解深密经疏》卷9《如来成所作事品》第8谓彼二乘，与诸如来，所断烦恼无差别故，所得择灭亦无差别，故作此言与诸如来平等平等（《新纂大日本续藏经》第21卷，第402页上；《卍续藏》第35卷，第92页中—93页上）。

② 从内容来看，相当于这里的"无余涅槃"。如下注所示的那样，"《成唯识论》的无余涅槃"只指着在有余涅槃的状态下进入死亡时肉体之所依处完全消失之状态而已，所以在这意义上两者之间没有根本的差异。

③ 开为四者，自性清净有余无余及无住处。如《成唯识》第10卷说，涅槃义别略有四种。一本来自性清净涅槃，虽有客染，而本性净具无数量微妙功德，唯真圣者自内所证。其性本寂，故名涅槃。二有余依涅槃，谓即真如出烦恼障，虽有微苦所依未灭，而障永寂，故名涅槃。三无余涅槃，谓即真如出生死苦，烦恼既尽，余依亦灭，众苦永寂，故名涅槃。四无住处涅槃，谓即真如出所知障，大悲·般若常所辅翼，由斯不住生死、涅槃，利乐有情，穷未来际，用而常寂，故名涅槃。一切有情皆有初一，二乘无学容有前三，唯我世尊可言具四（《般若心经赞》，《大正藏》第33卷，第549页中）。

[圆寂]之意还没有显现，所以说没有涅槃。但这并不是他**们没有以消除烦恼的障碍而获得了真理之有余涅槃**。那个时候并没有获得无余涅槃的寂静，所以说他们无余涅槃，而不是说他们没有后来身体和智慧不存在以后消除了苦痛的依托而获得无余涅槃［的事情］。具体如那里说的。①

这里圆测明确指出，虽然没能解脱认识对象的障碍，以此实现完全的涅槃，但是消除烦恼的障碍的二乘修行者的解脱身也体现了真理即真如。这一点在前面《如来成所作事品》有关经文的注释部分中，圆测通过借助玄奘（600—664）的权威而明确说明。

问：如果两种解脱没有差别的话，怎么解释《入大乘论》［的语句］？其中说道："如来的解脱胜于二乘修行者［的解脱］，因为断除了习气的原因。"

大唐三藏（＝玄奘）解释经（＝《解深密经》）和论（＝《入大乘论》）说道："<u>实际上，如来和二乘修行者的解脱在本质上没有差别</u>。［两者］都是通过断除烦恼证得的。［但是二乘修行者］虽然断除了各种习气，但是还没有证得寂灭，［两者间的］差别是二乘修行者的解脱是未尽消除习气，而如来的解脱是以［完全］消除习气而显现

---

① 问：若声闻等有无余依，如何有处说彼非有。[如《胜鬘经》等]答：有处说，彼都无涅槃，岂有余依？彼亦非有。＊[此亦胜（鬘）＊＊等]。**然声闻等身、智在时，有所知障，苦依未尽，圆寂义隐，说无涅槃，非彼实无烦恼障尽所显真理有余涅槃**。尔时未证无余圆寂，故亦说彼无无余依，非彼后时灭身智已无苦依尽无余涅槃。广说如彼（《般若心经赞》，《大正藏》第33卷，第549页下）。

＊《胜鬘经师子吼一乘大方便方广经》：世尊！阿罗汉·辟支佛有怖畏，是故阿罗汉辟支佛，有余生法不尽故，有生有余梵行不成故，不纯事不究竟故，当有所作，不度彼岸，当有所断，以不断故，<u>去涅槃界远</u>。何以故？唯有如来，应正等觉，得般涅槃，成就一切功德故。阿罗汉·辟支佛不成就一切功德。言得涅槃者，是佛方便。（《大正藏》第12卷，第219页下）。＊＊加上"鬘"更为自然。

的。因此，经和论分别［就两者的异同两个意义中］只说出一个意义［＝方面］，所以相互并不矛盾。"①

圆测在认识到二乘修行者的解脱身虽然没有完全断除烦恼习气，与佛乘的解脱不同的情况下，强调两者在"通过解脱烦恼而获得真如"的方面本质上没有不同。根据圆测所理解的修行体系，八地以上菩萨们的烦恼的种子（＝习气）因为依托"与末那识同时作用的认识对象的障碍"还仍然在作用②，直到第十一佛地才能完全消失。③所以此时的二乘修行者实际上可称作已经进入菩萨地，"通过三无性之观行"逐渐消除烦恼的障碍中的菩萨修行者。总的来说，圆测虽明知道二乘修行者不能完全显现真如，仍可强调说他们"在显现真如中"，看重他们与佛的连续性和同一性。

（2）理趣与理趣道的同一性

下面考察的部分是对（A）一乘说法"隐藏的意图"而采取佛

---

① 《解深密经疏》：问：二种解脱若无别者，《入大乘论》如何会释？彼云，"如来解脱（胜）＊于二乘，断习气故。"＊＊大唐三藏会释经论云，"据实，如来二乘解脱，体无差别。同断烦恼所证灭故。断诸习气，不证灭故，而差别者，二乘解脱，习气未尽，如来解脱，断习气之所显示。由斯，经论各举一义，互不相违。"（《新纂大日本续藏经》第21卷，第402页中；《卍续藏》第35卷，第93页中—94页上）＊根据后面脚注第77的慧沼之引用和相应藏译（藏文《中华大藏经》第69卷，第255页，16：de las de bṣin gśegs paḥi rnam par grol ba ni theg pa gñis pa las khyad par du ḥphags pa yin te），应在"于二乘"前面加上"胜"。＊＊《入大乘论》（坚意菩萨造，道泰等译）卷上："汝言解脱无异，如是观察，解脱不同。声闻解脱，名爱尽解脱，非一切解脱，但为钝根少智众生，假分别说。大乘解脱，断烦恼习，一切都尽，为利根菩萨，广分别说"（《大正藏》第32卷，第37页中）。

② 《解深密经疏》卷9《地波罗蜜多品》第7：释微细名义，有其二因……二者唯有所知障为依止故。谓以八地以上无烦恼故，唯有（与）＊末那识俱所知障与有漏法为所依止。又解，虽无能依现行烦恼，而有所依现行所知障故。由此二因，虽有种子，其相难知，故言微细（《新纂大日本续藏经》第21卷，第394页中—下）。＊根据"与"和"俱"一般常常对应，藏译（藏文《中华大藏经》第68卷，第200页，4-5：ñon moṅs pa can gyi yid hbaḥ gśig daṅ lhan cig paḥi śes bya ḥi sgrib pa），和此句的字数，应补充"与"更自然。

③ 释曰：第十一别解佛地，谓一刹那金刚三摩地为无间道，双断微细二障种子，断烦恼障，故名为无差，断所知障，故说名无碍（《新纂大日本续藏经》第21卷，第366页上；《卍续藏》第35卷，第20页中）。

陀直接说明的方式的《地波罗蜜多品》的经文。首先，观自在菩萨询问佛陀（A）说法中隐藏的意图，对此场面圆测就具体说明：《阿含经》中说声闻乘，大乘经典中说菩萨乘，为何《法华经》中突然称两者是一乘，其出于什么意图？[①] 对此疑问佛陀说："各乘虽然有差别，但是法界和理趣相同，所以称作一乘。"圆测把此处的"法界"解读为"真如"，把"理趣"解读为暗示着《无自性相品》经文"此道"的"通向理趣的路［理趣道］。"[②]

接着，佛陀对于错误地理解（A）而堕入增益、损减两种极端的情况给予警告。圆测认为，其中的增益，在（A）说法以前，执着于佛陀所说三乘，以为三乘一向不同［三乘一向各异］，因此也否定不定性三乘修行者的成佛可能性，[③] 而（A）之说法就是为了去除"这种陷入增益极端者"的执着。

最后，佛陀警告说，各乘差别意义相关的增益和损减等极端见解最终将会引发冲突，对此圆测提出一种和诤理论，即三乘是方便说，而且三乘修行者之间虽然有差别，但因"真如"相同，所以三

---

① 《解深密经疏》卷第9《地波罗蜜多品》第7：观自在菩萨复白佛言，世尊！如世尊说，若声闻乘，若复大乘，唯是一乘，此何密意释曰：自下第四分别说一乘意……谓佛世尊，[诸《阿含》中]说声闻乘，大乘经中说菩萨乘，即说彼二说为一乘，如《法华》等，此何密意（《新纂大日本续藏经》第21卷，第399页中，《卍续藏》第35卷，第87页上）？

② 佛告观自在菩萨曰：善男子！如我于彼声闻乘中，言宣说种种诸法自性，所谓五蕴，或内六处，或外六处，如是等类，于大乘中，即说彼法同一法界同一理趣，故我不说乘差别性。释曰……佛告观自在曰：如我于彼声闻乘中说蕴等，由此理趣，诸乘差别，而我于此大乘教中，说同一性真如同故，[或前第二卷]说同一理趣，同道＜道同＞﹡故，说为一乘，非无诸乘有差别（同上书，《新纂大日本续藏经》第21卷，第399页中；《卍续藏》第35卷，第87页中）。﹡根据与前面的"同一性真如同"对句和相应藏译［藏文《中华大藏经》第69卷，第234页，3-4：tshul gcig paḥi lam mtshuṅs pa（同一个理趣之路相同）］"同一理趣道同"更为自然。

③ 于中或有如言，于义妄起分别，一类增益，一类损减。释曰：自下第二谬执……谓如来说三乘教义，如文执义，闻说三乘，定执义﹡**三乘一向各异，说名增益。不许不定，佛成＜成佛＞**﹡﹡义故（同上，《新纂大日本续藏经》第21卷，第399页中以下；《卍续藏》第35卷，第87页中以下）。﹡如《卍续藏经》的校勘记"义"应是衍字。﹡﹡根据汉文文法和藏译（藏文《中华大藏经》第69卷，234页，15—16：saṅs rgyas su grub par ma ṅes paḥi don ni mi ḥdod paḥi phyir ro），应把"佛成"改为"成佛"。

乘与一乘的说法相互并不矛盾。有意思的是，这一主张再次引用前面"无自性相品"经文来作为其经证。① 这里，圆测把"无自性相品"经文中的一乘与（A）中一乘的意义认为是同一。在总结这部分内容的偈颂中，圆测确认了"理趣"和"真如"是同义语。② 另外，"向一个真如之路"可说是"三无性的观行"。总之，圆测与"无自性相品"经文的一乘说法的隐藏意图联系起来，指出（A）一乘说法执的意图是针对执着于三乘修行者之间差别的修行者们，使他们应觉悟不同的三乘修行者也共有"同一真如之平等的修行基础［法界］或者终极的理想［理趣］"，并且他们也正在"向着其理想的'三无性之观行'的一条菩萨道"而前进。

3. 圆测"法身"概念的两个方面：同一性与唯一性

以上，笔者通过考察《无自性相品》与《地波罗蜜多品》的注释中以怎样的脉络下引用（A），以此探讨了圆测对《法华经》一乘的认识。总之，圆测把（A）之一乘理解为（1）三乘修行者的"解脱身的平等"（过程之同一性）、（2）三乘修行者的"理趣之平等"［（a）修行的基础或者（b）修行的终极理想之同一性］、（3）三乘修行者的"向理趣之路的平等"（向着终极理想的修行之同一性）。在这里我们不难发现，"一乘"或"真如"意味着三个层次的同一性，即修行的基础（2-a），向着终极理想的修行（1与3），与终极

---

① 又于诸乘差别道理，谓互相违，如是辗转，递兴诤论。释曰。第二共兴诤论。**谓说一乘，定知三者是方便说**，闻说三乘，定执三乘，违于一乘。论其实义，**说有三乘，不违一乘，三乘虽异，而同一如，故三或一，互不相违**。故**前第二卷云**，复次胜义生！诸声闻种性有情，亦由**此道**此行迹故，证得无上安隐涅槃，缘觉、菩萨，皆共**此道**，更无第二……善男子！若一向趣声闻，虽蒙诸佛设施种种导，终不能令当坐道场证大菩提。具说如彼。故如＜知＞＊一乘约理·行说（同上，《新纂大日本续藏经》第 21 卷，第 399 页中以下；《卍续藏》第 35 卷，第 87 页中以下）。＊根据相应藏译（藏文《中华大藏经》第 69 卷，第 236 页，2—3：/deḥi phyir gcig tu gsuṅs pa ni don dan spyod paḥi dbaṅ du mdsad nas gsuṅs pa yin par rig par byaḥo//由此应知，［佛］说一乘就根据**理性与行性**［之同一性］），应把"如"改为"知"。

② 宣说诸法种种性，复说皆同一理趣；谓于下乘或上乘故，我说乘无异性。释曰……谓于下声闻及上如来，**同一理趣**，故我不说有其异性。**真如**同故（同上，《新纂大日本续藏经》第 21 卷，第 400 页上；《卍续藏》第 35 卷，第 88 页中）。

理想（2－b）。这正是真如平等的意义。在这个意义上看，作为《法华经》一乘的"法身"就是"三乘平等的真如"而已。

可是，这只是"法身"的一面而已，还有重要的另一面，即只有佛具有的优越性。正如上面圆测为了主张解脱身的平等而引用的《解深密经》《如来成所作事品》的经文中，"由法身故，说有差别。如来法身有差别故，无量功德最胜差别，算数譬喻所不能及"。就强调与"二乘之解脱身"不同的"如来之法身"的差异性［差别］与优越性［最胜］。有趣的是，圆测把在这个意义上的"法身"也看作"受用身"的特征之一。①

总的来说，圆测所理解的"法身"概念有两个方面，即"真如（＝自性）的同一性"与"法身的唯一性"。前者可以说是广义的法身，后者可以说是狭义的法身，也可以说是受用身。②

（二）与对《法华经》一乘的认识相关的真谛思维之特征

1. 真谛的一乘理：真如的普遍性

下面根据《解深密经疏》中不经批判而引用真谛的资料③，

---

① 下面是对于《如来成所作事品》整个经文的科段。就正说中，十二问答，即分十二，一问答分别法身之相，二明如来化身生起相，三明如来化身善巧，四明如来言音差别，**五尔时曼殊室利下明诸如来心生起相**，六明化身有心无心，七明如来所行境界差别之相，八明如来于相性为缘差别，**十明如来法身三＜二＞＊乘解说身差别相**，十一明如来菩萨威德住持有情相，十二明净秽二土差别相，此即第一问答分别法身之相。或可十二即分为三，初明法身相，次曼殊室利至云何应知如来生起明化身相，**尔时曼殊室利下明受用身相**。虽有两解，且依**后释**（同上，《新纂大日本续藏经》第21卷，第400页下—401页上；《卍续藏》第35卷，第90页上—中）＊根据相应藏译（藏文《中华大藏经》第69卷，第241页，3—4：/de la don dam pa kho na las brtsams pa ni de bźin ñid la brten nas bstan pa gaṅ yin pa ste/），应把"三"改为"二"。

② 《般若心经赞》：第一释名，先总后别。言三身者……后别名者，一自性法身，谓即**真如体常不变故名自性身**，力无畏等诸功德法所依止，故亦名**法身**（《大正藏》第33卷，第550页下）。

③ 此处笔者所介绍的真谛只局限在圆测自己不经批判而引用的材料以及与之有密切关联的真谛著作中一部分资料中。

圆测之法身观　◇◇◇　153

对于被推测为圆测解释之渊源的真谛之思维要进行考察。首先看他自己支持的第二种解释的经证，即《摄大乘论释》引用文的前后脉络。那里说，因为有阻碍能使菩萨去修行之真如力量［功德］的十种无明障碍存在，所以十地分别设定，还罗列出各地需要去除的障碍。① 对其中初地和第二地的无明，真谛的解释如下。②

　　凡夫种性无明就是初地障碍，此无明就是身见（＝有身见），身见有两种，一是作为原因的身见，二是作为结果的身见。法我执（＝法执）是作为原因的身见，人我执是作为结果的身见。原因身见就是凡夫种性不知道法无我所以称作无明。二乘修行者虽能断除作为结果的身见，可作为原因的身见不能断除。如果不断除这种无明，就不能进入初地，所以这种无明是初地障碍。依托身体、行为等基于不正确的见解的修行［邪行］是第二地障碍。菩萨在进入第二地之前，如果有三乘修行者有三乘的修行差别的想法的话，这是不知道一乘的道理，所以称作无明。另一种的解释如下，一切众生所行的善不过是**菩萨大乘清净行**方便。什么原因呢？清净本来是一，还没到达大乘清净的阶段，没有确定的原因。如

---

① 《摄大乘论释》卷10：论曰：云何应知以此义成立诸地为十？释曰……论曰：为对治地障十种无明故。释曰：真如实无一二分数，若真如体，不可立有十种差别。真如有十种功德，能生十种正行，由无明覆故不见此功德，由不见功德故正行不成，为所障功德·正行有十种故，分别能障无明亦有十。论曰：于十相所显法界。释曰：十相，谓十种功德及十种正行，此相皆以显法界。论曰。有十种无明犹在为障。释曰：此十种相虽复实有，由无明所覆不得显现。故知菩萨初入真如观，障见道无明即灭，所余无明犹在未灭，故十无明覆十功德障十正行。何者为十无明？一凡夫性无明，二依身业等于诸众生起邪行无明……（《大正藏》第31卷，第221页上一中）。

② 与下文相应的玄奘译世亲《摄大乘论释》中只是列举了十种障碍的名字（参见《大正藏》第31卷，第358页上以下），没有对其进行说明。根据这一点，我们可以肯定这是真谛自己的注释部分。

果明白［以前的善行］应当回归到**菩萨的大道**的话，怎么能只行方便［修行］而不修［菩萨］正道呢？没有进入第二地的话就没有这种智，因此不知道这一意义，所以称作无明。如果不断除这一无明，就无法进入第二地，所以这种无明是第二地障碍。①

由上可知，二乘修行者觉悟法无我而进入初地菩萨的境界，但是自身所行的二乘修行以及新开始的菩萨修行不同的错误想法仍然存在。但实际上，现在的二乘修行是进入佛乘的菩萨的唯一的清净大道之方便，在这种意义上二乘修行者应该在很久以前就已经向着一乘的唯一菩萨修行而努力着。对此，真谛认为，一乘说法的目的是针对由于有着大小的分别意识，对于成佛没有确信之未定分类之声闻（或者未定分类之菩萨），使他们觉悟"二乘和菩萨乘（＝佛乘＝如来乘）的连续性或者同一性"。接着，真谛说道，第二地的障碍是通过自觉二空"真如"是"包含三乘差别的所有现象"之最上真理而可以去除的。②

由上可知，贯穿真谛修行体系的概念是"真如"。也被称作"将来得到的原因［应得因］之佛性"的"真如"作为修行的根源，是修行的开始的菩提心，持续修行的加行，修行最终具现的法身等一

---

① 《摄大乘论释》卷10："凡夫性无明，是初地障。**此无明即是身见**，身见有二种，一因二果，**法我执**是因，**人我执**是果，因即凡夫性迷法无我，故称无明。**二乘但能除果，不能断因**。若不断此无明，则不得入初地，故此无明为初地障。依身、业等于诸众生起邪行无明，是二地障。菩萨未入二地，**生如此想谓三乘人有三行差别，迷一乘理，故称无明**。又释，一切众生所行之善无非**菩萨大清净**方便，何以故？清净既一，未至大清净位，无住义故。若悉**应同归菩萨大道**，云何修方便、不修正道？未入二地，则无此智，由迷此义，故称无明。若不断无明，则不得入二地，故此无明为二地障"（《大正藏》第31卷，第221页中）。

② 《摄大乘论释》卷10：论曰：何者能显法界十相？释曰……论曰：于二地由最胜义。释曰：**人法二空摄一切法尽**，是遍满义。**此义于一切法中最胜清净**，由观此义得入二地。论曰：于三地由胜流义。释曰：**真如于一切法中最胜**，由缘**真如起无分别智**，无分别智是真如所流（《大正藏》第31卷，第222页上一中）。

切的原因①，同时被认为是贯穿这整个过程的不变之"理"。②

总之，真谛站在一切现象平等之"真如"，即"一乘的理致［一乘理］"的立场认为一乘说法的目的是针对那些多少因为分别意识而对成佛没有确信的，向着大乘的声闻（或者菩萨）们，使他们自觉二乘和菩萨乘（＝佛乘＝如来乘）的连续性或者同一性。

2. 真谛的三时教判理解：一乘与大乘的辨别

笔者认为，以真如为中心的真谛"一乘"的理解可能是与其教判论有着密切的关联。在《解深密经》的一部分异译《解节经》的注释中，真谛对于《解深密经》的三时法轮分别命名为小乘、大乘、一乘，并对"大乘"和"一乘"做了明显的区分。具体说明如下：

---

① 《佛性论》卷2《显体分》第3《三因品》第1："复次佛性体有三种，三性所摄义应知。三种者，所谓三因三种佛性，三因者，一应得因，二加行因，三圆满因。应得因者，二空所现真如，由此空故，应得菩提心及加行等，乃至道后法身，故称应得。加行因者，谓菩提心，由此心故，能得三十七品·十地·十波罗蜜助道之法，乃至道后法身，是名加行因。圆满因者，即是加行，由加行故，得因圆满及果圆满，因圆满者，谓福·慧行，果圆满者，谓智·断·恩德"（《大正藏》第31卷，第794页上）。

② 《佛性论》卷2《显体分》第三《三因品》第一："三种佛性者，应得因中具有三性，一住自性性，二引出性，三至得性。记曰：住自性者，谓道前凡夫位，引出性者，从发心以上，穷有学圣位，至得性者，无学圣位"（《大正藏》第31卷，第794页上）。《解深密经疏》卷3《胜义谛相品》第二：依《解节经》，但说恒常乃至法性法界法住。＊真谛解曰：于道前位中，先来本有，故名为恒。非佛出世，方始有故。道中、后位，此理无灭，故称为常。佛出世后，理无尽故。法性者，即自性住佛性。约道前位，能为菩提以＜心＞＊＊作根本，众生由此得发心故。法界者，即引出佛性。约道中位，界名＜能＞＊＊＊为诸行根本，引出万行故。法住者，即至得果佛性。约道后位至涅槃，法体常住故（《新纂大日本续藏注》第21册，第238页中，《卍续藏》第34册，第715页中）。＊《佛说解节经》（真谛译）《一味品》第四：此法恒常，若佛出世，若不出世，法性、法界、法住皆悉常住（《大正藏》第16卷，第714页中）。＊＊根据文脉和相应藏译（藏文《中华大藏经》第68卷，第496页，15—16：lam gyi mdun rol gyi gnas skabs nabyan chub kyi gsi byed pas），"以"应是"心"的笔误。＊＊＊根据汉文语法，相应藏译（藏文《中华大藏经》第68卷，第496页，18—19：lam gyi gans skabs bar ma rnams su dbyins ni spyod pa rnams kyi bsibyed de），"能为菩提以＜心＞作根本"的藏译（藏文《中华大藏经》第68卷，第496页，15—16：lam gyi mdun rol gyi gnas skabs na byan chub kyi sems kyi gsi byed pas）中"能"被翻译成"byed pa"，"名"可能是"能"的误写。

真谛在《记》中说道："下面说的大乘是和小乘不同，所以是不了义，仍有一乘，所以在上，与小乘有异，因此与小乘争论，被一乘所论破，所以有非难。"① 真谛在《记》中说道："下面应说，一乘是与小乘大乘原因和条件相同，果也相同。因此明说无分别的最高了意［无分别第一了义］，这个法轮是最珍贵的。没有再能超过这个道理的，所以称作无上。再者，与小乘一同归结，没有争论，所以不能被论破，不能被论破，所以没有非难。"②

以上值得注意的是，第二时大乘由于与小乘不同的地方被判为不了义，正是因为这种差别产生两者的矛盾。相反，第三时一乘是统合了小乘和大乘的因果差别的无分别了义，在这种意义上可以把小乘也归为其中。真谛根据第二时大乘因为某种分别意思而不能包含小乘，而第三时一乘是克服了这种分别，以把小乘包含其中，对两者做了明显的区分，并指明两者之间的优劣。这里的一乘是依靠小乘和大乘统一的原因（＝修行）而获得统一的结果（＝佛果）之意义。真谛是站在真如的普遍性角度强调指出小乘的修行会得到

---

① 《解深密经疏》卷第5《无自性品》第5：真谛记云，次说大乘异于小乘故不了，犹有一乘故有上，与小乘异故，与小乘一乘＊斗诤。为一乘所破故有难（《新纂大日本续藏经》第21卷，第292页；《卍续藏》第34卷，第823页中）。＊根据文脉和相应藏译（藏文《中华大藏经》第68卷，第891页，11—13：theg pa chuṅṅu dag daṅtha dad paḥi phyir theg pa chuṅ ṅu pa dag daṅh thab ciṅrtsod parḥgyur baḥo），"一乘"应是衍文。

② 真谛记云，次须说一乘与小乘大乘同因缘因＜同＞＊果，故云显说无分别第一了义，是法轮最希有，无更过此理者，故名无上。又小同归故无有诤，无诤故不可破，不可破（故）＊＊无难（《新纂大日本续藏经》第21卷，第292页中，《卍续藏》第34卷，第824页中）。＊根据相应藏译（藏文《中华大藏经》第68卷，第893页，15—16：the gpa chuṅṅu pa daṅ/theg pa chen po pa dag daṅ rgyu rkyen mtshuṅ śiṅḥbras bu mtshuṅs pa ston paḥi phyir），"因"应是"同"的误写。＊＊根据相应藏译（藏文《中华大藏经》第68卷，第893页，20—21：gṣig tu med paḥi phyir rgol ba med paḥo śes ḥbyuṅṅo），如《卍续藏》本的校勘记"破"后应当加上"故"。

佛乘的结果。由于真谛还认为《解节经》和《法华经》一样也是第三时说法①，我们很自然地推测，圆测所理解的真谛有可能认为《法华经》一乘说法的根本意图是，正好与《解节经》一样，为了平息因为大小的差别意识而产生的矛盾，强调指出小乘和大乘的连续性和同一性。

（三） 窥基对于《法华经》语句解释的特征

1. 窥基的诠释学的立场：破小入大

窥基在《法华玄赞》中给出对《法华经》一乘的解释方法，其中最明显的是对"一"的三种意义的区别说明。第一简别，这意味着把一、实、理、果从与之相对的三、权、教、因区分出来，他的目的是指出佛果是唯一的终极的目标。② 第二破别。这意味着对除了佛乘以外另设定的二乘涅槃和菩提，并执着认为这就是终极的观点予以论破。他的意图是为了破除二乘修行者的执着而趣向大乘。③ 第三会别。这意味着统合大乘、根本以及小乘、方便之间的

---

① 《解深密经疏》：第一时处诸说同异者，依真谛三藏《解节经》疏云，复次如来三转法轮，为三种人……次如来得道已第七年，在舍卫国给孤独园，即是第二时，为度大乘行人……转法轮者，<u>波罗蜜·十地等</u>。∗是法轮希有，不可思议，一切人、天所不能转，是法轮不了义，亦有上、有难、有诤……次佛［未涅槃七年］成道后三十八年，在毗舍离国鬼王法堂，为真当菩萨，说《解节经》等∗∗《维摩》《法华》等，此第三时，世尊为度<u>三乘</u>行人，为显一切法无自性无生无灭本来寂静自性涅槃，<u>显无分别相轮</u>，是法最清净希有不可思议，是法轮了义无上无难无诤。<u>为众生根钝，如来次第说法轮</u>（《新纂大日本续藏经》第 21 卷，第 292 页中—下；《卍续藏》第 34 卷，第 824 页中—825 页上）。∗藏译中"波罗蜜"前面有"般若"。∗∗删除"等"更自然。

② 《妙法莲华经玄赞》卷 4：简别故名一者，昔日说三，今时说一，故知所诠理极一而为<u>实，能诠之教二即称权。无别二理以为极也</u>。无我、解脱虽悉皆等，然至佛果方名为极，<u>故所诠理佛智名一</u>，非别简三。唯无二极故……又以果一简别三，即有二简，一理简教，二果简因（《大正藏》第 34 卷，第 714 页下）。

③ 破别故名一者，<u>二乘不知二为方便，执二乘果以为真极</u>，今说二涅槃但为化城，说二菩提但是羊、鹿权教所设，非是二果所得所证菩提、涅槃真胜极也。<u>破彼情执有二果极。故说为一</u>（《法华经玄赞》卷 4，《大正藏》第 34 卷，第 714 页下）。

差别。他的意图是为了强调小乘的修行是成就大乘佛果的原因。①通过以上窥基对一乘的理解可知，以把佛乘（＝大乘）与二乘（＝小乘）的关系设定为根本与方便来看，虽然他也认定其连续性，但是在简别和破别的解释上非常明确地显现出倾向于强调佛乘的唯一性和根本性。

这种倾向性通过破二归一而明显地体现出来。窥基说到破别的意义，具体如下。

《本论》（＝《法华论》）的末尾只写道："《方便品》有五个部分说明破二明一"，不说破三等。有人说破除三乘的执着，因此不是只破二乘之说……［有人］如果［说］"［从门出来后］给予白牛而抛弃本来黄牛"，若是这样，他将会陷入抛弃顿悟［的大乘］而学习［返回］渐悟［的大乘］的谬误中。在黄牛和白牛的特征上作为原因的修行［因行］有什么差别呢？已经回到本来的牛的样子，自然没必要论破大乘。如果执着一个终极是不违背大乘的话，有必要去论破吗？执着二乘是终极的则与大乘所违背，所以被需要论破。②

首先以《法华论》的"《方便品》是说明破二明一［方便品示

---

① 会别故名一者，教、理、行、果皆有根本及以方便，会渐悟者先二乘中所修成得教、理、行、果为大方便。依此本论，初地已上离分段死，见道已前教、理、行、果为不退地之根本因……（同上，第715页中）。

② 本论末后亦云，《方便品》有五分示现破二明一。不说破三等，或有说言，破三执故，非唯破二……若言与白牛弃本黄牛故，既尔，即应舍顿学渐。黄、白牛相**因行何殊**？既还本牛明不破大。若执一极不违趣大，何须破之？执二为极不趣大故，可须破也（同上，第714页下）。

现破二明一]"为根据，窥基强调一乘没有"破三"的意义。① 接着他对《譬喻品》的"火宅喻"从自己的角度出发给出了解释，他的要旨是在火宅中，作为方便承诺给的黄牛车和出后给孩子们的白牛车的修行［因行＝解行②］并无差别，并以此为根据指出对于《法华经》以前的、以方便所说的三乘中的菩萨乘没有论破的必要。又附加说明，在对菩萨修行的执着是指向大乘的意义上不是否定的对象。

2. 窥基解释中显著的倾向性：通过排除他者而强调唯一性

窥基强调大乘和小乘之间差别的倾向性在对于（A）的解释中体现得很明显。他在把"无二无三"分作"无第二独觉、第三声闻"后，说明存在佛乘、缘觉、声闻等顺序的层位序列［从胜向劣］③。并在对与（A）类似的句子的解释中指出，这种序列"不只

---

① 《法华经论述记·方便品》：同在玄奘门下学习，但是与窥基的观点不一样的新罗僧人义寂＊对于"破二明一"给出如下三种解释：《法华经论述记·方便品》（《新纂卍续藏》第46册，第793页下）：破二明一者，三说不同。一云，破二者，谓破二乘执，明一者，即是菩萨乘。第二说，破二者，谓大小之二类，二乘合为一类，菩萨乘为一类，破此二执，故言破二也。明一者，谓十种无上。第三说，二乘合为一类，二菩萨合为一类，谓三乘中菩萨乘及以云雨所对治菩萨，合为一类，破此二故，言破二。明一者，谓十种无上（《新纂大日本续藏经》第46卷，第793页下）。第一说无疑是窥基的解释。可如脚注已明示的那样圆测认为第十地云雨地菩萨也还有所除去的障碍，由此来看，第三说好像更接近于圆测的解释。

＊安然撰《教示诤论》，大唐贞观，玄奘法师往天竺国诣正法藏，一十七年在彼学习，一十六年于此翻译，门人三千，入室四人，玄奘相逢十师檀越，玄感居士得百卷，释基粿百卷折得十卷，十支大论以为扶揀，基子惠绍，绍子智周，相传其门，光扬其道。三藏门人义寂法师，作《义林章》一十二卷，以破基师《法苑义林章》。遁伦法师作《瑜伽疏》，所立义理多违基义。玄隆、圆弘，补＜神＞昉、秦＜泰／太＞贤并作章疏，共称禀受三藏之旨，而多违背基师之义。灵润法师作章，略出新译经论与旧经论相违义理一十四门。补＜神＞秦＜泰＞法师作章，对破灵润之章。宝法师作佛性论，破新宗义，崇后法师，亦作抉择多破周释。然而学唯识者，多依基师破之，诸师以为旧义，新旧之诤从此而起（《教示诤论》，《大正藏》第75卷，第365页下）。

② 《大乘法苑义林章》：若会破三者，三中之大，即火宅内所许牛车，出门等给皆亦牛乘，若ീ前牛，后别与牛，二牛何别？又三中之大，即是顿悟，会令入一，岂令顿悟成渐悟耶？又大乘、一乘解行何别而言舍三而趣于一（《大正藏》第45卷，第267页中）？

③ 《妙法莲华经玄赞》卷4：经：十方佛土中（至）引导于众生。赞曰：此第三段一颂半颂第六遮。无二者，无第二独觉乘，无三者，无第三声闻乘。从胜向劣，佛乘为初。此据真理无二极乘，除方便说（《大正藏》第34卷，第723页下）。

是修行阶段上的差别"。①

在对（C）的解释中这一点体现得更明显。窥基根据《法华论》把（C）的主题定为是"否定［遮］"，一贯地把经文中的二乘和三分别理解为第二独觉、第三声闻，然后借助《法华论》的权威②，把这一句子的主题理解为二乘修行者的涅槃是没有本质［体］。然后在这一理解的延长线上认为，因未能具有"大智的作用之法身［大智法身］"（＝报身＝狭义的法身），二乘修行者的解脱只是"假择灭"而已。③窥基对于自己提出的"大智法身"的意义做了进一步的说明。

> 何体法就是第六否定。否定二乘的本质，只有一乘的本质［存在，这种一乘的本质］就是诸佛如来平等法身。三乘修行者的因、果、观行不同，因此存在差别，［这里］这一点并未所否定。现在所否定的是二乘修行者的法身本质。因为三乘修行者的真如法身相同。［所以］否定二乘修行者的本质，并不是说［包括三乘修行者间差别的］一切都无。④

---

① 《妙法莲华经玄赞》卷4：经：舍利弗（至）若二若三。赞曰：此与记中第四令住一乘。以此一乘为众说法，都无第二独觉、第三声闻。从胜至劣为次第故。不以修习浅深、难易为次第也。故此经中第一周云，余二则非真。第二周云，密遣二人。第三周云，息处故说二。不说于三。故知不是总无三乘（《大正藏》第34卷，第716页下）。

② 《妙法莲华经优波提舍》卷下：遮者，如舍利弗十方世界中尚无二乘，何况有三，如是等故。无二乘者，谓无二乘所得涅槃。唯有如来证大菩提，究竟满足一切智慧，名大涅槃，非诸声闻、辟支佛等有涅槃法。唯一佛乘故（《大正藏》第26卷，第7页中）。

③ 《妙法莲华经玄赞》卷四：经：舍利弗（至）何况有三。赞曰：此第六遮。尚无第二独觉乘，何况第三声闻乘也。由此经云，羊车、鹿车为求牛车，出于火宅。故唯破二。不说更别破牛车故。此无二乘涅槃体究竟故。论云，无二乘者，无二乘涅槃。唯佛如来证大涅槃，究竟满足一切智慧名大涅槃。三事体义皆具足故。二乘不然，唯假择灭，无大智法身，非诸声闻缘觉等有大涅槃法。唯一佛乘故（《大正藏》第34卷，第717页下）。

④ 何体法者，谓第六遮，遮无二体，唯一乘体，即是诸佛如来平等法身也。三乘因、果、观行不同可有差别，非此所遮。今所遮者，遮无二种法身之体。三乘真如法身同故。非谓遮无二乘体故一切皆无（同上，第717页下）。

《法华论》经文中给出了作为"一大事"四种意义之一，三乘修行者的平等［同］正是前面所说的"佛性法身的平等"。① 要关注的是，窥基把这一概念作为主张除了佛乘以外不可能有二乘修行者的本质的存在论根据。窥基所认为的"三乘修行者的法身平等"是只有当二乘修行者完全抛弃自身的正体性而到达佛乘，当合二为一时，才能体现。②

这种把法身的平等性只解读为"佛乘的唯一性"的窥基的解释倾向与他自己常所依靠的《法华论》对《法华经》的解释思路不同。《法华论》指出七种增上慢心中只有执着于大乘的修行者［大乘一向决定增上慢心＝大乘人］持有大乘以外没有其他二乘的增上慢心，佛陀正是为了去除这一增上慢心而通过《药草喻品》的云雨譬喻，使他觉悟在各个乘都是诸佛如来平等说法［种种乘诸佛如来平等说法］，并根据众生的根基而成熟善根种子。③ 从《药草喻品》经文本来的脉络上就可以解读成那样④，可窥基却相反地认为，这个譬喻是说明佛陀的教法虽然是一个，但

---

① 《妙法莲华经优波提舍》卷下《方便品》：一大事者，依四种义应当善知。何等为四……二者同义，谓诸声闻、辟支佛、佛法身平等，如经欲示众生佛知见故出现于世故。法身平等者，佛性法身无差别故（《大正藏》第26卷，第7页上）。又卷下《譬喻品》第三说："依同义故，授诸声闻大菩提记。言同义者，以佛法身、声闻法身彼此平等无差别故（《大正藏》第26卷，第9页上）。

② 《法华经玄赞》：二示者，同义。以声闻、辟支佛、佛三乘法身平等。法身平等者，佛性法身无差别故。《涅槃经》云，譬如乳牛有种种色，及构其乳置之一处白色无异，佛性亦尔，众生虽有种种不同，佛性无别。此意说言，三乘法身本来平等，众生不知，不肯修证法身圆满，诸佛出世，欲示众生，此佛知见之性三乘同有，平等无二，令同证满，以成法身（《大正藏》第34卷，第710页下—711页上）。

③ 《妙法莲华经优波提舍》卷下：自此以下，次为七种具足烦恼染性众生说七种喻，对治七种增上慢心，此义应知……何者七种具足烦恼染性众生……三者大乘人……何等七种增上慢心？云何七种譬喻对治……三者大乘一向决定增上慢心，起如是意，无别声闻、辟支佛乘，如是倒取。对治此故，为说云雨譬喻应知……第三人者，令知种种乘诸佛如来平等说法，随诸众生善根种子而生芽故……（《大正藏》第26卷，第8页上—下）。

④ 《妙法莲华经》卷3：如彼大云雨于一切卉木丛林及诸药草，如其种性，具足蒙润，各得生长。如来说法一相一味，所谓解脱相离相灭相，究竟至于一切种智。其有众生闻如来法，若持读诵，如说修行，所得功德不自觉（《大正藏》第9卷，第19页中）。

"三乘修行者的发心和修行不同",永远不能开悟的"仍有种姓固定的二乘修行者",所以这是强调三乘修行者之间差别的说法。①

3. 解脱身的解释特征:强调二乘与佛解脱间的本质差别

与圆测相对的窥基,解释的倾向性对在前面给出的圆测所理解的一乘意义之一,即"解脱平等"的解释中很鲜明地体现出来。窥基既反复强调佛果的两个侧面,即不变的理(=狭义的法身)和观照的智(=报身)的统合②,又区分两者分别是在去除各自烦恼的障碍和认识对象的障碍而成就的。③ 然后窥基对前面提及的《法华论》中一大事的四种意义给出了自己的解释④,其中对"法身"和"解脱"做了区别如下。

> 法身就是[佛陀向众生们]所要明示的佛知见。所以在《论》(=《法华论》)中说"三乘修行者的平等佛性法身没有差别"。解脱就是[众生]所要觉悟的佛知见。[烦恼的障碍和认识对象的障碍]这两种障碍都被去除,[分段生死和变易生死]也都消除的境界,[这就是]真解脱,二乘修行者只得

---

① 《妙法莲华经玄赞》卷7:今此品为对治大乘人一向慢言,无别二乘,唯有一乘。故彼论言,第三人者,令知种种乘异诸佛如来平等说法,随众生善根种子而生芽故。意显,一雨虽同,三草二木生长各异,佛教虽同,**三乘、二圣发修亦别**。有为机器各各别故,亦**有决定二乘者故**。由机性殊禀润别故(《大正藏》第34卷,第781页上)。

② 《妙法莲华经玄赞》卷4:由以佛果理、智二种名为一乘。理凝本有,离缠而号涅槃;智照新生,果圆而称正觉,乃四德之鸿源、三明之妙本。故扬于彼智见出现于世。以理智二为一乘体,智性、智相合名为智(《大正藏》第34卷,第713页中)。

③ 《妙法莲华经玄赞》卷3:**大位而言,所知障断,证佛报身菩提**圆满;**烦恼障断,证佛法身涅槃**圆满。诸佛出世,欲令众生**断所知障**及所发业并所得果一切俱尽,圆证菩提,开知见相,使得清净。**障尽智圆名清净故**。欲令众生断烦恼障及所发业并所得果一切俱尽,圆证涅槃,开知见性,使得清净,**障尽理显名清净故**(《大正藏》第34卷,第710页下)。

④ 今作此解,善顺彼经,审读经文,当自悉知。**摩诃般若即开佛知见**。故论说言,除一切智智,更无余事。一切智者,证二空智。重言智者,证诸有智。此最胜妙,故名无上,更无过故(同上,第712页中)。

到一个障碍［＝烦恼的障碍］和一个生死［＝分段生死］全部消除，而不知此［＝真解脱］。所以在《论》（＝《法华论》）中说，因为二乘修行者不知道真实，［所以使得他们］来觉悟。①

从上文中可知，窥基认为《法华论》中理解为"同"的"示佛知见"的佛知见指称为三性平等的佛性"法身"（狭义的法身），明确指出世亲所理解为"不知"的"悟佛知见"的佛知见就是"解脱"。值得注意的是，他认为二障和二生死完全被去除而成就的"真解脱"是只有通过消除烦恼的障碍才能体验无余涅槃的二乘修行者们所不了解的境界，并明确区分了两者。此处，窥基与圆测不同的是，对佛之解脱和二乘修行者之解脱间的本质性差别给予强调。这种解释的倾向被慧沼（650—714）所继承，他从正面反驳了圆测"解脱平等"之理解。

  西明［圆测］［对于《成唯识论》的二胜果②］说道："《本业经》说金刚三昧是等觉，既然等觉应当与如来平等，怎么又说佛果智更优越呢？"另外《解深密经》说："因为解脱身的原因，二乘修行者与诸如来平等平等，［只是］由于真理之身，有差别而已。"据这些经文，［解脱和菩提］这两种都不是优越的，为什么总说这两种优越呢？解释如下："［二乘修行者和如来的］解脱实际是没有差别，都是断除烦恼所获得

---

① 与上同处：**法身**即是示佛知见。故论说言，"三乘平等佛性法身无差别故"。**解脱**即是悟佛知见。<u>二障俱亡，二死皆尽</u>，**是真解脱**，二乘唯得一障一死尽灭无余，不知此，故论说言，二乘不真实处故，令其悟也。
② 《成唯识论》卷1：今造此论为于二空有迷谬者生正解故。生解为断二重障故，由我、法执二障具生，若证二空，彼障随断。断障为得<u>二胜</u>果故。由断续生烦恼障故，证**真解脱**；由断碍解所知障故，**得大菩提**（《大正藏》第31卷，第1页上）。

的，只是［如来的解脱］优越是从体验［解脱］的智的角度来说的。所以［前面的两段经文和《成唯识论》的二胜果］相互并不矛盾。"①

这个解释不正确……另外，那个（＝优越）意味着真解脱要排除以二乘修行者所得择灭得不到因障碍消除而显现的真如真实涅槃之情况。所以《涅槃经》说……由此而知，［二乘修行者］没有得到真实涅槃。此刻就把实涅槃称作是解脱，称作是优越的结果。说到解脱，二乘修行者虽从烦恼的障碍而得到解脱，但是因为还未断除习气而不是优越的结果。大乘把习气和认识对象的障碍［断除］的原因所以说是优越的结果。所以《入大乘论》说："如来的解脱比二乘修行者更优越，因为断除习气的缘故。"……［前面］《解深密经》说解脱平等是根据断除烦恼的假解脱而所说。所以［《成唯识论》的二胜果和《解深密经》的解脱等］相互并不矛盾。②

慧沼与他的老师窥基一样，认为只断除烦恼的障碍的二乘修行者的涅槃相对二障都断除的真如（＝狭义的法身）而具现的"真实涅槃"来说是"假涅槃"，《解深密经》的解脱平等只是这种假涅槃的平等，区分两者的高低，强调两者的根本差别。总之，窥

---

① 惠沼《成唯识论了义灯》卷1：西明云，《本业经》说金刚三昧名为等觉，此意既云等觉，与如来等，如何得云佛果智胜？《解深密经》第五说，由解脱身故，彼二乘与诸如来平等平等；由法身故，说有差别。准此等文，二皆非胜，如何总言二胜果耶？解云，解脱实无差别，同断烦恼所证得，而说胜者从能证智，故不相违（《大正藏》第43卷，第673页上）。

② 《成唯识论了义灯》卷1：此解不然……又此意说，**真解脱者**，简二乘人所得择灭不得**障尽所显真如真实涅槃**。故《涅槃经》云，声闻之人有苦有谛而无真实。《胜鬘经》经云，言得涅槃者去涅槃界近。明知不得真实涅槃。今者说此**真实涅槃**名为解脱，故名胜果。又复解脱，**二乘得或＜惑＞*障解脱，未断习气，故非胜**；**大乘断习，并所知障，故名胜果**。故《入大乘论》云，如来解脱**胜**于二乘，断习气故。《法华经》云，但离虚妄名为解脱，其实未得一切解脱。《**解深密**》云解脱等者，据断烦恼假解脱说，故不相违（《大正藏》第43卷，第673页上—中）。*从上下文看，"或"应是"惑"的误写。

基—慧沼所理解的"解脱身平等"是只有当二乘修行者完全体现佛果的时候才能成就的。

三 结论：圆测法身论的特征及其修行论的意义

以上笔者以《法华经》一乘的解释为中心探讨了圆测的法身观，与之有着密切关联的真谛之真如观、与之相反的窥基解释的倾向性。圆测认为，一乘是相异的三乘修行者共有的"**真如**理趣的平等"和"去除烦恼的障碍所实现的**真如**解脱身平等"，这可说是继承了把一乘理解为真如的普遍性，又在这基础上主张小乘和大乘修行的连续性和"同一性"，并且把以大小乘间的差别意识为基础引起对立的"三乘中的大乘"和统合大小差别的"一乘"区分开来的真谛思维。相反，窥基的破二归一的主张把一乘说法的意图理解为排除他者二乘而使其自觉佛乘的唯一性，在这一点上更接近于前面提到的一乘说法的两种语调中的强调佛乘的"唯一性"。他的思考虽然承认了"会别"中突出体现的佛乘和二乘的连续性，但与继承真谛的圆测不同，始终有力地强调两者间根本差别。圆测是否担心差别的强调会倒向增益的极端，或许会对转向大乘的小乘修行者产生负面影响？所以与之相反地理解为为了激励他们能觉悟朝着佛乘这个唯一的目标而前进，而提出了佛陀说了一乘说法？

由上可知，圆测站在"真如的平等"之观点上，把《法华经》的"一乘"理解为相异的三乘修行者所共有的"穷极的理想［理趣］（=将会完全被体现的法身）或者修行的基础［法界］（=广义的法身=可能性层面的法身）的平等"，"向着穷极理想的修行之路［理趣道］的平等"（=在体现中的法身），和"解脱身的平等"(＝在体现中的法身)。总之,圆测的法身观正如上面说的狭义的法身那样虽不忽略其"唯一性"的一面,可其重点语调无疑在强调法身的两个方面中"同一性"上。这里我们不难发现尽量包容小乘的、作为一乘家的圆测面貌。

(张圭彦,韩国东国大学佛教学术院 HK 教授)

李通玄的华严佛身观

邱高兴

佛身，是一个关乎佛教信仰的重要问题。方立天先生曾指出："佛教创始人释迦牟尼逝世后，其继承者们在佛身问题上产生了分歧，有的肯定佛身是无烦恼的，有的则持异议。后来大乘佛教兴起，盛行菩萨成佛之说，相应地更对佛身问题进行了多方面的阐述，由过去的佛一身说、佛一个说，进而提出佛多身说、佛多个说，构成为佛教信仰理论的重要内容。"[①] 也可以说，佛教理论的每一次变化和发展，都伴随着对于佛身认识和看法的深化。对于佛身的理解，大致上也反映了不同佛教派别对于佛教教义的理解。比如，大乘空宗对于佛身的理解是基于破执的立场，《金刚经》中说："'佛可以具足色身见不？''不也，世尊！如来不应以具足色身见。何以故？如来说具足色身，即非具足色身，是名具足色身。'"并且进一步说："如来不应以具足诸相见，何以故？如来说诸相具足，即非具足，是名诸相具足。"而在《涅槃经》中对此的认识则有所不同，直接将佛身作为佛性的代名词。"色是佛性，何以故？是色虽灭，次第相续，是故获得无上如来三十二相。如来色常，如来色

---

① 方立天：《略论中国佛教的佛身观》，《五台山研究》1998年第2期。

者常不断故，是故说色名为佛性。譬如真金，质虽迁变，色常不异，或时作钏、作镜、作盘，然其黄色初无改易。众生佛性亦复如是，质虽无常，而色是常，以是故说，色为佛性。"① 又说："佛言：善男子！凡夫之色从烦恼生，是故智说色是无常苦空无我。如来色者远离烦恼，是故说是常恒无变。"正面肯定了如来色的恒常性。

一 《华严经》及华严诸祖的佛身观

《华严经》中对于佛身比较有代表性的表述，体现在以下的几处经文中。第一处是有关佛身形象的描述：

> 佛子！菩萨摩诃萨见佛无量光色、无量形相，圆满成就，平等清净；一一现前，分明证了。或见佛身种种光明，或见佛身圆光一寻，或见佛身如盛日色，或见佛身微妙光色，或见佛身作清净色，或见佛身作黄金色，或见佛身作金刚色，或见佛身作绀青色，或见佛身作无边色，或见佛身作大青摩尼宝色。或见佛身其量七肘，或见佛身其量八肘，或见佛身其量九肘，或见佛身其量十肘，或见佛身二十肘量，或见佛身三十肘量，如是乃至一百肘量、一千肘量。或见佛身一俱卢舍量，或见佛身半由旬量，或见佛身一由旬量，或见佛身十由旬量，或见佛身百由旬量，或见佛身千由旬量，或见佛身百千由旬量，或见佛身阎浮提量，或见佛身四天下量，或见佛身小千界量，或见佛身中千界量，或见佛身大千界量，或见佛身百大千世界量，或见佛身千大千世界量，或见佛身百千大千世界量，或见佛身

---

① 《大般涅槃经》卷32，《大正藏》第12卷，第556页上。

百千亿那由他大千世界量，或见佛身无数大千世界量，或见佛身无量大千世界量，或见佛身无边大千世界量，或见佛身无等大千世界量，或见佛身不可数大千世界量，或见佛身不可称大千世界量，或见佛身不可思大千世界量，或见佛身不可量大千世界量，或见佛身不可说大千世界量，或见佛身不可说不可说大千世界量。佛子！菩萨如是见诸如来无量色相、无量形状、无量示现、无量光明、无量光明网，其光分量等于法界，于法界中无所不照，普令发起无上智慧；又见佛身，无有染着，无有障碍，上妙清净。佛子！菩萨如是见于佛身，而如来身不增不减。譬如虚空，于虫所食芥子孔中亦不减小，于无数世界中亦不增广；其诸佛身亦复如是，见大之时亦无所增，见小之时亦无所减。佛子！譬如月轮，阎浮提人见其形小而亦不减，月中住者见其形大而亦不增；菩萨摩诃萨亦复如是，住此三昧，随其心乐，见诸佛身种种化相，言辞演法，受持不忘，而如来身不增不减。佛子！譬如众生命终之后，将受生时，不离于心，所见清净；菩萨摩诃萨亦复如是，不离于此甚深三昧，所见清净。①

这段文字通过两个方面对佛身进行了描述和阐发，首先是佛身所显光明之色的描述，从日中之色、清净色、黄金色、金刚色、绀青色、无边色，再到大青摩尼宝色，种种光明不可尽数。其次是对佛身量的叙述，从十肘量到千肘量，从一俱卢舍量到百千由旬量，从阎浮提量到不可说不可说大千世界量，佛之身量不断放大，达到了一个不可思议的数量级。而无论是佛身所显的无量光明色，还是佛身量的无限广大，最后都可以归结为无量色相、无量形状、无量

---

① （唐）实叉难陀译《大方广佛华严经》卷41，《大正藏》第10卷，第217页中—下。

示现、无量光明。

第二处有关佛身的说法，是《兜率宫中偈赞品》中诸菩萨所说的偈颂，如光明幢菩萨说："人间及天上，一切诸世界，普见于如来，清净妙色身。譬如一心力，能生种种心，如是一佛身，普现一切佛。菩提无二法，亦复无诸相，而于二法中，现相庄严身。了法性空寂，如幻而生起，所行无有尽，导师如是现。三世一切佛，法身悉清净，随其所应化，普现妙色身。如来不念言，我作如是身，自然而示现，未尝起分别。法界无差别，亦无所依止，而于世间中，示现无量身。佛身非变化，亦复非非化，于无化法中，示有变化形。正觉不可量，法界虚空等，深广无涯底，言语道悉绝。如来善通达，一切处行道，法界众国土，所往皆无碍。"[1] 其关于佛身之说相对于第一处的色相与形状的描述，更为理论化和抽象化，涉及了对佛身性质的认定。众生所见的如来色身，其性质是清净美妙的。这个清净美妙的色身，其根源于清净的法身，换言之，法身是色身的根基，是一切变化的依据。

第三处有关佛身的说法是《离世间品》中所说："菩萨摩诃萨说十种佛，何等为十？所谓：成正觉佛，愿佛，业报佛，住持佛，涅槃佛，法界佛，心佛，三昧佛，本性佛，随乐佛，是为十。"另一处说："佛子！菩萨摩诃萨有十种见佛。何等为十？所谓：于安住世间成正觉佛无着见；愿佛出生见；业报佛深信见；住持佛随顺见；涅槃佛深入见；法界佛普至见；心佛安住见；三昧佛无量无依见；本性佛明了见；随乐佛普受见。是为十。若诸菩萨安住此法，则常得见无上如来。"两处说法大同小异，都是从十个方面对佛身的叙述。后来华严宗人将此概括为"行境十佛"。"行境十佛是表示佛的功德、特性和功能，强调一佛具有十身，十身集中于一佛

---

[1] （唐）实叉难陀译《大方广佛华严经》卷23，《大正藏》第10卷，第122页中。

上。"① 此外还有"解境十佛"的说法，即《十地品》中八地菩萨所具有的观察十身的能力，文云："佛子！此菩萨远离一切身想分别，住于平等。此菩萨知众生身、国土身、业报身、声闻身、独觉身、菩萨身、如来身、智身、法身、虚空身。此菩萨知诸众生心之所乐，能以众生身作自身，亦作国土身、业报身，乃至虚空身。又知众生心之所乐，能以国土身作自身，亦作众生身、业报身，乃至虚空身。又知诸众生心之所乐，能以业报身作自身，亦作众生身、国土身，乃至虚空身。又知众生心之所乐，能以自身作众生身、国土身，乃至虚空身。随诸众生所乐不同，则于此身现如是形。"② 菩萨修行到达第八地不动地后，具有了远离一切相、一切想、一切执着的智慧，达到了一切平等，没有分别的境界。十身的种种差别也皆是菩萨因众生所乐而以自身所作。这十种身，每一身又各有不同，众生身有业身、报身、烦恼身、色身、无色身等分别，国土身有小相、大相、无量相、染相、净相、广相、倒住相、正住相、普入相、方网差别相等相状差别，业报身、声闻身、独觉身、菩萨身有假名差别，如来身有菩提身、愿身、化身、力持身、相好庄严身、威势身、意生身、福德身、法身、智身等十种之别，智身有善思量相、如实决择相、果行所摄相、世间出世间差别相、三乘差别相、共相、不共相、出离相、非出离相、学相、无学相等不同，法身有平等相、不坏相、随时随俗假名差别相、众生非众生法差别相、佛法圣僧法差别相等差别，虚空身无量相、周遍相、无形相、无异相、无边相、显现色身相等不同。

除了经文中对佛身问题的表述外，华严宗人对佛身说也有自己的论述，其中以澄观最为详细。首先，他对佛身问题的由来做了梳理。他认为关于佛身有一身和多身的争论。有的说一身，比如《华

---

① 方立天：《略论中国佛教的佛身观》，《五台山研究》1998年第2期。
② （唐）实叉难陀译《大方广佛华严经》卷38，《大正藏》第10卷，第200页中。

严经》中所说的"十方诸如来，通共一法身"。有的说二身，如《佛地经论》《大智度论》等主张生身和法身二身，法身是实报之身，是实有功德之法。生身则包括报身和化身，都是感物而生。《般若论》说有二佛，一为真佛，即法身；二为非真佛，即报化身。此外还有说三身，即法身、报身、化身。《楞伽经》说四身，即应化佛、功德佛、智慧佛、如如佛。四身也可概括为三身，第一种是应化身，第二功德佛和智慧佛是报身，最后的如如佛即法身。《金光明经》也说有四身，一为化身非应佛，是化身为龙鬼之形，而非佛之形象，所以说为化身非应身；二为应身非化，是地前菩萨在禅定中所见的佛身，是获得暖、顶、忍、世四善根等有漏智最高处的众生所见之佛，一个大千世界仅有一个化佛存在。此化佛不属于五道众生之一；三为亦应亦化，即诸声闻众所见佛身；四为非应非化，即是佛之真身。澄观认为这四类中，前三都属于化身，后一个则是法报二身。《佛地经论》中也有四类佛身之说，一为受用非变化，即自受用身；二为变化身非受用，即变化身，为教化地前菩萨；三为亦受用亦变化，即他受用身，为教化十地菩萨；四为非受用非变化，即法身。澄观认为，对比《金光明经》和《佛地经论》两种四身说，"是则前《金光明》约三身上论四，合法报而开化身。今约三身谓四，三身俱开，复重开于报故。虽有四义，理不乖三。"[1] 此外还有五身说，即《大通方广经》中说："诸佛如来，真实常存，应身三界，现五种法身。何等为五？一者实相法身，二者功德法身，三者法性法身，四者应化法身，五者虚空法身。"[2] 僧叡《维摩经疏》也有这五身，名称大同小异，即法性生身，功德法身，变化法身，虚空法身，实相法身。"详而辩之，即一法身也。"为什

---

[1] （唐）澄观述《华严经随疏演义钞》卷4，《大正藏》第36卷，第27页下。
[2] 《大通方广经》卷2，《大正藏》第85卷，第1348页下。《众经目录》将此经列入"疑伪"部。《开元释教录》则列入"伪妄"部。

么呢？就法性生身而言，言其生是本之法性。就功德法身而言，是推论其因，是功德所成。就变化法身而言，是就其应化而言，则无感不形。就虚空法身而言，则是称赞其大，弥纶虚空。就实相法身而言，是说其妙，无相无为。"若以三身摄之，初二是报，次一是化，后二是法。"关于佛身，还有九身之说。即以三身又各有三身，构成九身。所谓法身之三身，即以体相用三大为不同之身，一真法界之体为法身，修成之用为报身，同体大悲之用，名为化身。所谓报身之三身，"真智所证故名法身，智德圆满即是报身，为十地所现故曰化身"。所谓应身之三身，变化身之体即是法身，三十二相、八十种好等修因所成即是报身，感而必形即是化身。佛身的十身说有两层含义，一就十地所得十身，如《胜天王经》说，一平等身，二清净身，三无尽身，四善修身，五法性身，六离寻伺身，七不思议身，八寂静身，九虚空身，十妙智身。二是就佛身之上，"自具十身"，即《华严经》中所说十身。澄观认为，"一身多身经论异说者，出执迹之由也。由经论中一多异说故，经随物异，论逐经通，人随教执。若识其源。一多无碍"。

二 李通玄论华严佛身与其他 经论佛身之不同

为了说明《华严经》的殊胜之处，长者李通玄花了大量篇幅来说明《华严经》和其他经典的区别。在这些区别中，论及了华严所说的佛身观和其他经典的区别。

1. 小乘戒经与《华严经》对佛身理解的区别

李通玄认为，在小乘戒律中，包括的基本上属于劝人为善，何事当行与何事不当行的规则，目的是禁止恶行，引导众生来世生于人、天之中。正如《四分律比丘戒本》中一开头的偈颂所言："譬如人毁足，不堪有所涉，毁戒亦如是，不得生天人。欲得生天上，若生人间者，常当护戒足，勿令有毁损。"① 这对于一般大众的修行是有好处的，但是仍然停留在有为作业的世俗层次，自然也就没有对法身真智慧的了解，"未得法身智身，非为实有宗"。而《华严经》中所主张持的戒律是佛性戒，人的一切活动都是清净梵行，此佛性戒与佛法体性本来合一，所以就没有持戒与不持戒的分别和执着。因此说，"当知是性戒即法身也，法身者则如来智慧也，如来智慧者即正觉也。是故不同小乘有取舍故"。

2. 《梵网经》与《华严经》对佛身理解的差异

《梵网经》中以毗卢遮那佛为佛本身，千百亿的佛为化身，接引众生觉悟成佛，所以说，"如是千百亿，各接微尘众，俱来至我所"，因此李通玄认为其对佛身的认识和小乘完全不同，是实有之教。但是仍不同于华严，《梵网经》所说仍是从化身进入本身的一个过程，有一个接引的环节。而《华严经》则是当下顿显本身。

3. 《般若经》与《华严经》对佛身理解的差异

般若类经典讲说空义，说一切皆空，用来破斥各种执着，因此教门中"多有成坏"。而《华严经》则是有真实果报，相好庄严。

4. 《华严经》与《楞伽经》对于佛身认识的不同

李氏认为，两种经典在对于佛身及境界的看法上是不同的。《楞伽经》是佛的化身所说，其所居在秽土之中。《华严经》中佛身是本真法宝，境界乃是华藏净土世界。

5. 《维摩经》与《华严经》对佛身的不同看法

李通玄认为两经比较有十种区别，一种相同。十种区别分别是：一净土庄严别，二佛身诸相报化别，三不思议神通别，四所设法门对根别，五诸有闻法来众别，六说教安立法门别，七净名菩萨

---

① （唐）怀素集《四分律比丘戒本》卷1，《大正藏》第22卷，第1015页上。

建行别，八所阐法门处所别，九常随佛众别，十所付法藏流通别。一种相同是：入道方便同。这其中第二种就是关于佛身的区别。李通玄认为，说这两部经的佛不同，《维摩经》是具有三十二种大人之相的化佛所说，而《华严经》则是具有九十七种大人之相以及十华藏世界海微尘数大人之相的实报佛所说。此外，和佛身相关的净土世界看，《维摩经》所说的净土世界只是三千大千世界为无数珍宝所装饰的一个未曾有之世界，而《华严经》中的净土则是十佛毗卢遮那境界，即十莲华藏世界海，一一世界海又有无尽世界海的圆满十方佛境界众生境界的净土世界，不单单说三千大千世界的清净与庄严。从佛菩萨具有的神通看，《维摩经》所说的菩萨神通，都是"往来分齐限量"，是佛为了使得小根器的众生能够增加信心，有所长进而所作的神力变化，不是众生本身所具佛法之力量所产生。而《华严经》"以自本觉自觉本心，身心性相与佛无异，无有内外往来诸见，是故毗卢遮那佛不移本处，而身遍坐一切道场；十方来众，不移本处而随化往都无来去亦无，神力所致"。

6.《法华经》与《华严经》对佛身看法的不同

李通玄认为《法华经》是"会权入实"，引三乘之人，归向一乘实教。《华严经》则是"顿大根而直受"，所以，"虽一乘名合法事略同，论其规范有多差别"。这些"多差别"中就有教主之别。李长者认为，《法华经》乃是化身佛说，是三世诸佛共同宣说，是过去灭度的多宝佛来证成此经。《华严经》的教主则为毗卢遮那佛，即"法报理智真身"。这个真身，具有无量相海功德的庄严，三世诸佛同为一时，旧佛非过去，今佛非新出，不是化佛所说。

7.《涅槃经》与《华严经》佛身观的区别

李通玄认为《涅槃经》以明佛性为宗旨，与华严有十种别。这十种别是：一说法处别，二境界庄严别，三大会来众别，四所建法轮主伴别，五所来之众闻法别，六报土净秽别，七佛身权实别，八出生灭度现相别,九示教行相别,十从初为友轨范别。其中第七明确提出了佛身权实之别,即《涅槃经》中的三十二相如来是权,《华严经》中的毗卢遮那佛则是实。

李长者结合《涅槃经》和《法华经》,总结了这些经典在佛身问题上和《华严经》的层次与境界不同。他说:"《涅槃经》虽说佛性法身理与华严共同,所说报土佛身及相智用全别。……只如《法华》《涅槃》两部之教,虽化佛所为,皆欲令彼二乘及人天种类,成就一乘之法。是故《法华经》中,破三乘远系故,令龙女以其本法刹那之际便得菩提。《涅槃经》破阐提之无佛性故,令屠儿广额贤劫之中而成正觉。又雪山肥腻草牛若食者纯得醍醐,不作乳苏方成妙药,一下直顿体不变移,如彼龙女所得之果,此《法华》《涅槃》二部之教,势分大义,皆令三乘舍权入实,成就法界一实真门。自余诸教皆方便说,设有但论理事,少分而谈,于中事仪不能全具。唯是华严法界毗卢遮那根本佛门,理事性相轮圆具足,诸余渐学究竟总归。"①

以上是从《华严经》和其他经典比较中所涉及的佛身具体差别,从华严自身的角度,李通玄认为其对于佛身的理解有如下的特色。

第一,本经中毗卢遮那佛和一般经典中所说的释迦牟尼佛的佛身是不同的。从形象上看,一般经典中的释迦牟尼佛身是剃除须发,以出家人的形象示众的,其具有三十二相八十种好。毗卢遮那如来则示现九十七大人相,头顶华冠,手臂上戴有环钏,颈上戴有璎珞。从名称看,毗卢遮那佛是以佛身为名,体现光明遍照之意。而释迦牟尼则是以姓氏为名号。

第二,从佛身放光的角度看,本经也极具特色。李通玄认为,

---

① (唐)李通玄撰《新华严经论》卷2,《大正藏》第36卷,第730页上。

从佛放光的角度看，《华严经》佛身放光是"一一皆表因果次第"，象征十信、十住、十行、十回向、十地等阶位，行相无有杂乱。而其他经中放光则有很多局限性，或者仅仅放一光，无十光；或者全身放光但杂乱；或者仅有果光而无因光；或者仅有因而无果。

第三，从成佛时间看，与其他经典也有不同。李通玄认为，在权教中，佛离开王室出家，在菩提树下成等正觉，正如佛教中所谓的八相成道，有一个具体的时空存在。在华严中，毗卢遮那佛则"无始无终、不出不没、无成无坏、无有时分"。

第四，从成佛的环境看，也有不同。一般经典中，三乘所见的菩提树是人间所常见，一乘中如来成道所居之树，即非世俗之人所能想象，比如宝树高过六天、金刚藏身中所现之树高百万三千大千世界，树围十万三千大千世界。佛所用坐具也有不同，三乘中佛化身成道时，所坐为草垫，一乘佛本身成道时所坐为众宝装饰的莲花狮子座。

第五，从佛成道所围绕的大众看，三乘所见的佛旁之听众皆是声闻、缘觉及求生净土的菩萨众。而一乘的毗卢遮那佛所围绕的菩萨乃是文殊普贤等大根器众生。

第六，从佛成道所示现的形象看，权教是以兜率天宫下降入胎等八相成道呈现的佛身形象。而在一乘教法中，则以初发心即住法身本智，并没有时间空间上移动变化的佛身之相。即使有摩醯首罗天坐花王之宝座，或以三千大千之国土以为报境等有关佛身"分量限齐"者。都是接引众生之方法和手段，为了促使众生心量渐渐广大，并非究竟的实相。比如华严中所说的十佛刹微尘数莲华藏刹海参映重重，为的是说明无尽佛国互相彻入，一一佛刹皆满十方，十佛刹微尘数国土。皆无限碍身土相称，都无此彼往来之相。这种说法不同三乘所立佛身佛土之相，此乃毗卢遮那之相海。

总而言之，《华严经》中无论是佛身形象本身，还是围绕佛身所产生的各种相状，同其他经典都有区别，体现了《华严经》佛身的殊胜特色。

三 华严三圣中所显的佛身观

华严三圣，即一佛、二文殊、三普贤，是华严思想和信仰的一个重要形象化的体现。对此三圣格局和意义首先进行意义阐述的当属李通玄长者。他认为：

> 说此一部经之问答体用所乘之宗大意，总相具德有三：一佛，二文殊，三普贤。佛表果德无言，当不可说不可修不可得不可证，但因成果自得，文殊因位可说，以此说法身果德，劝修普贤自行可行，行其行海充满法界故，用此三德将为利乐众生。文殊成赞法身本智，普贤成其差别智之行德，一切诸佛皆依此二尊者以为师范，而能成就大菩提之极果。

就是说，从《华严经》的宗旨看，可用华严三圣来概括，其中佛所代表的是佛所成就的无上之果，其境界超越世间一切分别，不可说、不可修、不可得、不可证。但从按照从因至果的次序看，文殊和普贤所代表的因是可说的。文殊表示法身本智，普贤表示其行德。对于菩萨修行来讲，处于因位的文殊普贤二尊者，就是他们修行的榜样和示范。

李通玄认为三圣之间有主伴、因果、体用、理智四重关系。

第一，主伴关系。在李通玄看来，三圣中的文殊与普贤由于情况的不同而互为主伴，"文殊为小男者，为信证法身根本智慧，为初生故，因初证本智法身能生佛家故。普贤为长子者，当依根本智起行，行差别智，治佛家法诸波罗蜜事自在故。常以行门建佛家法，治佛家事，但诸经之内，以文殊为问答主者，多明法身佛性之门；普贤为问答主者，多论其行，以此表之"。所谓"小男"，又称"少子"，是八卦中艮卦次序的表示，艮的卦象为山，象征文殊之智慧壁立如山，且清净无染；所谓"长子"，是八卦中震卦次序的表示，震的卦象为雷，象征普贤之行使人惊醒，信行佛法，入证佛位。李通玄依照八卦之卦序，称文殊为"小男"，称普贤为"长子"，显然是视普贤行重于文殊之智。同时，李通玄以为文殊和普贤又是互为主伴的。以文殊为主，强调的是众生之佛性，是从智的立场出发关注世间；以普贤为主，则突出了践行的特色，是从悲的立场出发誓度众生。

第二，因果关系。李通玄认为在佛、文殊、普贤之间存在着两重因果关系。第一重因果关系是佛与文殊的关系。李通玄在对《华严经》中的《菩萨问明品》进行解释时，涉及了不动智佛与文殊菩萨的关系，他指出："三配当位因果者，妙慧为因，不动智为果，亦互为因果。若以妙慧善拣择法显智故，即以妙慧为因，不动智为果。若以慧由智起，即不动智为因，妙慧文殊以为果故。或智之与慧总因总果，明体用一真无二法故。亦智之与慧总非因非果，为体无本末依住所得故，是性法界自在知见，非如世间因果比对可得故。""妙慧"是文殊的代用语，"不动智"是佛的另一称号。李通玄认为，文殊与佛之间的因果关系，因角度不同，又可分为四个层次：一是，文殊的妙慧能发觉众生本具之佛性，启发众生自觉本有的佛智，引导众生证入佛果。就此而言，文殊是因，普贤为果，这是从众生信仰、修证佛法角度，是由凡向圣的一种因果关系。二是，如果以真智慧、不动智作为前提，则文殊之妙慧是由不动智产生，不动智为慧之体，这样，不动智佛又成了因，妙慧的文殊菩萨则为果。三是，不动智佛与文殊菩萨"总因总果"，这是因为佛与文殊体用一际，两者既是因又是果。四是，不动智佛与文殊是"总非因非果",因为不动智是本体,就本体界而言,它不能以人的世俗知见去分别,不能以世间的因与果来比喻。李通玄认为三圣之间存在的第二重因果关系,是文殊与普贤之间的因果关系。他说:"今此二人(文殊、普贤)体用因果互相问答……或文殊为因,普贤为果,或二人互为因果,此一部经常以此二人表体用因果。今古诸佛同然,皆依此迹,以明因果进修之益故。"这就是说,文殊、普贤之间的因果关系,是就众生的修行而讲的。普贤与文殊入于众生界中对众生的教化是证果的重要一环。此中文殊与普贤的因果关系,是文殊为因,普贤为果。文殊表现的是智慧,这种智不仅是一种静态的智体(得自法身本智之佛),而且也是一种动态的知,一种认知活动。普贤表现的是行,是佛教的实践活动,因此文殊与普贤的关系也是一种知和行的关系,李通玄把文殊与普贤之间的因果关系界定为文殊为因,普贤为果,这实质上是把知看成是行的起因。

第三,体用关系。三圣之间的体用关系如上面因果关系一样,也有两重。佛所代表的根本智体与由文殊智、普贤行代表的用是第一重体用关系,这一层体用关系同因果关系中第一层含义是相同的,其实质表达的是体性与作用之间的关系。第二重关系,即就文殊之智与普贤之行之间的体用关系看,李通玄认为是互为体用的,他说:"此法界中体用二门,若无普贤,即差别智不行,即趣寂无悲行;若无文殊,即普贤行是有为,是无常,以此二人之法门成一法界之体用。"文殊与普贤分别代表智与行,而行又是同悲联系在一起的。在大乘佛教中,悲与智是修行实践的两个基本方面。它与小乘佛教的一个区别之处就是小乘佛教追求的是独善其身、自觉自悟的阿罗汉果,而大乘佛教则要自觉觉他,把自己的觉悟置于救苦救难的悲愿活动中,般若之智与慈悲之行是大乘共重的两个方面。李通玄则颇为独特地以体用关系概括智与行的关系,在他看来,如果没有文殊所代表的智体，普贤所进行的修行就失去了方向，就会变成一种世俗的，不具深意的，同所谓无明、无常等相联系的盲目之行，如同大海航行中失去了航灯的指引一样；但是如果没有普贤之行作为用，使文殊之智体现出来，那么佛教的修行也同样会走向追求阿罗汉果的偏狭之路上去。"二人同体后成法界自在之门，表根本智自性无言，作用言说普贤所收。"文殊之体表根本智自性不可言说，其作用显现则由普贤之行完成。

第四，理智关系。李通玄认为三圣之间也存在理智关系，他说："总以法界为果体，文殊为法界理，普贤为法界智，理智妙用为一佛门，以此一门为化群蒙，分为二法。"所谓"法界"，是《华严经》重视的概念，但此经对法界并没有一个明确的界定，往往只是作为无有差别、无限广大的世间与出世间的概括，或作为无穷佛法的总和，并视作成佛的原因。李通玄也注意到了法界在《华严经》中的特殊地位，他从另一个角度对法界进行了界说，认为："本来自在名为法界，从初彻后，总此法界为体，更无别法。"这就是说，法界是本来自在的理体，也就是出世间与世间的体性。上面引文中的"法界"就是这种含义。李通玄认为在理智关系中，法界是果体，文殊为法界之理，普贤是法界之智，理智结合，教化众生，共成佛的法门。李通玄把普贤视为法界智，以大悲之行作为智的内容，则具有了实践的特色，这可说是对华严宗祖法藏轻视实践倾向的回应，这也是李通玄三圣理智关系的特殊意义所在。

上面有关三圣四种关系中，李通玄认为当以文殊、普贤之间的关系为主，文殊、普贤所代表的是深入法界之中的智与行，是实践参学、追求善知识的活动的体现。从因果看，文殊、普贤互为因果；从体用看，二者又互为体用；从主伴看，二者互为主伴；从理智看，二者妙用结合构成佛的法门。从佛与文殊、普贤二圣之间的关系看，佛是二圣之体，二圣是佛之用。

用是体的表现，用最终要回归体，就是说，众生信仰佛教，是为了觉悟成佛，文殊的显智，普贤的导悲，都是为了使众生认识、证知本身所具之空性、佛性，最终觉悟成佛。李通玄认为，三圣四重关系是表明三圣的圆融关系。佛、文殊、普贤三者都有特定的内涵，从他们之间的相互关系看，则或为主，或为伴；或为因，或为果；或为体，或为用；或为理，或为智，互不分离，圆融无碍。李通玄说："此三法是一体性"，又说："此之三人始终不相离。""三人""三法"均指佛、文殊、普贤，三者是互为一体，互不相离，这种一体性就是三圣圆融的理论根据。在李通玄看来，这种"一体性"，不仅三圣共有，也为一切众生所共有。"佛果之门，文殊妙理、普贤妙行等，一切众生成共有之，非古非今，性自一体。"由此看来，这种"一体性"也就是包含佛、菩萨和众生的共同体性。

（邱高兴，中国计量大学人文社科学院教授）

韩国华严佛身论

华严佛身论之展开

——以义相的旧来佛和自体佛为中心

[韩] 张珍宁

一 序言

在考虑佛教讲的是什么的时候，首先需要解明佛的意义。佛教是"佛觉"之"教"。佛是真理的自觉者，是万人的志向处；是众生的救济者，是万人的皈依处。特别释迦佛是其弟子们的信仰对象，也是修行之楷模。[①] 但是，因为伟大的释迦佛入涅槃，其弟子们一时失去了信行之心。

释迦佛在入涅槃前说道："自灯明自归依，不以他人为归依处。法灯明法归依，不以其他为归依处。"[②] 一时失去依支处的弟子，需

---

① 佛陀从何时起成为信仰对象不得而知，作为佛陀弟子的尊敬之心是事实。出家人以"法"为中心，在家人则以"佛"为中心。大乘佛教的出现背景是以"佛"为中心信仰的在家众们。在家者以供奉佛舍利的佛塔为中心展开新的佛教追求。这可说是大乘佛教出现而带来的影响。[日] 平川彰：《印度佛教历史》(上)，[韩] 李浩根译，首尔：民族史，2004 年，第290—291 页。

② 觉默法师译《大般涅槃经（MahāparinibbanaSūtra, D16）》，初期佛典研究院，2011 年，第 66 页。

要了解清楚佛身的永续性。

以后对佛身的解释是重建信仰和修行实践根据。① 有关佛之解释不正是"法身"（dharmakāya）之发现吗？"法身"是真理"法"身。② 法身真理遍满十方，是贯通万有之根源佛身。这么一来，追求信行之心并不局限在色身如来之中，而是通过法身如来随时随地显现佛。

法身佛不受时间空间的制约，是不生不灭、遍照十方之真理存在。法身信仰是指真理即佛，把真理本身作为信仰的对象。与此相同，"佛""法"通过大乘经典而给出，法身说成为佛身论的中心。特别是《华严经》中以法身佛（毗卢遮那佛，Vairocana）为主佛而出现，华严教学在一乘圆教的立场上展开法身说，把佛的本质无限展开为宇宙法界和人间本性。

华严教学经由至相寺智俨（602—668）而体系化，其思想经由义相（625—702）③ 和法藏（643—712）分别在韩国、中国得到继承和发展。义相强调依托法身说的性起说，一切现象都是如来出现、本性显现。即强调释迦佛之正觉与证得之果位就是法身显现，

---

① 根据部派对佛身的理解而有差异，特别是"佛身是常住还是无常"之问题。上座部以及说一切有部认为佛身无常，是有为法。反之，大众部认为如来色身是无为法，认定其永远性。这一论述虽然延伸了佛的智慧和教法，但对无所不在的释迦佛之议论有限定。［日］平川彰：《印度佛教历史》（上），［韩］李浩根译，首尔：民族史，2004年，第177页。

② 法（dharma）的意思是维持，（√dhr）的意思是"维持统一特性"之法则（行为规范）等意义。佛教中法有很多意思。大体来说有：（1）法则，正义，规范；（2）佛陀教法；（3）德，属性（guṇa）；（4）因（hetu）；（5）事物等。参考《岩波佛教辞典》，第718页。法基本是作为佛陀的真理（法则）而使用，这里的真理就是佛陀所说教法，这种真理和教法的核心是缘起、因果等法则。但部派佛教的法主要是万有现象的要素实在，是有为无为一法。反之，大乘佛教中的法是存在的现象"法相"，可以扩展到理解为其存在的本质"法性"。从"法性"来看真理与内心才不是两个，即可以理解成"法""佛"不二的法身佛意。

③ 有关义相的法讳，金知见通过研究指出，义相在赞宁的《宋高僧传》（982），高丽一然《三国遗事》（1281）中都是"义湘"，但在8世纪末新罗表员的《华严经文义要决问答》，永明延寿（904—975）的《宗镜录》（961），均如（923—973）的著作或者《法界图记丛髓录》等义相系文献中都写作"义相"。金知见：《义相法讳考——与海东华严之发展相关》，《华严思想与禅》，首尔：民族社，2002年，第94—140页。

就是如来性起。

韩国华严思想的实践性倾向在义相的《华严一乘法界图》（以下简称《法界图》）中有充分的说明。义相以"法性""海印"为中心说明法身世界（法界），并给出实践的主体"旧来佛"。此外，在被证实是义相讲述、智通记述成册的《华严经问答》[①]以及义相系弟子对法界图的各种注释而编撰的《法界图记丛髓录》（称《丛髓录》）中也展开说明自体佛说。

法身没有局限在对他的信仰次元，而是扩展到对自的修行次元，通过活用信仰和修行、修证与教化等自利利他，能化所化（以法身为中心），将其合一的实践性进展所知。

本考以法身佛的实践性意义及其发展为基础，对华严佛身论的展开情况，以义相华严为中心来考察。

二 释迦佛与法身佛

佛可以分为释迦佛和法身佛。历史上最伟大的圣者是释迦佛，释迦可以成佛的根本就是法身佛。人间之悉达多了悟缘起法而成就如来，释迦佛就是色身如来，释迦所明了的真理就是法身如来。释迦佛与法身佛是正觉（成道）之契机。在正觉的瞬间，佛陀和真理合二为一，"佛"即"法"，"法"即"佛"。

[①] 法藏最初期的著述是《华严经问答》，这是随着新罗学僧见登的《华严一乘成佛妙义》被传播到日本而得以了解。但很早就被提出伪作说。根据吉津宜英对新罗撰述说的著作，石井公成认为这是义相与其弟子的问答记录。然后金相铉也对《华严经问答》是智通记（或者锥洞记）的异本做了说明。这些在韩国金刚大学校佛教文化研究所召开的"围绕华严经问答的诸问题"之学术大会上已经探讨过，会议论文已经出版。请参考如下论文：石井公成：《华严思想研究》，东京：春秋社，1996年；金相铉：《锥洞记及其异本〈华严经问答〉》，《韩国学报》第84辑，1996年；张珍宁：《华严经问答研究》，博士学位论文，东国大学校，2010年；参照金刚大学校佛教文化研究所编《与〈华严经问答〉之相关诸问题》，首尔：种子出版社，2012年。

释迦佛正觉后与法身佛成为一体，这正是《华严经》所展现的。①《华严经》中，释迦牟尼（佛）获得正觉后，在菩提树下入三昧而光明说法（法）。义相在《法界图》中把这个场面形象化，而且蕴含了华严真髓的《法界图》也得到老师智俨的认可。《法界图》是由《法性偈》和《道印》构成的"合诗一印"之《盘诗》，以及义相对此的注释而构成。

义相通过七言三十句二百一十字的《法性偈》简单明了地给出华严一乘之真理。《法性偈》和《道印》合成的《盘诗》连接成"一道"，根据这"一道"《法性偈》的诗句构成54角，起点是"法"，终点是"佛"，最后在中间相遇。这巧妙地说明了"法""佛"不二。一般来说，佛是主观（能觉），法是客观（所觉）。从正觉的角度来看，因为不能区分能所，所以"佛""法"都是一样的。

《盘诗》象征着正觉瞬间之"海印三昧"，从此海印三昧出现释迦佛的千万方便和无量法门。智俨认为："若依一乘，所有诸佛，在释迦佛所化教网，名义显现者，并是释迦佛海印定力。"②义相也认为海印三昧是正报之众生世间与智正觉世间（佛菩萨），依报之器世间（环境）全部包摄的，所以出现在释迦如来的所有教法中。

  问：何以故依印？

  答：欲表释迦如来教网所摄三种世间，从海印三昧，繁出现显故。所谓三种世间，一器世间，二众生世间，三智正觉世间。智正觉者，佛菩萨也，三种世间摄尽法故。③

---

① 全海住：《义湘华严思想史研究》，首尔：民族社，1994年第2版，第58页。
② （唐）智俨集《华严五十要问答》卷1，《大正藏》第45卷，第520页中。
③ （新罗）义相撰《华严一乘法界图》卷1，《大正藏》第45卷，第711页上一中。

法佛一致的瞬间，是没有自他局限、时间先后、阶位高低、因果顺序等一切分别的"无分别"瞬间。"无住""无尽"，本来"不动"，不落二边之"中道"。

此处言语道断不可说，反过来则有无数的异名。法身除了称法、佛以外，还有法性、如来、诸法实相、真如、智慧、缘起、空、中道、自性、本性、性起等多名。法身佛之出现是从释迦佛开始，但因不可说、无分别而超越时空间，真理（法性）自体成为所有根机的信仰对象和修行楷模。特别是在华严教学中作为一乘圆教而体系化，成为一切实践行的根据。

三 解境十佛与行境十佛

《华严经》中对佛身作了各种说明，基本上都是以"十佛"或者"十身"的形式给予提示。① "十"作为满数代表"无尽"之意，"十佛"就是无尽佛，是法身佛的另一个名称。十佛（十身）作为《华严经》佛身特征的情况，在南北朝末期以及隋代已经很普遍流行。② 但是，认为"十佛"是一乘佛身的情况还是根据智俨而起。

他在《五十要问答》中写道："若约一乘，即下十佛，并皆通有也。"③ 把"十佛"放在一乘的角度来强调说明，认为其是贯通万有之普遍佛身。《孔目章》中有关小乘与三乘佛身的对比有具体的说明：

（a）若依小乘，实佛报身，生在王宫，临菩提树成佛，摄

---

① 参见木村清孝《中国华严思想史》，京都：平乐寺书店1992年版，第102—103页。
② 同上书，第104页。
③ （唐）智俨述《大方广佛华严经搜玄分齐通智方轨》卷1，《大正藏》第35卷，第16页中。

生化用及德，皆在其中。

(b) 若依三乘，法身无方充遍法性，报身成就在色究竟处，化身示现在菩提树。化用及德，皆悉不离此之三位。

(c) 若一乘义。所有功德。皆不离二种十佛。一行境十佛。谓无着佛等。如离世间品说。二解境十佛。谓第八地三世间中佛身众生身等。①

在(a)小乘佛身是菩提树下成佛的果报身之释迦佛，(b) 三乘佛身是法身、报身、化身三位（三身佛），(c)一乘佛身是"二种十佛"即不离"解境十佛"和"行境十佛"。

智俨在其晚年著作《孔目章》中给出了所谓"二种十佛说"之主张。他的"解境十佛"是指《华严经·十地品》的"众生身、国土身、业报身、声闻身、辟支佛身、菩萨身、如来身、智身、法身、虚空身"等。这十身是菩萨在第八不动地的三种世间中，特别是智正觉世间得"自在行"的场面说明：

是菩萨知众生身、知国土身、知业报身、知声闻身、知辟支佛身、知菩萨身、知如来身、知智身、知法身、知虚空身……是菩萨善知起如是诸身，则得命自在、心自在、财自在、业自在、生自在、愿自在、信解自在、如意自在、智自在、法自在。是菩萨得十自在。②

菩萨远离一切身相差别，获得身之平等，所以了知众生身等十身。如能明了如是十身，就可以得命自在、心自在、财自在、业自

---

① （唐）智俨集《华严经内章门等杂孔目章》卷2，《大正藏》第45卷，第559页下—560页上。

② （东晋）佛陀跋陀罗译《大方广佛华严经》卷26，《大正藏》第9卷，第565页中—下。

在、生自在、愿自在、信解自在、如意自在、智自在、法自在等各种自在力。

另外，有关"行境十佛"在《世间品》给出了"无着佛、愿佛、业报佛、持佛、涅槃佛、法界佛、心佛、三昧佛、性佛、如意佛"的说明：

> 佛子！菩萨摩诃萨有十种见佛。何等为十？所谓：无著佛，安住世间成正觉故；愿佛，出生故；业报佛，信故；持佛，随顺故；涅槃佛，永度故；法界佛，无处不至故；心佛，安住故；三昧佛，无量无著故；性佛，决定故；如意佛，普覆故。佛子！是为菩萨摩诃萨十种见佛；若菩萨摩诃萨安住此法，则能亲见无上如来。①

此处说明菩萨的十种见佛，菩萨见佛则安住在法，即可见无上如来。

前面的解境十佛是指展开本心的法身佛，其法界就是佛之实相，是一切世界即本性显现。此处十佛（十身）包摄一切三种世间，作为佛身之三种世间接受法身佛，这是对他的侧面。

行境十佛通过实践证得法身佛，这是对自的侧面。智俨从"解境""行境"两面给出一乘佛身，说明法身佛是自他不二、能所不二的佛身。

由此可知，智俨到了晚年才把以法身中心的佛身论具体化。智俨认为华严法身不是法身、报身、化身中的法身（三乘法身），而是作为三身一体真理的法身（一乘法身），通过解境十佛、行境十佛之两面成就自他不二、能所不二的佛身。

---

① （东晋）佛陀跋陀罗译《大方广佛华严经》卷42，《大正藏》第9卷，第663页中。

智俨的佛身论经由义相和法藏分别在韩国、中国得以继承、发展，义相的《法界图》就是这种继承的表现。《法界图》在表面上强调并直接引用"行境十佛"，但实际上义相是通过《盘诗》把海印三昧形象化。此《盘诗》圆融地展现三种世间，即是对"解境十佛"的重视①，这可通过《丛髓录·大记》而确认。《法界图·盘诗》中白纸是器世间，黑字是众生世间，朱画一道则表示智正觉世间。

> 此印大意。（a）以其白纸表器世间。谓如白纸本不染色，点墨即黑，点朱即赤。器界亦尔，不局净秽，众生处则染秽，贤圣处则清净故。（b）以其黑字表众生世间。谓如黑字一等皆黑个个不同。众生亦尔，烦恼无明皆自暗覆种种差别故。（c）以其朱画表智正觉世间。谓如朱画一道不断始终连环贯诸字中光色分明。佛智亦尔，平等广大遍众生心，十世相应圆明照瞩故。是故此印具三世间。②

从这一点上，可知义相充分地继承了智俨的二种十佛说，还了知解境十佛并通过"合诗一印"之《盘诗》将其具象化。同时，直接给出"行境十佛"的具体举论，是为了强调自利利他地实践行。这样一来，法身佛就没有局限在对他的信仰对象下，而是作为对自的修行标本被认识，并给出"旧来佛说"。

四　法性与旧来佛

义相在《法性偈》的科分中给出自利行和利他行的说明，并指

---

① 木村清孝认为智俨的二种十佛说没能被后人全部继承，义相、法藏也只是各自接受了一部分而已。参见木村清孝著《中国华严思想史》，京都：平乐寺书店1992年版，第109—110页。
② 《法界图记丛髓录》卷1，《大正藏》第45卷，第730页中。

出自他不二的成佛道。当然在这个中心有（真理本身）"法身"，义相认为这是以（果位的性起）"法性"为中心。此处的"法性"是一切存在的根源，是"法身"的异名。"法性"是一切存在现象显发如来本性的法界，不是因位而是果位之"性起"，《华严经问答》中可以确认。

> 问：性起及缘起，此二言有何别耶？
> 答：性起者，即自是，言不从缘。言缘起者，此中入之近方便，谓法从缘而起，无自性故，即其法不起中令入解之。其性起者。即其法性。即无起以为性，故即其以不起为起。①

缘起随对象境界（缘）而"起"因无自性所以"不起"，性起是"不起"中自"起"。即缘起"起而不起"，性起"不起而起"。义相认为："言起者，即其法性，离分别菩提心中现前在故，云为起。是即以不起为起。"② 通过法性把性起形象地在眼前展开。

这是继承了智俨在《孔目章・性起品・明性起章》中的思想。

> 性起者，明一乘法界缘起之际，本来究竟，离于修造。何以故，以离相故。起在大解大行离分别菩提心中，名为起也。由是缘起性故，说为起。起即不起，不起者是性起。③

---

① （唐）法藏撰《华严经问答》卷2，《大正藏》第45卷，第610页中。《华严经问答》的文章中有很多以韩文语顺写成的文句，很多不符合汉字文法，所以需要特别注意。比如"此中入之近方便"解误为"入此中之近方便"，"无起以为性"解误为"以无起为性"更合适。
② 同上书。
③ （唐）智俨集《华严经内章门等杂孔目章》卷4，《大正藏》第45卷，第580页下。

此处，智俨认为性起是一乘法界缘起之际，本来究竟，把"法界缘起"的究竟视为性起。与此不同，义相标明"法性"，通过说明"性起证分"而与"缘起教分"并列，浮显"法性性起"。并通过性起之法性，一切妄情（虚妄分别）没有作用，从不起之本性出现一切分别之起。即通过性起给出法性之不动性和力动性含意。智俨根据前面的二种十佛说认为法身（法性）是自他不二、能所不二之佛身。义相则通过法性性起说展现自他不二、能所不二的成佛之道。

缘起、性起都有"起"这个共同点，只是在起的方向上有不同。缘起是有（分别）向无（真空）的方向，性起是无（真空）向有（妙有）的方向。缘起是去除一切分别（染污），性起是从无分别显现一切分别（清净）。所以性起说必然导致如来出现，具有本性显现的实践意义。这也就是认为强调性起的义相的思想具有"实践性"的理由所在。

义相通过《法性偈》对其进行说明。《法性偈》第一句"法性圆融无二相"与最后一句"旧来不动名为佛"，"法""佛"一同，首尾相应，于是"修行者"的修行段阶不是"因位"和"果位"两者，而是因果不二，实行过程中则"法性"之自觉（自利行）和"不动"之实践（利他行）不是两个，给出自他不二的表现。

"法""佛"一致时，法即法性，佛即旧来佛。于是可知旧来佛即性起。同时"旧来不动者，旧来佛义故，所谓十佛"[1]。"旧来佛"是"十佛"，就是"法身佛"。义相给出旧来佛作为法身佛的异名，通过旧来佛来说明法身佛是实行的主体。

此处"旧来"是"从过去而来"之意，即"本来"的意思。

---

[1]（新罗）义相撰《华严一乘法界图》卷1，《大正藏》第45卷，第714页上。

代表着"过去的过去，久远的过去之过去，不知时间的遥远过去"。在这里时间之先后分别毫无意味。一般来说，我们在考虑"时间"时，其先后是过去—现在—未来。这只是一种分别，实际来说三昧无始终分别，过去—现在—未来之"三世一际"，"九世一念"。过去的过去，过去的现在，过去的未来，现在的过去，现在的现在，现在的未来，未来的过去，未来的现在，未来的未来之九世与一念合成十世，此十世相即是《法性偈》中所说的"九世十世互相即"。

在三昧中无空间大小分别。一微尘里放得下须弥山全体，狮子毛中有狮子身，非是我等可以分别思量。即便是个微小的存在，因其重重无尽蕴含法界缘起所以包含宇宙万有，就是《法性偈》中的"一微尘中含十方"。

所以"旧来佛"与遍满时空、总摄万有的法身佛无异。所以一切众生本性已经具有法身佛，二者非二，我等面目即旧来佛，所以因位果位非二，"初发心行者"就已是正觉之"旧来中道佛"。

五　自体佛：现在之吾身与未来佛之教化

义相的华严思想可以分成编撰《法界图》之前期，返回新罗传教的后期。[①] 虽然没有阐述以性起说为中心的实践特征，但在实践主体的前期，通过《法界图》给出"旧来佛"这个特点，并在后期重视"自体佛"。

自体佛说是义相系独特的主张，"自体佛"在《华严经问答》《丛髓录》以及见等的《华严一乘成佛妙义》等义相系文献中有所

---

① 这种试论并不多，最近有金天鹤做了研究探讨。参见金天鹤《义相后期思想之实践论——以我身为中心》，《韩国禅学》第35号，韩国禅学会，2013年。

介绍。"自体"一词是地论教学所重视的,作为"如来藏"的意思在使用。而智俨把其扩大到"性起"的意义。① 义相给出"自体佛"的说明,并通用之。此处的"自体"所具有的因位意思是通过自体佛而获得果位佛身。② 自体佛说的基本意思可以通过《华严经问答》得以了解,现在吾身是根据未来世佛的教化而成就佛果的。

问:现在吾身成未来世佛者,彼佛化,今吾身令修行耶不耶?
答:化令修行也。
问:彼佛今日吾以修行得,云何能化今吾令修行乎?
答:彼佛不化者,今吾身不得作佛故。彼佛化,方吾能修行成彼佛。③

这里对比"现在吾身"和"未来世佛",一般来说,现在吾身只是"因位"的未完存在,未来世的佛是"果位"佛身,二者差异很大。但是从法身立场而展开的华严一乘没有过去、现在、未来之时间先后的约束,因无分别,未来佛即现在吾身,不可分离。

此现在吾身就是过去佛(旧来佛),也是未来佛,集过去、现在、未来"三世一际"为一身。此三世一体佛即自体佛,所以未来佛的教化就是现在吾身之修行,通过自体佛把能化所化合一,在一

---

① 智俨在《搜玄记》中认为《华严经》的分科"自体因果"中,"自体"具有性起、修显之意。参见智俨《搜玄记》卷1,《大正藏》第35册,第28页上。
② 义相在自体佛以外,也提到过如来藏佛这个三阶教用语,此时的"如来藏佛"也是果位佛身。只是对义相当时主张的自体缘起之[五门论者]有批判,此时的自体缘起被看作同教一乘,与别教一乘有区别。参见张珍宁《缘起性起之关系——以〈华严经问答〉为中心》,《禅文化研究》第9辑,韩国佛教禅理研究院,2011年,第221—226页。
③ (唐)法藏撰《华严经问答》卷1,《大正藏》第45卷,第604页中—下。

身实现成佛的自利行和教化的立他行。

"拜自体佛"就是拜三世佛，现在吾身的修行就是对一切诸佛的敬拜。①

> 问：此他已成佛拜，何为自未成佛乎？
>
> 答：拜他佛之义非无，而远缘非近缘。所以者何，泛诸佛为众生说佛德，意为欲令众生自亦得彼果，故令修行。是故众生证自当来所得之果德，为欲得彼故不惜身命修行，非为得他佛果故修行。是故正今吾令发心修行佛，但吾当果……又此吾性佛者，即于一切法界有情非情中全全即在，无非一物吾体佛故。若能拜自体佛者，无物不所拜，此亦甚大要也，常可思惟之。若行者如是思得者，一切时一切处中，无一处一时起三毒烦恼之义。此即入一乘之观方便，三世佛无非此行修成佛者也。②

此内容与《丛髓录·锥穴问答》中几乎一样。③ 现在吾身就是我们的五尺身，这个五尺身就是自体佛，礼拜这个自体佛就是礼敬三世诸佛、供奉法身佛之佛供。所以现在吾身不单是渺小的众生五尺身，本是法身法性。在《丛髓录·真记》中有对此五尺身即"法性"的说明：

---

① 义相的地论教学影响在其入唐前后有着很大影响，比如说"拜自体佛说"。石井公成对此做了详细的论证。参照石井公成《〈华严经问答〉之拜自体佛说——地论宗与三阶教的影响》，金刚大学校佛教文化研究所编《与〈华严经问答〉相关之诸问题》，首尔：种子，2012年，第23—43页。

② （唐）法藏撰《华严经问答》卷1，《大正藏》第45卷，第604页下—605页上。

③ 参见《法界图记丛髓录》卷2《锥穴问答》载："问。此他已成佛拜义，何为自未成佛乎？答。拜他佛之义非而远疎。所以者，凡诸佛为众生说佛德。意为欲令众生自亦得彼果，故令修行。是故众生望自当来所得之果德，为欲得彼不惜身命修行，不为得他佛果故修行……又此吾佛，于一切法界有情无情中，全全即作在，无一物非吾体佛故。若能拜自体佛者，无物不所拜，此甚大要常可思之。"《法界图记丛髓录》卷2，《大正藏》第45卷，第759页上。

法性者，微尘法性，须弥山法性。一尺法性，五尺法性。若约今日五尺法性论者，微尘法性须弥山法性等，不动自位称成五尺。不增小位不减大位而能成也。圆融者，微尘法满五尺，须弥山法契五尺故也。无二相者，微尘虽满，须弥虽契，只唯五尺故也。诸法者，指前法也。不动者，指前性也，性者无住法性也。故此和尚云，约今日五尺身之不动为无住也。①

此处的法性之"法"是生灭变化的一切现象世界，"性"是不动之本性世界。"法性"不动无住，一切都具法性。所以微尘是法性，须弥山是法性，乃至五尺身之现在吾身也是法性。② 礼敬现在吾身就是对内在的法性，内藏的法身之礼敬。礼拜自体佛就是礼拜三世佛。展开能化所化不二，自己（现在吾身）礼敬自己（未来佛）之拜自体佛说。

六　结论

释迦佛涅槃以后，开始了信行之法身佛的相关探寻。大乘经典特别是《华严经》，把法身佛的意义扩张。以后法身佛在华严教学中受到重视，《华严经》把十佛认为是一乘佛身，针对法身佛展开了各种接近之路。智俨把二种十佛说通过"解境""行境"两面来均衡，分别给出法身的对他侧面和对自侧面。

义相通过《法界图》对法身佛进行了具象，并得到智俨的认可。他作了《盘诗》把海印三昧中的三种世间形象化，表现出融三

---

① 《法界图记丛髓录》卷1《真记》，第721页下。
② 张珍宁《缘起性起之关系——以〈华严经问答〉为中心》，《禅文化研究》第9辑，韩国佛教禅理研究院，第248页。

世间佛的解境十佛，强调旧来不动佛之行境十佛。通过法性刻画性起证分的世界在眼前，把法身佛具体化。义相把"旧来佛"看作与十佛一致的，法身佛之异名，并展开说明作为修行和成佛之实践主体的旧来成佛说（旧来断惑说）。

义相归国以后通过传教课程与一般信众有了更多的交流。现在吾身之五尺身就是自当果佛之未来佛，礼拜三世一切佛之自体佛就是礼拜三世诸佛，并展开这种拜自体佛说。继承了通过十佛得法身佛之智俨的思想后，义相以法性性起说为中心，通过旧来佛和自体佛展现自他不二、能所不二的一乘成佛道。

(张珍宁，圆光大学心理人文学研究所HK教授
翻译：郭磊，东国大学佛教学术院研究员)

華嚴佛身論의 一展開

－ 義相의 舊來佛과 自體佛을 中心으로 －*

張珍寧**

一 들어가며

佛敎가 무엇인가를 생각할 때, 우리는 먼저 佛의 의미를 解明하지 않으면 안 된다. 佛敎는 말 그대로 '佛의 覺'에 淵源한 '佛의 敎'이 기 때문이다. 佛은 眞理의 自覺者로서 萬人의 志向處요, 衆生의 救濟者 로서 萬人의 歸依處이다. 특히 釋迦佛은 弟子들에게 그대로 信仰의 對 象이자 修行의 標本이었다. [1] 하지만 위대한 성자인 釋迦佛의 涅槃으로 弟子들은 一時에 信行의 求心을 잃게 되었다.

---

* This article was supported by a National Research Foundation of Korea (NRF) grant (NRF-2010-361-A00008) funded by the Korea Government (MEST).

** 원광대학교 마음인문학연구소 HK교수(jinsuwon@wku.ac.kr).

[1] 佛陀가 언제부터 信仰의 對象이 되었는지 정확히 알 수는 없지만, 佛陀의 弟子들에게 위대한 스승을 존숭하는 마음은 당연한 것이다. 특히 出家들에게는 '法'이 중심이 되었겠지만, 在家들에게는 아무래도 '佛'이 중심이 되었을 것이다. 실제 大乘佛敎의 出現背景에 '佛' 中心의 信仰을 했던 在家들이 있었다. 在家들은 佛舍利를 모신 佛塔을 중심으로 새로운 佛敎를 追求하였고 이는 大乘佛敎의 出現에 영향을 주었다고 할 수 있다. 平川彰 著, 李浩根 譯, 《印度佛敎의 歷史(上)》, 서울: 民族社, 2004, pp.290－291 參照.

釋迦佛은 涅槃에 앞서 "자신을 등불로 삼고[自燈明] 자신을 歸依處로 삼아[自歸依] 머물고, 남을 歸依處로 삼아 머물지말라. 法을 등불로 삼고[法燈明] 法을 귀의처로 삼아[法歸依] 머물고, 다른 것을 歸依處로 삼아 머물지말라."①고 언급하였다. 하지만 一時에 依支處를 잃은 弟子들에게 佛身의 永續性에 대한 解明은 切實한 要請이 아닐 수 없었다.

以後 佛身에 대한 解明은 信仰과 修行의 實踐的 根據를 再建하는 일이었다.② 佛에 대한 解明에 있어서 一代 轉換은 바로 '法身(dharmakāya)'의 發見이 아닐까? '法身'은 한마디로 眞理[法]의 몸이다.③ 法身은 眞理 그 자체로서 十方에 遍滿하고 萬有를 貫通하는 根源的인 佛身이다. 이에 따라 그 信行의 求心도 色身如來의 局限을 벗어나 法身如來를 통해 언제 어디서나 佛을 모시고 따를 수 있는 길이 열리게 되었다.

法身佛은 時間과 空間의 制約에서 벗어난 것이며 不生不滅하고 十

---

① 覺默스님, 《大般涅槃經(MahāparinibbanaSūtra, D16)》, 初期佛典硏究院, 2011, p. 66 參照.

② 以後 部派에 따라 佛身에 대한 理解에도 差異가 나타났다. 특히 "佛身은 常住하는 것인가 혹은 無常한 것인가"의 문제의 경우, 上座部와 說一切有部에서는 佛身을 無常한 有爲法으로 본 반면에 大衆部에서는 如來의 色身까지도 無爲法으로 보아 그 永遠性을 認定하고자 했다. 이 論議는 佛의 智慧와 敎法에 이르기까지 擴張되었지만, 어디까지나 이는 釋迦佛에 대한 논의에 限定된 것이었다. 平川彰, 2004, p.177.

③ 法(dharma)의 의미는 維持하다(√dhṛ)는 의미로서 '동일한 성격을 유지하는 것'으로서 法則(行爲의 規範) 등의 의미가 있다. 佛敎에서 法은 매우 다양한 意味로 使用된다. 크게 1)法則, 正義, 規範, 2)佛陀의 敎法, 3)德, 屬性(guṇa), 4) 因(hetu), 5) 事物 등의 의미를 가지는데, 《岩波佛敎辭典》, p.718 參照. 이처럼 法은 기본적으로는 佛陀가 깨친 眞理(法則)의 의미로 사용한 것으로 여기서 眞理는 佛陀가 설한 敎法은 물론, 그 眞理와 敎法의 핵심으로서 緣起·因果 등의 法則을 말한다. 하지만 部派佛敎에서 法은 주로 萬有現象의 要素의 實在로서 有爲와 無爲의 一切法을 의미한다. 반면 大乘佛敎에서 法의 의미는 存在의 現象인 '法相'에 限定되지 않고 그 存在의 本質인 '法性'으로 擴爲되어 理解되기도 한다. 이처럼 '法性'의 입장에서야 비로소 眞理와 마음이 둘이 아니고, '法'과 '佛'이 둘이 아닌 法身佛의 意味가 理解될 수 있다.]

方遍照한 眞理的 存在이다. 法身信仰은 眞理를 그대로 佛로 인식하고 眞理 그 자체를 信仰의 對象으로 삼는 것이다. 이와 같이 '佛'과 '法'을 同一視하는 眼目이 大乘經典을 통해 제시되면서 法身說은 佛身論의 中心에 자리하게 되었다. 특히 《華嚴經》에서는 法身佛(毘盧遮那佛, Vairocana)을 主佛로 등장시켰으며, 華嚴敎學은 一乘圓敎의 입장에서 이 法身說을 展開함으로써 佛의 本質을 宇宙法界와 人間本性의 次元에 이르기까지 無限히 擴張하였다.

華嚴敎學은 至相寺 智儼(602-668)에 의해 體系化된다. 그의 思想은 義相(625-702)과 法藏(643-712) 등을 통해 韓國과 中國에 繼承되어 東아시아 佛敎敎學의 꽃을 피웠다. 특히 義相은 法身說에 根據한 性起說을 강조하여 모든 現象을 如來出現, 本性顯現으로 보았다. 즉 釋迦佛의 正覺과 함께 證得한 果位가 곧 法身顯現의 자리요, 如來性起의 자리임을 강조한 것이다.

韓國華嚴思想의 實踐的 傾向은 義相의 主著인 《華嚴一乘法界圖》(略稱 《法界圖》)에 잘 나타나 있다. 義相은 '法性'이나 '海印'을 中心으로 法身의 世界 [法界]를 解明하고, 實踐의 主體로서 '舊來佛'을 提示한 바 있으며, 또 한 이는 義相의 講義를 智通이 記述한 것으로 밝혀

---

① 義相의 法諱에 대해 金知見은 義相은 贊寧의 《宋高僧傳》(982)이나 高麗 一然의 《三國遺事》(1281)에서 '義湘'으로 전해져 통용되었으나, 이미 8세기말 형성된 新羅 表員의 《華嚴經文義要決問答》과 永明延壽(904-975)의 《종경록》(961)의 문헌, 그리고 均如(923-973)의 저술이나 《法界圖記叢髓錄》 등 義相系 문헌에서 일관되게 '義相'으로 표기되고 있음을 例로 論證하고 있다. 金知見, 〈義相의 法諱考-海東華嚴의 歷運과 关聯하여-〉, 《華嚴思想과 禪》, 서울: 民族社, 2002, pp.94~140.

진《華嚴經問答》[1]과 義相系弟子들의 法界圖에 대한 註釋을 엮은 《法界圖記叢髓錄》(略稱《叢髓錄》)에서 自體佛說로 展開되었음을 확인할 수 있다. 이는 法身을 단지 對他의 信仰次元에 限定하지 않고 對自的 修行次元까지 아울러 信仰과 修行, 修證과 敎化에 이르기까지 폭넓게 活用하여 自利와 利他, 能化와 所化를 (法身을 中心으로) 一致시키는 實踐의 進展을 보인 것이라 할 수 있다.

본考에서는 法身佛의 實踐的 意義와 展開를 念頭에 두고, 華嚴佛身論의 展開의 一面을 義相華嚴을 중심으로 考察하고자 한다.

二 釋迦佛과 法身佛

佛은 크게 釋迦佛와 法身佛로 나누어 볼 수 있다. 歷史上 가장 偉大한 聖者가 釋迦佛이라면, 釋迦가 佛이 될 수 있는 源泉이 바로 法身佛이다. 人間인 悉達多는 緣起法을 깨쳐 如來가 되었는데, 釋迦佛은 곧 色身如來요, 釋迦가 깨친 眞理는 곧 法身如來이다. 釋迦佛과 法身佛은 正覺[成道]을 契機로 하나가 되었다. 이 正覺의 瞬間은 佛陀와 眞理가 하나되는 瞬間으로서 '佛'이 '法'이 되고 '法'이 '佛'이 되는 瞬間이다.

---

[1] 法藏의 最初期의 著述로 알려진《華嚴經問答》은 新羅 学僧인 見登의《華嚴一乘成佛妙義》에 의해서 日本에 소개되어 流通되었는데, 일찍부터 僞作說이 提起되었던 것이다. 이에 대해 近來에 吉津宜英이 이의 新羅撰述說을 主張하였고, 이에 共感한 石井公成이 義相과 弟子들의 問答을 記錄한 것임을 밝혔으며, 이어 金相鉉에 의해《華嚴經問答》이 智通記(혹은 錐洞記)의 異本임을 분명히 하였다. 이를 韓國의 金剛大学校 佛敎文化硏究所에서 "華嚴經問答을 둘러싼 諸問題"라는 主題로 学術大會를 통해 集中照明하였고, 곧이어 單行本으로 出刊하였다. 이에 대해 石井公成,《華嚴思想의 硏究》, 東京: 春秋社, 1996; 金相鉉,〈錐洞記와 그 異本《華嚴經問答》〉,《韓國学報》第84輯, 1996; 張珍寧,《華嚴經問答硏究》, 東國大学校博士学位論文, 2010; 金剛大学校佛敎文化硏究所編,《華嚴經問答을 둘러싼 諸問題》, 서울: 씨아이알, 2012 參照.

이처럼 釋迦佛이 正覺을 이루어 法身佛과 一切가 되는 것으로부터 《華嚴經》이 펼쳐진다.① 《華嚴經》에서 釋迦牟尼[佛]는 正覺을 이루고 菩提樹 下에서 三昧에 든 채로 光明說法[法]을 펼친다. 義相은 이를 《法界圖》를 통해 形象化하였고, 華嚴의 眞髓를 담은 《法界圖》를 스승 智儼의 認可를 받아 전하게 되었다. 《法界圖》는 흔히 〈法性偈〉와 〈道印〉를 合한 '合詩一印'인 〈盤詩〉(혹은 〈槃詩〉)와 그에 대한 義相의 自註인 〈法界圖記〉로 구성된다.

義相은 7言 30句 210字의 〈法性偈〉로 華嚴一乘의 眞理를 簡明하게 提示하였고, 이 〈法性偈〉와 〈圖印〉을 合한 〈盤詩〉를 통해 '一道'로 連結시켰다. 이 一道를 따라 〈法性偈〉의 簡潔한 詩句는 54角을 돌고 돌아 그 始作點인 '法'과 그 到着點인 '佛'을 다시 中央에서 遭遇케 하였다. '法'과 '佛' 이 둘 아님을 絶妙하게 描寫한 것이다. 일반적으로 佛은 主觀[能覺]이라면 法은 客觀[所覺]이라 할 수 있지만 正覺의 입장에서는 能所의 區分이 없기에 '佛'이라고 해도 좋고 '法'이라고 해도 좋다.

여기서 〈盤詩〉는 正覺의 瞬間인 '海印三昧'를 象徵한 것이다. 이 海印三昧로부터 釋迦佛의 千萬方便과 無量法門이 出現한다. 그러므로 智儼은 "만약 일승에 따르면, 所有 諸佛이 釋迦佛의 敎化하는 敎網에 있나니, 名義가 顯現하는 것이 다 釋迦佛의 海印定의 힘이다.[若依一乘, 所有諸佛, 在釋迦佛所化教網, 名義顯現者, 竝是釋迦佛海印定力。]"②이라고 하였고, 義相도 이 海印三昧는 正報인 衆生世間과 智正覺世間

---

① 全海住, 《义湘華嚴思想史研究》, 서울:民族社, 1994(2쇄), p.58.
② 《華嚴五十要問答》卷1(T45, p.520, b10-11)

(佛菩薩),그리고依報인器世間(環境)을모든包攝한것으로이로부터
釋迦如來의모든敎網이出現한다고보았다.

　　問:왜印에依支하는가?
　　答:釋迦如來의敎網에包攝된三種世間이海印三昧를繁出顯
現함을나타내고자함이다.所謂三種世間은첫째,器世間이요,둘
째,衆生世間이요,셋째,智正覺世間이다.智正覺은佛菩薩이다.三
種世間이一切法을다包攝하기때문이다.

　　［問。何以故依印？ 答。欲表釋迦如來敎網所攝三種世間,
從海印三昧,繁出現顯故。所謂三種世間,一器世間,二衆生世間,
三智正覺世間。智正覺者,佛菩薩也。三種世間攝盡法故。］

　　法과佛이一致하는瞬間은自他의局限,時間의先後,階位의高低,
因果의順序등모든分別을떠난'無分別'의瞬間이다.또한어느한편
에住着하지않으므로'無住'이며,다함이없으므로'無盡'이며,
본래움직인바가없으므로'不動'이며,二邊에떨어지지않으므로
'中道'이다.
　　이자리는言語道斷의不可說의자리이기에逆說의으로무수한異
名이許容하게된다.實際로法身은法,佛外에도法性,如來,諸法實相,眞
如,智慧,緣起,空,中道,自性,本性,性起등多名으로설해진다.이처럼法
身佛의出現은釋迦佛로부터비롯된것이지만,不可說이고無分別하여
時空間의制約을벗어난眞理[法性]그自體를根源함으로써모든根機

---

　　① 《華嚴一乘法界圖》卷1(T45,p.711,a42-b2)

에게 信仰의 對象이 되고 修行의 標本이 되었다. 특히 華嚴敎學을 이를 一乘圓敎로 體系化하여 모든 實踐行의 根據로 삼고자 했다.

三 解境十佛과 行境十佛

《華嚴經》에는 佛身이 다양하게 소개되고 있는데, 대체로 '十佛' 혹은 '十身'의 形式으로 提示되고 있다.① 여기서 '十'은 滿數로서 '無盡'의 뜻으로 '十佛'은 다함이 없는 無盡의 부처로서 法身佛의 또 다른 이름들이다. 十佛(十身)을 《華嚴經》의 佛身의 特徵으로 把握하려는 立場은 이미 南北朝末期와 隨代를 거치면서 어느 정도 一般化된 것이다.② 하지만 '十佛'을 一乘의 佛身으로 파악한 것으로 智儼에 의해서이다.

그는 《五十要問答》은 "만약 一乘의 입장에서 보자면, 아래 十佛이니, 나란히 모두가 萬有를 貫通한다. [**若約一乘, 即下十佛, 並皆通有也**]"③ 이라 하여 '十佛'을 一乘의 입장에서 강조하여 이를 萬有를 貫通하는 普遍的 佛身으로 把握하였다. 《孔目章》에서는 小乘과 三乘의 佛身과 對比하여 이를 더 具體的으로 提示하고 있다.

(a) 만약 小乘의 立場에 依하면, 實佛의 果報身으로서 王宮家에 태어나 菩提樹에서 成佛하였으니, 衆生을 包攝하여 力用과 功德으

---

① 木村淸孝, 《中國華嚴思想史》, 京都: 平樂寺書店, 1992, pp.102-103參照.
② 木村淸孝, 1992, p.104.
③ 《大方廣佛華嚴經搜玄分齊通智方軌》卷1(T35, p.16, b1-2)

로 敎化하는 것이다 그 中에 있나니라.

　　[若依小乘,實佛報身,生在王宮,臨菩提樹成佛。攝生化用及德,皆在其中。]

　　(b)만약 三乘의 立場에 依하면, 法身은 無方하여 法性에 두루 充滿하고, 報身은 色究竟處를 成就하며, 化身은 菩提樹에 示現하여 力用과 功德으로 敎化하였나니, 모두 다 이 三位(三身)을 벗어나지 않는다.

　　[若依三乘,法身無方充遍法性,報身成就在色究竟處,化身示現在菩提樹。化用及德,皆悉不離此之三位。]

　　(c)만약 一乘義에 따르면, 所有 功德이 다 二種의 十佛을 벗어나지 않나니, 첫째, 行境十佛은 無著佛 등〈離世間品〉에서 說한 것과 같고, 둘째, 解境十佛은 第八地의〈十地品〉第八地의 三世間中의 佛身으로 衆生身 등이다.

　　[若一乘義。所有功德。皆不離二種十佛。一行境十佛。謂無著佛等。如離世間品說。二解境十佛。謂第八地三世間中佛身眾生身等。]①

즉 (a)小乘의 佛身은 菩提樹 下에서 成佛한 果報身으로서 釋迦佛을 말하고, (b)三乘의 佛身은 法身・報身・化身의 三位(三身佛)을 말한 것이라면, (c)一乘의 佛身은 '二種十佛' 즉 '解境十佛'과 '行境十佛'을 벗어나지 않는다고 하였다.

이처럼 智儼은 그의 晩年 著作인《孔目章》을 통해 所謂 '二種十

---

① 《華嚴經內章門等雜孔目章》卷2(T45,p.559,c25-p.560,a4).

佛說'을 주장하고 있다. 그는 '解境十佛'로《華嚴經》〈十地品〉의 "衆生身、国土身、業報身、聲聞身、辟支佛身、菩薩身、如來身、智身、法身、虛空身"을 들고 있다. 이 十身은 菩薩이 第8不動地에서 三種世間 中 특히 智正覺世間의 自在行을 얻는 장면을 설명하면서 등장한다.

是菩薩知眾生身、知国土身、知業報身、知聲聞身、知辟支佛身、知菩薩身、知如來身、知智身、知法身、知虛空身……是菩薩善知起如是諸身,則得命自在、心自在、財自在、業自在、生自在、願自在、信解自在、如意自在、智自在、法自在。是菩薩得十自在①

여기서 菩薩은 一切의 身相의 差別을 遠離하여 身의 平等을 얻기에 이 眾生身 등의 十身을 잘 아는 것이다. 이러한 十身을 잘 알게 되면 命自在、心自在、財自在、業自在、生自在、願自在、信解自在、如意自在、智自在、法自在 등 열가지 自在力을 얻게 된다.

한편 '行境十佛'은〈離世間品〉에 提示된 "無著佛、願佛、業報佛、持佛、涅槃佛、法界佛、心佛、三昧佛、性佛、如意佛"을 말한다.

佛子! 菩薩摩訶薩有十種見佛。何等為十? 所謂: 無著佛, 安住世間成正覺故; 願佛, 出生故; 業報佛, 信故; 持佛, 隨

---

① 《大方廣佛華嚴經》卷26〈22十地品〉(T09, p.565, b16-c9)

順故 ; 涅槃佛, 永度故 ; 法界佛, 無處不至故 ; 心佛, 安住故 ; 三昧佛, 無量無著故 ; 性佛, 決定故 ; 如意佛, 普覆故. 佛子! 是為菩薩摩訶薩十種見佛 ; 若菩薩摩訶薩安住此法, 則能覩見無上如來.①

이것이 菩薩의 十種見佛을 밝힌 것으로 菩薩이 見佛하여 이 法에 安住하게 되면, 無上의 如來를 볼 수 있게 된다고 한다.

앞서 解境十佛은 本心에 펼쳐진 法身佛로서 法界가 그대로 佛의 實相이고 一切世界가 그대로 本性의 顯現임을 밝히고 있다. 여기서 十佛 (十身)은 三種世間을 모두 包攝하는 佛身으로서 三種世間 그대로를 法身佛로 受容하는 對他의 側面을 밝히고 있다. 위에서 밝힌 〈十地品〉의 十佛은 각각 三種世間에 配對해 보면, "衆生身、業報身、聲聞身、辟支佛身"은 衆生世間에 "菩薩身、如來身、智身、法身"은 智正覺世間에, 그리고 "国土身、虛空身"은 器世間에 해당하므로 解境十佛은 '融三世間佛'로 볼 수 있다.

反面에 行境十佛은 實踐을 통해 證得한 法身佛로서 對自의 側面이 강하다. 이처럼 智儼은 '解境'과 '行境'의 兩面에서 一乘의 佛身을 提示하여 法身佛이 自他不二、能所不二의 佛身임을 밝히고 있다.

이처럼 智儼의 晩年에 와서 비로소 法身中心의 佛身論이 具體化되었다. 智儼에 이르러 華嚴의 法身은 法身、報身、化身의 하나인 法身 [三乘의 法身]이 아니라 三身一體의 眞理로서 法身 [一乘의 法身]으로서 解境十佛과 行境十佛의 兩面을 통해 自他不二、能所不二의 佛身으

---

① 《大方廣佛華嚴經》卷42〈33離世間品〉(T09, p.663, b18-25)

로確立되고있다.

　이러한 智儼의 佛身論은 義相과 法藏에 의해 각각 韓國과 中國에서 繼承、發展되는데,특히 義相은《法界圖》를 통해 이를 繼承하고 있다.
　《法界圖》는 表面上 '行境十佛'을 直接引用하여 强調한다. 하지만 여기서 義相은 海印三昧를〈盤詩〉로 形象化하고 있으며,이〈盤詩〉가 그대로 三種世間을 圓融하게 드러내기 때문에 '解境十佛'도 함께 重視하였음을 알수 있다.① 이는《叢髓錄》〈大記〉를 통해 확인할수 있다. 즉《法界圖》〈盤詩〉에서 白紙는 器世間을,黑字는 衆生世間을,그리고 朱畵一道는 智正覺世間을 밝히고 있기 때문이다.

　　　이印의 大意를 말하자면,(a)그 白紙로써 器世間을 表하나니,마치 白紙가 본래 染色이 없는 것이나 黑으로 點을 찍으면 黑이 되고,朱로 點을 찍으면 赤이 된다. 器界가 또한 이와 같아서 淨穢에 국한 이 없나니,衆生이 處하면 染穢하고,賢聖이 處하면 淸淨하기 때문이다.(b)그 黑字로써 衆生世間을 表하나니,마치 黑字는 하나로 平等한 黑이지만 각각은 동일하지 않나니라. 중생도 이와 같나니,煩惱無明이 다 스스로 어둡게 덮어서 갖가지 差別이 있기 때문이다.(c)그 朱畵(朱印)은 智正覺世間을 表하나니,마치 朱畵의 一道가 始終이 連結되어 諸字의 中間을 環貫하여 光色이 分明하나니라. 佛智가 이러하나니,平等하고 廣大하여 衆生心에 遍滿하여 十世에 相應하여 두루 밝게 비춰서 들여다 보기 때문이다. 그러므로 이印은 三世間을 갖춘것이다.

---
　① 木村淸孝는 智儼의 二種十佛說은 이후 全般的으로 繼承되지 못하고,义相이나 法藏에게도 각각 一部分만 受容되었다고 보았다. 木村淸孝,1992,pp.109-110.

[此印大意。(a)以其白紙表器世間。謂如白紙本不染色,點墨卽黑,點朱卽赤。器界亦爾,不局淨穢,眾生處則染穢,賢聖處則清淨故。(b)以其黑字表眾生世間。謂如黑字一等皆黑箇箇不同。眾生亦爾,煩惱無明皆自暗覆種種差別故。(c)以其朱畫表智正覺世間。謂如朱畫一道不斷始終連環貫諸字中光色分明。佛智亦爾,平等廣大遍眾生心,十世相應圓明照矚故。是故此印具三世間。][1]

이 점에서 義相도 智儼의 二種十佛說을 충실히 受容하고 있음을 알 수 있다. 이처럼 義相도 解境十佛을 충분히 인식하고 이를 '合詩一印'인 〈盤詩〉를 통해 具象化하였다. 그러면서도 直接的으로는 '行境十佛'만을 具體的으로 擧論하여 紹介한 것은 自利利他의 實踐行을 강조하기 위함이다. 이를 통해 法身佛을 對他的 信仰對象에 限定하지 않고, 對自的 修行標本으로 認識함으로써 舊來佛說로 提示하고자 했다.

四 法性과 舊來佛

義相은 〈法性偈〉의 科分에서 自利行과 利他行을 나란히 밝혀 自他不二의 成佛道를 제시하고 있다. 물론 그 中心에는 (眞理 그 자체로서) '法身'이 있다. 義相은 이를 (果位의 性起로서) '法性'을 中心으로 提示하고 있다. 여기서 '法性'은 모든 存在의 根源으로서 '法身'의 異名이다. '法性'은 모든 存在現象을 如來의 本性이 그대로 發顯된 法

---

[1] 《法界圖記叢髓錄》卷1(T45,p.730,b18-26).*밑줄은 筆者가 强調함.

界로서因位가이닌果位로서'性起'로보았다.이는《華嚴經問答》
에서도确認된다.

問:性起와緣起의둘은어떤차이가있다고하는가?

答:性起는곧스스로그러한것[自是]이니,緣을따르지않는것이다.緣起는거기[性起]에들어가는가까운方便이니,一切法이緣을따라서起하지만,無自性이기때문에곧그法의不起하는中에그것[性起]을入解한다.그性起가法性이요,無起가곧性이니,그러므로그것[性起]은不起로서起를삼는다.

[問。性起及緣起,此二言有何別耶?

答。性起者,即自是,言不從緣。言緣起者,此中入之近方便,謂法從緣而起,無自性故,即其法不起中令入解之。其性起者,即其法性。即無起以為性,故即其以不起為起。]①

緣起가對象境界[緣]를따라'起'하나無自性이므로결국'不起'한것이라면,性起는'不起'하나그가운데스스로'起'하는것이다.즉緣起는'起而不起'요,性起는'不起而起'라할수있다.義相은"起라고한것은곧그法性이分別이없는菩提心中에現前하기때문에'起'라고한다.곧不起로써起를삼는다.[言起者,即其法性,離分別菩提心中現前在故,云為起。是即以不起為起。]"②이라고하여

---

① 《華嚴經問答》卷2(T45,p.610,b17-21).《華嚴經問答》의文章은한글식어순에따라읽는데로작성된문장이많아서漢字文法에맞지않는경우가많아서읽는데注意가必要한다.例를들어 "此中入之近方便"은 "入此中之近方便"이적절하며, "無起以為性"는 "以無起為性"로읽어야할것이다.

② 《華嚴經問答》卷2(T45,p.610,b22-24).

法性을 통해 性起를 眼前에 浮刻시키고자 했다.

이는 智儼의《孔目章》〈性起品明性起章〉에서 밝힌 내용을 계승한 것이다.

性起는 一乘法界緣起의 際를 밝힌 것이니, 本來 究竟으로 修造를 떠난 것이다. 왜냐하면, 相을 떠났기 때문이다. 起는 大解大行하여 分別을 떠난 菩提心 中에 있기 때문에 '起'라고 하는 것이다. 이는 緣을 말미암아 性을 起하므로 '起'라고 설한 것이니, 起가 곧 不起이요, 不起가 곧 性起이다.

[性起者, 明一乘法界緣起之際, 本來究竟, 離於修造。何以故, 以離相故。起在大解大行離分別菩提心中, 名為起也。由是緣起性故, 說為起。起即不起, 不起者是性起。]①

여기서 智儼은 性起를 一乘法界緣起의 際로서 本來究竟으로 밝히고 있다. '法界緣起'의 究竟을 性起로 본 것이다. 반면에 義相은 '法性'을 명시하여 '性起證分'을 드러냄으로써 '緣起敎分'과 並列하여 '法性性起'를 부각시키고 있다.

그러므로 性起인 法性을 통해 一切妄情(虛妄分別)의 作用이 없는 不起한 本性으로부터 一切分別이 起함을 표현하고 있다. 즉 性起를 통해 法性에 不動性과 함께 力動性도 含意되어 있음을 提示한 것이다. 智儼이 앞서 二種十佛說에 의해 法身(法性)을 自他不二、能所不二의 佛身으로 提示했다면, 義相은 法性性起說을 통해 自他不二、能所不二의 成佛

---

① 《華嚴經內章門等雜孔目章》卷4(T45, p.580, c5-8).

道를分明히한것이다.

　　緣起와性起은모두 '起' 한다는공통점이있다. 다만그起의方向에차이가있다. 緣起가有(分別)에서無(眞空)로가는方向이라면, 性起는無(眞空)에서有(妙有)로가는方向이다. 여기서緣起는一切의分別[染汚]을없게한다면, 性起는無分別에서一切分別[淸淨]을다시드러낸다. 그러므로性起說의強調는必然的으로如來出現,本性顯現이라는實踐的意義를가지게된다. 性起를강조한義相의思想을 '實踐的' 이라고하는評하는理由가여기에있다.

　　義相은이를 〈法性偈〉를통해서도제시하고있다. 〈法性偈〉첫偈頌인 "法性圓融無二相" 과마지막偈頌인 "舊來不動名爲佛" 을相應케함으로써 '法' 과 '佛' 을한자리에서一致시켜首尾相應의妙味를보인것이다. 이를통해 '修行者' 의修行段階에서 '因位' 와 '果位' 가둘아닌因果不二의모습을보이고, 實行過程에서 '法性' 의自覺[自利行]과 '不動' 의實踐[利他行]이둘이아닌自他不二의모습을보인다.

　　'法' 과 '佛' 을一致시킬때, 法은法性이요, 佛은舊來佛이다. 이를통해舊來佛이곧性起임을밝히고있다. 동시에 **"舊來不動이란舊來佛의뜻이니, '十佛' 을말한다. [舊來不動者,舊來佛義故,所謂十佛。]"** [1]라고하여 '舊來佛' 이 '十佛' 이며, 바로 '法身佛' 임을또한명시하였다. 즉義相은舊來佛을法身佛의異名으로제시하여舊來佛을통해法身佛을實行의主體로分明히하였다.

　　여기서 '舊來' 는 '예로부터온것' 의뜻인데, 이는 '本來' 의

---

[1] 《華嚴一乘法界圖》卷1(T45,p.714,a19-26).

의미이다. 이는 '過去의 過去, 그 過去의 過去로, 아득하여 그 시작조차도 알 수 없는 過去로부터' 라는 뜻이다. 여기서 時間의 先後의 分別은 無意味해지고 만다. 우리가 보통 '時間'을 생각하면, 그 先後를 상정하여 過去-現在-未來를 分別하려는 傾向이 있다. 하지만, 이는 또 다른 분별일 뿐, 실제 三昧에서는 始終의 分別이 없고, 過去-現在-未來의 '三世가 一際'이고, '九世가 一念'이다. 過去의 過去, 過去의 現在, 過去의 未來, 現在의 過去, 現在의 現在, 現在의 未來, 未來의 過去, 未來의 現在, 未來의 未來의 九世와 一念을 합하여 十世가 되고 이 十世가 相卽하므로 〈法性偈〉에서 이를 '九世十世互相卽'이라 하였다.

또한 三昧에서는 空間的 大小의 分別이 없는 것이다. 즉 하나의 티끌먼지[一微塵]가 須彌山 全體와 같고 獅子의 털 하나가 獅子 全體와 같다는 것은 우리의 分別思量으로는 이해할 수 없다. 아무리 작은 존재라 할지라도 그것이 重重無盡으로 法界가 緣起되어 있기에 宇宙萬有를 모두다 包含하고 있다. 그러므로 〈法性偈〉에서 이를 '一微塵中含十方'이라 한 것이다.

그러므로 '舊來佛'은 時空에 遍滿하고 萬有를 總攝하는 法身佛과 다르지 않다. 이를 통해 一切衆生의 本性에 이미 法身佛이 다 갖추어져 있으며, 法身佛과 둘이 아닌 우리의 모습을 그대로 舊來佛로 표현한 것이다. 결국 因位와 果位가 둘이 아니므로, '初發心行者'가 이미 정각을 마친 '舊來中道佛'이 되는 것이다.

五　自體佛:現在의吾身과未來佛의教化

　　義相의華嚴思想을理解함에있어서《法界圖》의著述까지를前期로보고,新羅에歸國以後의傳敎過程을後期로나눠볼수있다.[①]性起說을중심으로한實踐的特徵은다르지않지만,그實踐主體로前期에《法界圖》를通해提示된'舊來佛'가특징적이라면,後期에는'自體佛'이重視되고있다.

　　自體佛說은義相系의독특한주장으로'自體佛'은《華嚴經問答》과《叢髓錄》,그리고見等의《華嚴一乘成佛妙義》等義相系와그影響을받은文獻에서紹介하고있다.'自體'라는용어는地論敎學에서重視되었던것은'如來藏'의의미로사용된것이다.이를智儼은'性起'의의미로까지확대하여사용하고있으며,[②]義相에의해'自體佛'로제시되어通用된것이다.여기서'自體'가가진因位의의미는自體佛을통해果位의佛身으로거듭난다.[③]自體佛說의基本的意味는《華嚴經問答》를통해確認할수있는데,現在吾身이未來世佛의敎化에의해佛을成就한다는내용이다.

---

　　① 이러한시도는많지않으나최근金天鶴에의해시도되었고,여기서도이러한구분은수용하여논의를전개하고자한다.金天鶴,〈义相後期思想의實踐論-내몸을中心으로-〉,《韓國禪学》第35號,韓國禪学會,2013.
　　② 智儼은《搜玄記》에서《華嚴經》의分科에서'自體因果'라하여'自體'를性起、修顯의의미로간주하고있다.《搜玄記》卷1〈6明難品〉(T35,p.28,a12).
　　③ 义相은自體佛외에도如來藏佛이라는三階敎의用語도言及하고있는데,이때'如來藏佛'도果位의佛身으로이해된다.다만义相당시에도自體緣起를주장하던무리[五門論者]가있어이를비판하고있는데,이때자체연기는同敎一乘으로보아別敎一乘과는구분하고있다.张珍寧,〈缘起와性起의关系-《華嚴經问答》을中心으로-〉,《禪文化研究》第9輯,韓國佛敎禪理研究院,2011.pp.221-226參照.

問:現在의吾身이未來世의佛을成就한다면그佛(自信의未來佛)의敎化에의해지금吾身이修行하는것인가?

答:(未來佛의)敎化가(지금의吾身을)修行케하는것이다.

問:그佛(未來佛)은今日吾의修行으로얻어지는것인데,어떻게지금의吾를敎化하여修行케할수있다는것인가?

答:그佛(未來佛)가敎化하지않는다면지금吾身이佛이될수없기때문이다.그佛이敎化하여야비로소吾가修行하여그佛을成就할수있게된다.

[問。現在吾身成未來世佛者,彼佛化,今吾身令修行耶不耶?

答。化令修行也。

問。彼佛今日吾以修行得,云何能化今吾令修行乎?

答。彼佛不化者,今吾身不得作佛故。彼佛化,方吾能修行成彼佛。]①

여기서 '現在吾身'과 '未來世佛'이대비되고있는데,현실적으로現在의吾身은 '因位' 에있는未完의存在일뿐이며,未來世의佛은 '果位' 의佛身이므로그差異가크다.하지만法身의立場에서펼쳐진華嚴一乘에서는過去、現在、未來의時間의先後가고착되어있지않고그러한分別이없기에未來佛은곧現在의吾身과결코분리될수없는존재가된다.

---

① 《華嚴經問答》卷1(T45,p.604,b27-c2).

이現在의吾身이바로過去佛이고未來佛이기에過去、現在、未來가'三世一際'로서한몸에있다.이三世一體佛이곧自體佛이다.그러므로未來佛의敎化가결국現在의吾身의修行이며,自體佛를통해能化와所化가一致되고成佛의自利行과敎化의利他行이한몸에서실현되는것이다.

그러므로'拜自體佛'은拜三世佛이되므로現在吾身의修行이곧一切諸佛의敬拜와다르지않게된다.①

問:이는他人이이미成就한佛을拜한다는것이지,自身이아직成就하지도않은佛를어떻게拜한다는것인가?

答:他人의佛을拜한다는뜻이없지않지만,그것은遠緣이요,近緣이아닙니다.왜냐하면,무릇諸佛이衆生을위해佛德을說하는것은衆生으로하여금自己도그佛果를얻도록修行케함이다.그러므로衆生이自己의當來에얻을果德을證得하는것이고,그것을證得하기위해不惜身命의修行을하는것이지,他人의佛果를얻기위해修行하는것은아니다.그러므로바로지금吾로하여금發心修行케하는佛은吾의未來의佛果일뿐이다.…(中略)…또는이吾性佛이곧一切法界의有情과非情中의全體와卽해있나니,一物도吾體佛아님이없기때문이다.만약自體佛에게拜할수있다면,拜하지않는物이없는것이다.이것도매우중요한것이니,항상그것을思惟하

---

① 义相에게地論教学의影響은入唐前後를거쳐적지않았을것으로파악되며,그예로注目되는것이바로'拜自體佛說'이다.이는石井公成에의해細密히論証되었다.石井公成,〈《華嚴經問答》의拜自體佛說-地論宗과三階教의影響에有意하여-〉,《金剛大学校佛教文化研究所編,《華嚴經問答을둘러싼諸問題》,서울:씨아이알,2012,pp.23-43참조.

라.만약行者가이와같은思를得한다면,一切時와一切處에있어서 一處一時도三毒煩惱가뜻이起함이없을것이다.이는곧一乘의觀 에들어가는方便이니,三世의佛이이行을修하지않고成佛한이가 없다.

[問。此他已成佛拜,何爲自未成佛乎?

答。拜他佛之義非無,而遠緣非近緣。所以者何,汎諸佛爲眾 生說佛德,意爲欲令眾生自亦得彼果,故令修行。是故眾生證自當 來所得之果德,爲欲得彼故不惜身命修行,非爲得他佛果故修行。 是故正今吾令發心修行佛,但吾當果……又此吾性佛者,即於一 切法界有情非情中全全即在,無非一物吾體佛故。若能拜自體 佛者,無物不所拜,。此亦甚大要也,常可思惟之。若行者如是思 得者,一切時一切處中,無一處一時起三毒煩惱之義。此即入一乘 之觀方便,三世佛無非此行修成佛者也。]①

이內容은《叢髓錄》〈錐穴問答〉에소개된內容과거의同一하 다.②現在吾身이란곧우리의몸인五尺의身이다.이五尺身이그대로自 體佛이며,이自體佛에拜하는것이곧三世의諸佛을禮敬하는것이요,法 身佛을모시는佛供이된다.그러므로現在吾身은단순히보잘것없는衆 生의五尺身이아니라그대로法身이고法性이다.이와關聯하여《叢髓

---

① 《華嚴經問答》卷1(T45,p.604,c25-p.605,a17).
② 《法界圖記叢髓錄》卷2,〈錐穴问答〉(T45,p.759,a18-b7)."问。此他已成佛拜义, 何爲自未成佛乎?答。拜他佛之義非無而遠疎。所以者,凡諸佛為众生說佛德。意為欲众生自亦得 彼果,故令修行。是故众生望自當來所得之果德,為欲得彼不惜身命修行,不爲得他佛果故修行。… (中略)…又此吾佛,於一切法界有情無情中,全全即作在,無一物非吾體佛故。若能拜自體佛者,無物 不所拜,此甚大要常可思之。"《華嚴經問答》의內容과比較하여약간差異가있는데,이를밑줄로 表示하였다.]

錄》〈眞記〉에서 五尺身이 그대로 '法性'임을 밝히고 있다.

　　　法性이란 微塵法性이고 須彌山法性이고 一尺法性이고 五尺法性이다. 만약 今日 五尺法性을 論한다면 微塵法性이고 須彌山法性 等이 不動自位함에 五尺을 成就했다고 稱할 수 있다. 小位를 不增하고 大位를 不減하지만 (그 自位에 있는 그대로) 능히 成就한다. 圓融이란 微塵의 法이 五尺에 充滿하고 須彌山의 法이 五尺에 契合하기 때문이다. 無二相이란 微塵이 비록 充滿하고 須彌가 비록 契合하더라도 오직 五尺일 뿐이기 때문이다. 諸法이란 前法을 가리키며, 不動이란 前性을 가리키나니, 性이란 無住의 法性이다. 그러므로 義相和尚이 "今日 五尺身이 不動함이 無住라 하셨다"

　　　[法性者, 微塵法性, 須彌山法性, 一尺法性, 五尺法性。若約今日五尺法性論者, 微塵法性須彌山法性等, 不動自位稱成五尺。不增小位不減大位而能成也。圓融者, 微塵法滿五尺, 須彌山法契五尺故也。無二相者, 微塵雖滿, 須彌雖契, 只唯五尺故也。諸法者, 指前法也。不動者, 指前性也, 性者無住法性也。故此和尚云, 約今日五尺身之不動爲無住也。]①

　　여기서 法性의 '法'은 生滅變化하는 一切의 現象世界를 지칭한다면, '性'은 不動한 本性世界를 말한다고 할 수 있다. 이 '法性'이 不動하고 無住이기에 一切가 法性 아님이 없게 된다. 그러므로 微塵이 法

---

① 《法界圖記叢髓錄》卷1,〈眞記〉(T45, p.721, c15-23).

性이요, 須彌山이 法性이요, 五尺身인 現在吾身도 다 法性①이 된다. 그러므로 現在吾身을 禮敬하는 것은 곧 내 안의 法性, 내재화된 法身에게 禮敬하는 것이요, 自體佛에 拜하는 것은 三世佛을 拜하는 것이다. 이처럼 能化와 所化가 不二라는 점에서 自己[現在吾身]가 自己[未來佛]에게 禮敬을 올리는 拜自體佛說이 전개된 것이다.

Ⅳ. 나가며

釋迦佛의 涅槃 以後 信行의 求心으로서 法身佛에 대한 탐구가 本格化되었고, 大乘經典, 특히 《華嚴經》을 통해 法身佛의 의미는 크게 擴張되었다. 以後 法身佛은 華嚴敎學에 의해 重視되는데, 《華嚴經》의 十佛을 一乘의 佛身으로 주목하면서 法身佛에 대한 多樣한 接近의 길이 열렸다. 智儼은 二種十佛說로 '解境'과 '行境'의 兩面을 均衡있게 바라보고자 했으며, 이로써 法身의 對他의 側面과 對自의 側面을 분명히 하였다.

義相은 《法界圖》로 法身佛을 具象化하여 智儼의 認可를 받았다. 그는 〈盤詩〉를 지어 海印三昧中의 三種世間을 形象化하여 融三世間佛의 解境十佛을 表現하였고, 舊來不動佛로서 行境十佛을 强調하였다. 法性을 통해 性起證分의 世界를 前面에 浮刻시켜 法身佛의 具體化에 힘썼다. 여기서 義相은 '舊來佛'을 十佛과 一致시켜 자연스럽게 法身佛의 異名으로 파악하였고, 修行과 成佛등 實踐主體로서 舊來成佛說(舊來斷惑說)을 전개하였다.

---

① 张珍寧, 2011, p.248.

義相은 歸国 以後 傳教課程에서 民衆들에게 한 걸음 더 다가갔다. 現在 吾身인 五尺身에서 自當果佛인 未來佛을 直接 救하고, 三世一切佛인 自體佛에 拜함으로써 三世諸佛에게 모두 拜하는 것이라는 拜自體佛說을 전개하였다. 이미 十佛을 통해 法身佛을 보았던 智儼의 教學을 繼承한 義相이 이를 法性性起說을 중심으로 舊來佛과 自體佛을 통해 自他不二, 能所不二의 一乘成佛道를 제시하였다.

參考文獻

T: 《大正新脩大藏經》

《大方廣佛華嚴經》(T09).

《大方廣佛華嚴經搜玄分齊通智方軌》(T35).

《華嚴五十要問答》(T45).

《華嚴經內章門等雜孔目章》(T45).

《華嚴一乘法界圖》(T45).

《華嚴經問答》(T45).

《法界圖記叢髓錄》(T45).

覺默스님譯, 《大般涅槃經》, 初期佛典研究院, 2011.

金知見, 〈義相의 法諱考-海東華嚴의 歷運과 關聯하여-〉, 《華嚴思想과禪》, 서울: 民族史, 2002.

金相鉉, 〈錐洞記와 그 異本 《華嚴經問答》〉, 《韓國學報》第84輯, 1996.

金天鶴, 〈義相後期思想의 實踐論-내 몸을 中心으로-〉, 《韓國

禪學》第35號, 韓國禪學會, 2013.

全海住, 《義湘華嚴思想史研究》, 서울: 民族史, 1994.

張珍寧, 《華嚴經問答研究》, 東國大學校博士學位論文, 2010.

_____, 〈緣起와性起의關係-《華嚴經問答》을中心으로-〉, 《禪文化研究》第9輯, 韓國佛敎禪理研究院, 2011.

平川彰著, 李浩根譯, 《印度佛敎의歷史(上)》, 서울: 民族史, 2004.

木村淸孝, 《中國華嚴思想史》, 京都: 平樂寺書店, 1992.

石井公成, 《華嚴思想의研究》, 東京: 春秋社, 1996.

_____, 〈《華嚴經問答》의拜自體佛說-地論宗과三階敎의影響에有意하여-〉, 《金剛大學校佛敎文化硏究所編, 《華嚴經問答을둘러싼諸問題》, 서울: 씨아이알, 2012.

新罗太贤《大乘起信论内义略探记》之华严佛身论

[韩] 朴仁锡

一 序论

8世纪新罗佛教的代表僧侣太贤（753年左右弘法），与元晓（617—686）、憬兴（681年左右）被称作新罗三大著述家。他现存的著述有《大乘起信论内义略探记》《成唯识论学记》《梵网经古迹记》等。① 其中《大乘起信论内义略探记》（以下简称《略探记》）是把《大乘起信论》的要点归纳成"八义"的注释书。此书又被称为《起信论古迹记》，这是太贤当时参考并汲取了元晓的《起信论疏》和法藏（643—712）的《大乘起信论义记》中内容并给出自身的论旨而展开的。这两部书为《大乘起信论》的两大注释书。

太贤所分类的八义中，只剩七义，有关"无明"的内容现在已

---

① 太贤的著述总计有43部，但现存只有5部。分别是《梵网经古迹记》2卷，《菩萨戒本宗要》1卷，《药师经古迹记》2卷，《成唯识论学记》8卷，《大乘起信论内义略探记》1卷。参见蔡印幻《新罗大贤法师研究（一）》，《佛教学报》20，1983年，第96—103页。

经失传。其中第八义的主题是"佛身"。现存七义中除"佛身"以外，剩下的六义基本上是对法藏和元晓有关《大乘起信论》相关注释的整理和探讨，对第八义佛身的探讨则是以华严宗五教判说为基准，把五教的佛身论划分成八门而进行详细论述。太贤所根据的五教基本是依据法藏的《华严五教章》而来，这一点已有相关研究给予了说明。[1]

太贤所阐述的佛身义并不局限在《大乘起信论》的法身、报身、应身三身说，而是在华严五教的体系下用八门这种多样观点来理解。鉴于他对佛身义八门的探究不足，在此有必要做进一步详细探讨。太贤时代从唐所传来的最新佛教思想是唯识和华严，两者的代表人物分别是窥基、法藏。太贤所提出的佛身义虽然是建立在法藏华严学之五教体系上，但是考察其八门的具体内容，也可知窥基的唯识学对他也有不小的影响。因此，究明太贤的学问倾向就成为首要任务。即随着太贤的学问倾向隶属性宗（华严宗），或者从性宗转为相宗（法相宗），或者是性相融会，那么其见解则有着不同。此外，太贤所撰述的《略探记》是《大乘起信论》的注释书，太贤把华严五教中《大乘起信论》的佛身论归结成八门中的哪一门也有必要考察清楚。

二 太贤与《大乘起信论内义略探记》

（一）太贤的生平、姓名、师承

首先考察说明一下太贤及其著作《大乘起信论内义略探记》。有关太贤生平的详细资料并未传世，只是在高丽一然（1206—

---

[1] 吉津宜英：《新罗华严教学的一个视点——围绕元晓、法藏的融合形态》，《韩国佛教研讨会》Vol 2，1986年12月，第38—40页。吉津宜英认为太贤的学问特点是"融合了元晓与法藏的观点"。

1289）的《三国遗事》中有零星的记录。《三国遗事》称太贤是"瑜伽祖大德"，在753年，即景德王天宝十二年夏发生了大旱，太贤奉命来到内殿宣讲《金光明经》，然后宫内已经干涸的水井里向上喷涌出泉水。通过这则神异故事，可以推测太贤在753年左右已经是新罗有名望的高僧。

有关他的姓名，在《三国遗事》"贤瑜伽"条以及中国大荐福寺僧侣道峰所撰《大贤法师义记序》①中都称其为"大贤"，可是在日本流传的相关文献以及日本僧侣所作注释中很多是"大贤"。因为"大"与"太"的发音相同（译者注：指韩文发音），所以本文统一为"太贤"。有关他的师承可以参考日本照远在1333年所撰的《梵网经下卷古迹记述迹抄》②，其中有"太贤是道证弟子"的记录。道证692年自唐返回新罗，是圆测（613—696）的弟子。但是有关道证的资料非常有限，没有材料能够证明道证与太贤的师承关系是现在的一大遗憾。③

（二）太贤的学问方向

太贤的学问方向一般来说有三种不同的观点。这在日本清算所撰《梵网经上卷古迹记纲义》④中可以得到确认。第一，太贤原来是性宗人物但是后来转为相宗。第二，太贤一直是性宗人物。第三，太贤是性、相兼修，不能单从某一方面来下定论。清算引用了凝然（1240—1321）对太贤的评价，即"虽通诸教，宗在唯识，虽解众典，意存法相"。太贤被认为是"理事圆通"，其对经论的解释则与元晓相近。

---

① 参见（唐）道峰撰《大贤法师义记序》，《大正藏》第45卷，第915页上。
② 参见［日］照远撰《梵网经下卷古迹记述迹抄》，《日本大藏经》第20卷，第233页上。
③ 赵明基《新罗佛教的理念与历史》，首尔：经书院，1962年，第182页。
④ ［日］清算撰《梵网经上卷古迹记纲义》，《日本大藏经》第20卷，第4页中。

另外在日本《大正新修大藏经》第七十二卷中有着作者不明的《华严宗所立五教十宗大意略抄》，在文章的最后部分有"华严宗祖师"顺序的简略记录。其中新罗华严祖师部分的排列是"元晓菩萨，大贤菩萨，表员菩萨，见登菩萨"①，可知"太贤"被认为是自元晓之后的华严宗祖师。高丽一然的《三国遗事》中称太贤是"瑜伽祖"，证明他是法相宗学者。现存《成唯识论学记》及相关文献认为太贤是法相宗的学者，但考虑到对作为性宗文献的《大乘起信论》编撰了注释书的情况，他对性、相的关心也不能否认。

（三）《略探记》的构成及其内容

太贤的《略探记》把《大乘起信论》分成两大部分进行说明。第一是对《论》的大意做了记述。第二是对《论》的各种内容做了说明。其中的第一部分是《大乘起信论》的出现背景，用短文做了说明。针对第二部分又分成三段说明。第一，探讨《大乘起信论》属于二藏、三藏以及十二部中的哪一部。第二，解释《大乘起信论》的题目。第三，把《大乘起信论》的宗旨归结为八义。如表1所示：

太贤所给出的八义中，除了（1）和（8），其他六义都集中在《大乘起信论》心生灭门的内容上，特别是（3）四相义，（6）生灭因缘义，（7）六染义等说明了清净心体被污染的过程，有些紧密的关系。在这一部分的内容说明上，太贤先给出了法藏对于《大乘起信论义记》内容的说明，然后又给出持不同观点的元晓的《起信

---

① 参见吉津宜英《新罗华严教学的一个视点——围绕元晓、法藏的融合形态》，《韩国佛教研讨会》Vol 2，第37页。"华严宗祖师普贤菩萨　文殊菩萨　马鸣菩萨　龙树菩萨　坚惠菩萨　觉贤菩萨　日昭菩萨　杜顺菩萨　智严菩萨　法藏菩萨　元晓菩萨　大贤菩萨　表员菩萨　见登菩萨　良辨菩萨　实忠菩萨　世不喜菩萨　总道菩萨　道雄菩萨"（《华严宗所立五教十宗大意略抄》，《大正藏》第72卷，第200页中）。

论疏》内容。在（8）佛身义中根据佛身用八门做了说明，八门是指"一定常无常，二显身形量，三所化共不共，四定权实，五相好多少，六所见不同，七佛身开合，八所化分齐"①②。

表1 《大乘起信论内义略探记》的构造

1. 述论大意		
2. 探论中义	1）先明藏部摄	
	2）次释题目	
	3）后示其旨	（1）归敬三宝义
		（2）和合识义
		（3）四相义
		（4）本觉义
		（5）无明义（缺）
		（6）生灭因缘义亦名五意
		（7）六染义
		（8）佛身义

《大乘起信论》中与佛身相关的内容是大乘法义中的义，即对三大义作了说明，并探讨了真如的作用。有关此处的三身说，太贤在其佛身义八门中的"二显身形量""终教"部分有简单的提及。或许太贤的佛身论之范围相比《大乘起信论》的三身说需要从更多方面来进行考察，所以我们从华严五教，即小乘教、始教、终教、顿教、圆教体系来仔细分析。

高丽义天（1055—1101）的《圆宗文类》卷二十二中收录了法藏（643—712）给义相（625—701）的《贤首国师寄海东书》。义相在唐智俨门下学习华严后于670年返回新罗。法藏在信中写道

---

① ［新罗］太贤作《大乘起信论内义略探记》，《大正藏》第44卷，第419页中。
② 以上内容参考朴仁锡（译注）《大乘起信论内义略探记》"解题"，首尔东国大学出版部，2011年。

"一从分别二十余年",由此可知法藏给义相的信应该是在690年以后。① 返回新罗的胜诠也带来了法藏的著述,其目录如下:

>《华严探玄记》二十卷,两卷未成。《一乘教分记》三卷,《玄义章》等杂义一卷,别翻《华严经》中梵语一卷,《起信疏》两卷。《十二门论疏》一卷,《新翻法界无差别论疏》一卷。②

太贤的《略探记》所引用的文献是《起信疏》两卷(《大乘起信论义记》)和《一乘教分记》三卷(《五教章》)、《华严探玄记》二十卷等三种。《五教章》是法藏三十岁左右所写,《探玄记》是五十岁左右的著作。可知在8世纪前后,法藏的各种著述就已经传入新罗。太贤的著述中有很多称作"古迹记"的文献,这是相比阐述太贤自身对相关经典的观点,不如说是通过当时权威者的解释而对相关文献再次做出了注释。《略探记》也是这种类型的文献,阐述佛身义时则跳出《大乘起信论》的范围,在华严五教教判体系下,对佛陀的一代时教,即五教的佛身论做了综合、立体的整理可说是其特征体现。

三 《略探记》中的华严佛身论

佛教中的佛身论从初期佛教的法身、生身之二身说开始,到了后代定型为三身说。三身说在唯识学中是自性身、受用身、变化身。《大乘起信论》中是法身、报身、应身。华严宗中是十种佛身

---

① 对此时期有不同意见。吉津宜英提出三点。第一,法藏55岁之697年;第二,法藏50岁之692年;第三,吉津宜英本人的主张,法藏58岁之700年。吉津宜英《关于法藏著作的撰述年代》,《驹泽大学佛教学论集》10,1979年,第172页。

② [高丽]义天撰《圆宗文类》卷22,《新纂续藏经》第58卷,第559页上。

说，对这种佛身论的解释，在太贤时代唐之法相宗和华严宗给出了详细的说明。对于这两个宗派，太贤先继承了华严宗法藏的教判论，对佛身论进行整体考察。在与法相宗相关的议论部分来看，也积极接受了窥基的见解。

下面分别从两个部分来说明。首先是佛身义八门的由来。因为八门不只是来自法藏的思想，还与窥基有很大关系。然后是八门的前两门具体分析。太贤在第一门常无常门中根据法藏《五教章》对于五教佛身论的阐述，同时选择了作为始教之唯识学的窥基观点。第二门佛身形量门中，对《大乘起信论》的三身说隶属于终教给出的解释。

（一）佛身义八门之由来

太贤为了说明佛身义体系而将其分成八门，这八门的构造和名称并不隶属某一种文献。基本反映了华严宗法藏《华严五教章》《华严经探玄记》，法相宗窥基的《大乘法苑义林章·三身义林》的内容。具体如表2所示：

表2　佛身义八门由来

太贤八门	窥基《义林章》	法藏《五教章》《探玄记》
一定常无常	一常无常门	《五教章·所诠差别第九》→八佛果义相→先明常无常义
二显身形量	四三身形量门	
三所化共不共	五所化有情共	
四定权实	开合废立/因起果相	
五相好多少		《五教章·所诠差别第九》→八佛果义相→后明相好差别

续表

太贤八门	窥基《义林章》	法藏《五教章》《探玄记》
六所见不同		《探玄记·离世间品》→三显差别
七佛身开合	（佛身）开合废立	《五教章·所诠差别第九》→十佛身开合
八所化分齐		《五教章·所诠差别第九》→九摄化分齐

这里要看到八门的名称是综合了法藏与窥基文献中的内容[①]，八门各个的构造除了"七佛身开合"外，其他都是华严五教的形式。太贤把法藏没有明确以五教分类的内容以五教的形式做了再次说明，把窥基的见解剥离"始教"的位置。这在第二门的分析过程中得到明确的体现。

考虑到这些，有以下几点要说明。第一，太贤主要以法藏和窥

---

① 参见（唐）窥基撰《大乘法苑义林章》卷7中的构造（《大正藏》第45卷，第358页下—369页中）：

五门分别	简略内容	内容
一辨名		
二出体	略有六文	
三开合废立		
四因起果相		
五诸门分别	略有十四门	一常无常门，二自他二利门，三有异无异门，四三身形量门，五所化有情共，[六三身诸相门，七由几自在得自在门，八三身依止几处门，九由几佛法所摄持门，十受用变化非法身门，十一功德相应门，十二有漏无漏识所变门，十三净土差别门，十四三身说法差别门]（"六"以下只有题目）

基的文献为基础构建了八门体系。现有的研究把太贤的佛身义构造局限在法藏的《五教章》之中，应该将其范围扩大到窥基的《义林章》。第二，八门的大部分都是以五教的形式进行说明，其中窥基的见解主要作为始教，《大乘起信论》的见解主要作为终教来展开，可知太贤在说明佛身义时着意使用华严五教的体系。其中的例外是"七佛身开合"，把佛身分为小乘和大乘，大乘佛身又分为二身、三身、四身、十身的部分与其他门不同。

对于太贤是以何为基准归纳出八门的情况，这说明起来比较困难。简单来说，八门的第一佛身之"常无常"问题的论述与窥基、法藏的文章表达基本一致。初期佛教认为佛陀在八十岁时入无余依涅槃，这意味着从肉身的束缚中得到完全解脱。初期佛教中也提到"法身"，但其更多的是代表佛陀觉悟之"教法"的意思。所以初期佛教中，佛身就是"佛陀的肉身"随诸行无常的法则而生灭。反之，在《涅槃经》等大乘经典中提出与初期佛教相反的，即佛身是常，给出永远性的思维提示。所以从这一点来看，佛身的常无常问题与佛身相关，是基于大乘佛教、小乘佛教的观点不同。[1] 窥基、法藏都对这一问题进行了必要的阐述，太贤也是首先对此作了解释。[2]

(二) 华严五教之佛身论分析

1. 常无常门

首先是八门中的第一门"常无常"，对此太贤曾引用了如下文献典据，其中大部分是出自法藏的《五教章》以及窥基的《义

---

[1] 吉野惠子：《关于佛身论的研究——常无常》，《印度学佛教学研究》第31卷第2号（通卷第62），1983年3月，第154页。

[2] 佛身的常无常问题在窥基，法藏之前的慧远（523—592）的《大乘义章》卷十九《三佛义》"常无常分别五"（《大正藏》第44卷，第844页上），以及法藏之师智俨（602—668）的《华严五十要问答》《十七佛身常无常义》也可看到（《大正藏》第45卷，第521页中）。

林章》。

表3　《佛身义》第一门"常无常"引用典据

太贤，《大乘起信论内义略探记》	法藏，《五教章》；窥基，《义林章》
第一常无常者。 依小乘，二种佛身，皆是无常。	第八佛果义相者。……先明常无常义。后明相好差别。前中①若小乘，佛果唯是无常。以不说本性功德故。如《佛性论》云："小乘以无性德佛性，但有修德也。"
②若依始教，二义俱有。如《金光明经》云，如是三身，有义是常，有义无常，ⓐ谓化身恒转法轮，方便不断，故以为常。且《涅槃经》云，若言如来身是无常，此人舌根何不堕落。非是本故，具足大用不显现故，说为常。ⓑ应身从无始来，相续不断，一切诸佛不共之法能持故，众生无量尽，用亦无尽，是故说常。非是本故，说为无常。ⓒ法身非是得法，无有异相，是根本故，犹如虚空，是故说常。	《义林章》《金光明》说："如是三身以有义故而说为常，以有义故说为无常。ⓐ化身者恒转法轮，是故处处如如方便相继不断，是故说常。非是本故，具足之用不显现故，是故说无常。"……《金光明》说，"ⓑ应身者从无始来，相续不断故，以一切诸佛不共之法能摄持故，众生未尽，用亦不尽。是故说常，非是本故，以具足用不显现故，故说无常"。《佛地论》说，是不断常，恒受法乐无间断故，所依常故亦说为常，依此常义。《涅槃经》说，获常色等，若言如来身无常者，此人舌根何不堕落。……《金光明》中说，ⓒ法身者非是行法，无有异相，异无有故，是自本故，是故说常。如如法身，非是行法，无有异相，如如智法身，是自本故，理智广大冥合无相，犹如虚空，是故说常。 《五教章》若三乘始教，法身是常，以自性故。亦无常，以离不离故。修生功德是无常，以从因缘生故，是有为无漏故，亦得是常，以无间断故，相续起故。《庄严论》云，自性无间相续，三佛俱常住等。
③若依终教，修生功德是无常。又是常，已同真如，归本体故，又法身是常，不变故。又无常，随缘故。又常无常二融通无碍，即是佛身。	若依终教，有二义。先别明，后总说。别中，修生功德是无常，以修生故，亦即是常，一得已后同如故。何以故？本从真流故，无明已尽还归真体故。……法身是常，以随缘时不变自性故。亦是无常，以随染缘赴机故。……二总说者。……二义镕融无障碍故，是故佛果即常即无常。

续表

太贤，《大乘起信论内义略探记》	法藏，《五教章》；窥基，《义林章》
④若依顿教，相尽已不说功德差别常无常义，唯一实性身。	若依顿教，以相尽离念故，唯一实性身，平等平等不可说有功德差别，亦不可说常与无常。
⑤若依圆教，略有三说。一约用，佛果通三世间等一切法。二约德四义，一修生，二本有，三本有修生，四生本有。三约体。此三门各通无常等四句也。	若依圆教，佛果常等义有三说。一约用，佛果既通三世间等一切法。是故具有常等四句。二约德，佛果即具四义，谓一修生，二本有，三本有修生，四修生本有。圆融无碍备无边德，是故亦通常等四句。上二句义思之可见。三约体亦通四句。

下面分别考察太贤所给出的五教的佛身常无常内容。

第一，对于佛身常无常，小乘的观点是"二种佛身，皆是无常"。这与法藏在《五教章》中的"若小乘，佛果唯是无常"之说没有差异。宋代的师会在《华严一乘教义分齐章复古记》卷三写道："若小乘，但有二佛。一生身佛，二化身佛。"① 把小乘的佛果视为"二种佛身"。太贤虽然没有说明小乘佛身无常的理由，但是根据法藏所言，小乘因为只修德不说本性功德，所以二种佛身都是无常。

第二，在始教方面，太贤引用的不是法藏而是窥基的见解。窥基的观点是"化身应身都具有常、无常之意，但法身常"。法藏的观点如表3所示"若三乘始教，法身是常，以自性故，亦无常，以离不离故"②。说明始教中"法身具有常无常意"。可以看出两人对于"法身无常"的观点之不同。唯识学者窥基否定法身无常之观

---

① （宋）师会《华严一乘教义分齐章复古记》卷3，《新纂续藏经》第58卷，第368页上。

② 对于法藏的文句，道亭在《华严一乘分齐章义苑疏》说道法身凝然（＝不变）是常，其无常的理由如下："离不离故者，谓隐显不定。隐故言离，显故言不离。有斯不定，故说无常。"即法身隐现不定，所以有差异，即可称"无常"（道亭《华严一乘分齐章义苑疏》卷7，《新纂续藏经》第58卷，第232页下）。

点。因为法身"非是行法，无有异相"①。对于"法身无常"之见解，太贤引用"且《涅槃经》云，若言如来身是无常，此人舌根何不堕落"进行了激烈的批判。有关佛身常无常问题，窥基观点中的"化身应身是常"更需要关注。②

把法身或者真如视为无常的观点是基于"真如之不变随缘"而成立的。法藏在终教中引用此观点，指出相对法身常无常，更说明了其圆满。"真如之不变随缘"是法性宗教学者用来区分性宗和相宗的重要基准之一。③ 但是中国的法相宗学者们不认为"真如随缘"之观点，窥基也是这种思考。那么至少在始教，即法相宗的立场上无法展开论述"佛身无常"之窥基的见解，是太贤的观点所在。④

第三，有关终教的部分是对法藏《五教章》的摘要。法藏的结论是"终教的法身具有常无常两种意义"。为了说明这一点，法藏分"先别明，后总说"两步骤来说明。"先别明"中给出两种观点，"后总说"又给出融合以上两观点的第三个观点。太贤把法藏

---

① 这一句在太贤的文章中是"非是得法"，意思上没有大的差别。"行"是有为造作，"非是行法"是法身摆脱那种有为造作。"得"是获得，"非是得法"是说法身本来具足并无所得。

② 太贤所接受的窥基的见解是《三身义林》中对"常无常门"的相对详细的论述，由此可知窥基的相对"法身是常""化身应身是常"的主张更引起他的关注。这从太贤引用的《金光明经》中的文句可知，通过《三身义林》中引用的《摄大乘论释》的文句也可看到。《三身义林》中引用了《摄大乘论释》的问答，其问答如下："佛受用身及变化身，既是无常，云何经说如来身常？"对此的回答是"此二所依法身常故"。换句话说，受用身和变化身之"常"的根据不是别的，正是依托"法身是常"。这两种身"以恒受用无休废故，数数现化不永绝故"。法乐恒常受容，无尽的变化身出现是"常"。窥基认为这两种身是"常"，强调是从"密意"而来，是对"化身应身是常"这一问题非常慎重的态度。参见窥基撰《大乘法苑义林章》卷7《三身义林》,《大正藏》第45卷，第368页上。

③ 法藏在《五教章》卷二中指出区分始教终教的基准是真如的凝然和随缘上的差异（《大正藏》第45卷，第484下）。澄观的《大方广佛华严经疏》卷二的"真如随缘凝然别"也继承了这一点（《大正藏》第35卷，第511页上）。宗密的《圆觉经大疏》卷一也继承了这一点（《新纂续藏经》第9卷，第329页中）。

④ 参考佛身八门中的第三门"所化共不共"内容，可知是太贤没有接受窥基所提出的三种观点中的"正义"，并给出其他观点。

的这三种观点做了简要整理。终教的论述中引人注意的是积极导入真如之不变随缘的观点。把其与法身无常结合来看，法身只是"修生"是无常，真如因为积极地"随缘"所以是无常。但是真如在随缘的状态下因为保持"不变自性"，所以佛身是"常"。这相比佛身的常是不间断相续而起更加积极的终教说明方式。法藏的真如之不变随缘是区分始教终教的重要所在，太贤在终教的角度全部接受了这一观点。

第四，顿教部分也是对《五教章》中顿教的节要。顿教中无法说佛身所具功德差别或者常无常。因为此处不是以具体的事物形相来认识佛身，而是直显"唯一实性身"。方立天教授就顿教的特性有如下说明："顿教的基本学说，是主张以理性本体为本位，直接显示真如本体的妙理，而不是从事物的差别相状去认识真如本体。"[①] 另外在说明顿教的八门中，太贤没有引用其他文献，而是直接说明，分别是"二显身形量""三所化共不共""四定权实""五相好多少"等四门。也许是因为顿教中不能以具体的形量或者相好来说明佛身的原因，所以难以寻找相关论述。

第五，圆教是对《五教章》圆教内容的整理。针对圆教佛果，法藏通过用、德、体三个观点来说明。这三种分别具有常无常等四句。对法藏分别说明的内容太贤进行了综合整理。那么圆教中所提出的佛果或者佛身常无常论所体现的特征是什么呢？法藏和太贤的说明都有些简略，所以这里参考《五教章》的最早注释书，高丽均如（923—973）的《释华严教分记圆通钞》的注释进行说明。对于佛果之圆教与以前三乘的差异，均如做了如下说明：

> 五圆教中，"约用乃至具有常等四句"者，三乘约法报化

[①] 方立天：《法藏评传》，京华出版社1995年版，第34—35页。

而明，今此约体德用而辨。然体则德用全体，德用亦尔。故云"若体则俱体，乃至用则俱用"等。是知与三乘中三身，全别不同也。若作四句，通三世间故常。有机则应，无机则不应故无常。具德故俱。形夺故不俱也。①

根据均如所说，相比以前议论中对于佛果依托法身、报身、化身的说明，圆教中对于佛果以体、德、用为立脚点，这是两者的第一点不同。但是圆教所言体是具有德、用之体，德、用与其也同是相同的关系。所以圆教的佛果不管用体、德、用的何种观点来看都是圆融的，对其常无常则分别用四句来圆融地说明。均如把法藏省略的有关用的常无常四句，以及德、体四句都进行了说明。参考均如的说明，圆教的佛身常无常之观点，不管采取哪种都可以圆满地说明。这与之前的说明有差别（别），以前说明中出现的佛身论都包含在其中所以是圆满（圆）。

前面说过的，佛身的常无常问题是区分大小乘佛身论最重要的观点。法藏指出小乘认为只有法身是无常，而以后的始教终教都具有法身常无常的内容。顿教则无法讨论这一情况。最后，在圆教中，把佛果进行了详细的区分，通过体、德、用任何观点都可以圆满地说明常无常四句。

整理以上说明如下：

第一，太贤有关常无常之内容基本以法藏《五教章》卷二《所诠差别第九》→八佛果义相→先明常无常义为基本，并拔萃、引用。与法藏把这一部分的"佛果"看作"义相"，佛果"义"看作"常无常义"，佛果的"相"看作"相好差别"不同，太贤认为

---

① ［高丽］均如撰《释华严教分记圆通钞》，《韩国佛教全书》，第4卷，第398页下。

"佛果"就是"佛身",这是两人的不同之处。但从内容上来看,"常无常"主要是针对佛身而言。

第二,始教部分没有引用法藏,而是参考了窥基《义林章》卷七《三身义林》→五诸门分别→常无常门的内容,特别是引用了《金光明经》的文句而构成。引用《金光明经》对三身,即化身、应身、法身各各常无常的说明相比法藏《五教章》的议论要详细。① 此处值得注意的是,有关始教之常无常法藏和窥基的观点不同,太贤倾向于窥基的见解。

这么来看,在编撰《略探记》时太贤已经对华严五教的体系有着全面的了解,即便是在这样的情况下,还是对提出法相宗见解的正统法相学者之思想进行了学习。

2. 佛身形量门

太贤的《略探记》是对《大乘起信论》内容的说明,《论》的佛身论在第二门"佛身形量"中有所言及。此门之题目来自窥基《义林章》→《三身义林》→五诸门分别→"四三身形量门"。法藏的文章中没有相关内容,太贤把"佛身形量"分为五教,始教采用窥基的见解,终教给出《大乘起信论》的三身说,小乘、顿教以及圆教通过引用《华严经》或者法藏的《探玄记》来构成阐述。首先简单介绍了小乘、始教等,然后集中探讨了《大乘起信论》所言及的终教以后的内容。

首先,对于小乘佛身的形量,太贤认为"若依小乘,罗汉身及佛丈六身"即佛陀成佛之阿罗汉身和一丈六尺的身就是小乘佛身的形量。在始教中,窥基根据《佛地经论》通过法身、自受用身、他

---

① 太贤引用《金光明经》的内容在《三国遗事》中也有记录。他去宫殿讲经,然后枯井喷水的神异内容也有关。"景德王天宝十二年癸巳,夏大旱。诏入内殿,讲《金光经》,以祈甘霖。一日斋次,展钵良久,而净水献迟,监吏诘之。供者曰,宫井枯涸,汲远,故迟尔。贤闻之曰,何不早云。及昼讲时,捧炉默然。斯须井水涌出,高七丈许,与刹幢齐,阖宫惊骇,因名其井曰金光井"(《三国遗事》卷四《贤瑜珈海华严》,《大正藏》第49卷,第1010页上)。

受用身，变化身的顺序对佛身形量进行说明，太贤也引用并整理了这一顺序。这可认为是大乘佛教对三身的典型说明方式。

第三，终教内容方面，太贤提到《大乘起信论》的三身说及佛身形量。内容如下：

> 若依终教，如《起信论》中，①体相二大属法身摄。此法身是随缘作三界六趣多众生心，不失一神解生（→性）。又是凝然常，绝言虑故。约真如用大中，辨报化二身用。此用二种，②一依事识，凡小所见，名应身。谓不知唯识，计有外尘，但觉六识，不解七八，是故不见报身细相。③二依业识，谓十住以上诸菩萨，能解唯识，见报身故。一一身，一一色，一一相，一一好，及所住世界，皆无分齐，无量无边。如是依正二报，无障碍不思议，皆因十度行熏及本觉不思议熏，而所成就也。①

《大乘起信论》对于三身的说明首先是从三身的基础即体大、相大、用大开始。从体大、相大出现法身，用大延伸出报身、应身。但①前面有关法身形量的部分，始教认为"法身无边，犹若虚空"。《略探记》虽然省略了，但在窥基的文章中有"不可说其形量大小"的说明。即法身的形量不可说，太贤认为不是法身自体，而从其"随缘"侧面进行间接的提示。所以法身因为随缘而具有三界六趣多众生心。法身不失"一神解性"，所以凝然（不变）为常。

报身和应身以何为依据而区分？②应身根据分别事识通过凡夫和小乘而体现，他们因不了解唯识而认为佛身是外界实在，看不到

---

① ［新罗］太贤作《大乘起信论内义略探记》，《大正藏》第44卷，第420页上。

更高层次的报身微细相。《略探记》对此无所言及,《大乘起信论》中对应身形量做了说明。"又为凡夫所见者,是其粗色。随于六道各见不同,种种异类非受乐相故,说为应身。"① ③报身是了解唯识理致的十住以上菩萨们所出现的佛身,随菩萨修行阶位的提高,正报佛身乃至依报国土的形量都无法衡量。那么十住以上菩萨能见到这一报身的理由是什么?对此太贤归纳为两点。第一,修行十波罗密的熏习之力。第二,本觉之不可思议熏习之力。这两者可以理解为内外两种熏习。

太贤对于《大乘起信论》三身论的说明基本上都出自《论》本身。只是有些应该是来自太贤的追加,整理如下。第一,为了说明法身形量,给出法身随缘的观点。法身形量本来不可说,通过随缘概念说明其可能性。第二,对于应身形量,凡夫小乘"但觉六识,不解七八"。指出他们不能了解报身微细相,进一步具体说明不了解唯识理致的方面。第三,报身形量方面,整理《论》的论议为依正二报之不可思议,其原因归纳为修行外熏和本觉内熏。

接着,对于顿教的佛身形量,太贤给出两种相反的方式进行说明,其内容如下:

> 若依顿教,于佛身起言说皆妄念,绝言念故。又触境即佛,不论时处。如《华严》云"十方诸佛世界,一切众生,普见天人尊,清净妙法身"。是即恒见佛身,自不知之耳。②

顿教佛身形量的第一观点,"佛身起言本身属于妄念,其形量说明不可能"。第二观点,不论时间地点,"所见即佛"。第一观点是根据顿教的一般的理解,第二观点是沿用《华严经》的观点。上

---

① (梁)真谛译《大乘起信论》,《大正藏》第32卷,第579页下。
② [新罗]太贤作《大乘起信论内义略探记》,《大正藏》第44卷,第420页上。

面引用的是六十卷本《华严经·兜率天宫菩萨云集赞佛品》的偈颂。①

最后，在圆教佛身形量的论述部分，太贤把其分成两部分说明。第一，把圆教佛身的主体用"十佛之身"来说明。第二，"为机所现之身"，随根机而显现的佛身通过《华严经》的譬喻来说明。这里考察前面的内容，因为《华严经》所说主体之"十佛之身"自智俨以来已经是中国华严宗佛身观的内容所在。

智俨晚年在《华严经内章门等杂孔目》中确立了二种十佛说，即行境十佛说和解境十佛说。先简单说明二种十佛说。智俨年轻时建立的行境十佛中，行境是指"修行的境界"。从十个方面对菩萨修行到佛果以及成就佛身做出说明，是旧译《华严经·离世间品》中的"无着佛"等。解境十佛是智俨晚年所说，解境是指"解悟照了之境"。"华严宗人认为，菩萨以真实的智慧解悟照了法界时所见的万事万物，无不是佛，都是佛身。"这是旧译《华严经·十地品》中的"众生身，国土身"等。②但这两种十佛说不见智俨的弟子们传承，他的两个弟子新罗义相和唐法藏对于佛身论以各自的方式展开。③

这么来看，需要考察太贤给出的"十佛之身"内容是以哪位华严教学者的论点为基础。从结论来说，对于"十佛之身"太贤虽然引用了法藏的《探玄记》，但具体的内容并不一致。《略探记》圆教引用文的前面部分如下：

若依圆教，ⓐ周遍法界，十佛之身。ⓑ一一相如，亦遍法界。业用亦尔，如是业用，普眼所见，余小菩萨凡小所不能

---

① （东晋）佛陀跋陀罗译《大方广佛华严经》卷14，《大正藏》第9卷，第486页中。
② 方立天：《法藏评传》，京华出版社1995年版，第192—193页。
③ 木村清孝：《十身说展开——智俨与义湘、法藏之间》，《印度学佛教学研究》通卷第65号，1984年12月版，第88—89页。

见。如舍利子等五百声闻，不见佛身及会庄严等之是义也。①

上面引用文中ⓐ和ⓑ出自法藏文献。ⓐ是法藏《探玄记》卷二"是故唯是，周遍法界，十佛之身"②，ⓑ是《五教章》卷三"若依一乘，有十莲华藏世界海微尘数相。彼一一相，皆遍法界，业用亦尔"③。

为了正确理解十佛之身的脉络，把太贤引用的ⓐ部分放在《探玄记》中再次考察：

> 今释，此佛准下文中是，"十佛之身"，通三世间。以说十信及三贤等地前所见，非实报故。然居华藏非局化故，国土身等，非前二故，具摄前二，性融通故。具足主伴，如帝网故。是故唯是，ⓐ周遍法界，十佛之身。④

这一部分是《探玄记》中用五门说明"智正觉世间圆满"中的"一定佛身"内容。七处八会说法的佛，其身如何呢？对此法藏给出三种提示，第一化身佛，第二实报身，第三就是太贤引用的十佛之身。上面引用文对《华严经》所说"佛"为何不能成就化身、实报身的理由做了说明。第一地前菩萨所见不是佛的实报身，第二在华藏世界所居不局限化身。不是这两种，但又全部包摄就是"佛"就是"十佛之身"，对此具体的表述法藏用"国土身等"，六十卷本《华严经·十地品》给出第八地菩萨所见十身⑤。法藏所说

---

① [新罗] 太贤作《大乘起信论内义略探记》，《大正藏》第44卷，第420页上。
② （唐）法藏述《华严经探玄记》卷2，《大正藏》第35卷，第130页中。
③ ⓑ是《五教章》第八佛果义相者→二明相好差别者中所出"一乘相好"部分的内容，此处"彼一一相"被视为"彼二相"（《大正藏》第45卷，第497页下）。
④ （唐）法藏述《华严经探玄记》卷2，《大正藏》第35卷，第130页中。
⑤ "是菩萨知众生身、知国土身、知业报身、知声闻身、知辟支佛身、知菩萨身、知如来身、知智身、知法身、知虚空身，是菩萨如是知众生深心所乐"（《大正藏》第9卷，第565页中）。

与其师智俨所说"解境十佛"相当。

太贤认为圆教的佛就是"十佛之身",但是在此门中没有具体说明。这些内容可以在佛身义八门中的"七佛身开合"找到。第七门中太贤把大乘十身分成四类介绍。其中八十卷本《华严经·离世间品》出现两种十佛。① "安住世间成正觉佛,无着见"对应六十卷本《华严经》之"无着佛",与智俨的行境十佛相当。所以可知太贤的"十佛之身"不是解境十佛而是行境十佛。二种十佛说都是智俨晚年的观点,新罗义相以行境十佛为中心给出详细说明。② 有关"十佛之身"的具体内容,太贤应当对义相系华严学者们的观点有所了解。只是义相是依托旧译,太贤引用新译的差异而已。有关这一点还待以后进一步研究。

从结论上来看,太贤的圆教就是《华严经》所说佛,就是"十佛之身(行境十佛)之佛",此佛的形量是相和业用遍满法界。这包含了前面四教的佛身形量,是一个更广的范围。

四 《大乘起信论内义略探记》佛身论的特征与意义

本文所考察的太贤佛身论的特征如下:

第一,把佛身义用华严五教体系构想是受到法藏《五教章》的很大影响。他也引用法藏的《探玄记》,可这是六十卷本《华严

---

① 三者《新华严》第53云,"成正觉佛乃至第十随乐佛"。四者《五十八离世间品》云,"菩萨有十种见佛,谓于安住世间成正觉佛无着见,愿佛出生见,业报佛深,住持佛随顺见,涅槃佛深信见,法界佛普至见,心佛安乐见,三昧佛无量无依见,本性佛明了见,随乐佛普受见,若诸菩萨安住此法则常得见无上如来"。参见太贤作《大乘起信论内义略探记》,《大正藏》第44卷,第442页上。

② 木村清孝很重视《法界图记丛髓录》卷下之一中的《古记》。认为这是义相对行人十佛的说明方法,对旧译《华严经》的无着等进行了详细的说明。参见木村清孝《十身说展开——智俨与义湘、法藏之间》,《印度学佛教学研究》通卷第65号,1984年12月版,第86页。

经》的注释书，所以在五教观点下对佛教全盘再构成的《五教章》有更大的影响。

第二，佛身义八门的由来受到华严宗法藏的《五教章》《探玄记》，法相宗窥基的《义林章》的很大影响。前面（表3"佛身义八门由来"）所示，八门分别受到法藏和窥基的五种见解影响。

第三，把八门通过五教体系对其各各佛身进行说明，特别是在始教内容方面以窥基的见解为立脚点，主要包括第一门"常无常"，第二门"显身形量"，第三门"所化共不共"，第四门"定权实"。太贤把法相宗学说看作五教体系中的始教，但相比法藏的观点，在内容上更侧重于窥基的观点。

第四，把《大乘起信论》佛身论放在八门第二门"佛身形量门"的终教来探讨。这说明太贤把《大乘起信论》看作五教中的终教。在有关佛身论的方面如八门所提示的那样，相比《大乘起信论》从更多样的观点予以接近。

《略探记》不仅在佛身义的形式，在内容上也沿袭了法藏的华严五教体系，但是在始教方面则不是法藏而是以窥基的见解为主。所以在编写《略探记》当时太贤一方面受到华严学的很大影响，另一方面也给出自己在唯识学方面的见解。这种情况相对性相融会来说，不如说是对性、相作某种区分而考察。这是太贤学问方向中所谈到的三种见解中的第一个，即"太贤先学习性宗，然后转为相宗"。这样结合起来看更加自然。

另外，太贤当时所在的新罗佛教界中，与太贤这样把佛身论用华严五教体系的八门说明不常见。以后有必要大致从以下几个方面，进一步探讨太贤的佛身论在当时新罗佛教界所处的位置及其意义。首先是有必要整理考察义相的《华严一乘法界图》及由义相弟子记录的其思想集成文献《华严经问答》，以及后世的《法界图记丛髓录》等有关义相与义相系华严学者有关佛身论的见解。然后是对义相系华严学之外的,如元晓、表员、见登等佛身论见解的整理考察。特别是表员的《华严经文义要决问答》,见登的《华严一乘成佛妙义》都与华严学相关,研究新罗佛教学者们的佛身论的很好资料。

(朴仁锡,东国大学佛教学术院研究教授
翻译:郭磊,东国大学佛教学术院研究员)

新羅太賢《大乘起信論內義略探記》에 나타난 華嚴佛身論

朴仁錫

1. 序論

　　8世紀新羅佛教를 代表하는 僧侶인 太賢(753年傾活動)은 元曉 (617-686), 憬興(681)과 함께 新羅 3大著述家로 불리지만, 現存하는 著述은 《大乘起信論內義略探記》, 《成唯識論學記》, 그리고 《梵網經古迹記》등의 몇 가지뿐이다.[太賢의 著述은 總 43部에 이르지만, 現存하는 것은 5部이다. 現存 5部는 《梵網經古迹記》 2卷, 《菩薩戒本宗要》 1卷, 《藥師經古迹記》 2卷, 《成唯識論学記》 8卷, 《大乘起信論內义略探記》 1卷이다. 이는 蔡印幻, <新羅大賢法師研究(1)>, 《佛教学報》 20, 1983, pp.96-103의 見解를 따랐다.] 이 중 《大乘起信論內義略探記》(以下 《略探記》略稱)는 《大乘起信論》의 要點을 8義로 나누어 註釋한 文獻이다. 이 文獻은 《起信論古迹記》라는 名稱으로도 불리는데, 이는 太賢이 주로 《大乘起信論》에 대한 兩

大註釋書인 元曉의《起信論疏》와 法藏(643-712)의《大乘起信論義記》의 內容을 拔萃하여 自身의 論旨를 展開하였기 때문이다.

太賢이 分類한 8義 가운데는 '無明'에 대한 內容이 散失되었으므로 現在 7義만 남아 있는데, 이중 마지막 第8義의 主題가 바로 '佛身'이다. 그런데, 特徵的인 것은 現存하는 7義 중 佛身을 除外한 나머지 6義는 거의가 法藏과 元曉의《大乘起信論》註釋을 拔萃해서 論議를 展開하는 반면, 第8義의 佛身에 대한 論議는 華嚴宗의 5敎判說을 基準으로 삼아 5敎의 佛身論을 다시 8門으로 詳細히 論議하는 데 있다. 太賢이 受容하고 있는 5敎의 틀이 基本的으로 法藏의《華嚴五敎章》에 根據하고 있다는 점에 대해서는 旣存에 이미 指摘된 바가 있다. [吉津宜英, <新羅の華嚴敎学への一視点-元曉・法藏融合形態をめぐつて->(《韓國佛敎学Seminar》Vol.2, 1986.12), pp.38-40. 吉津宜英은 太賢의 学問的 性格을 "元曉와 法藏을 融合한 形態"라고 보고 看做하였다.] 이는 8世紀 前後로 法藏의 著作이 多數 新羅로 傳播되어, 義相(625-702)을 中心으로 盛行했던 華嚴學과 다른 形態의 華嚴學이 新羅에 流行하게 된 狀況을 分析하면서 나온 指摘이다.

그런데 太賢이 다루고 있는 佛身義는《大乘起信論》의 法身・報身・應身의 3身說에 만국되지 않고 華嚴 5敎의 體系 아래서 8門이라는 매우 多樣한 觀點에서 眺望되고 있다. 그간 佛身義의 8門에 대해서는 詳細한 檢討가 이루어지지 않았으므로, 이 점을 보다 자세히 살펴볼 필요가 있다. 太賢 當時 唐에서 傳來된 最新의 佛敎學으로는 唯識學과 華嚴學의 두 가지를 꼽을 수 있고, 그 代表的인 人物로 窺基와 法藏을 들 수 있다. 太賢은 佛身義를 建立함에 있어서는 法藏이 세운 華嚴學의 5敎의 體系

를導入하지만,8門의具體的인內容으로들어가서보면窺基의唯識學의見解를受容하는部分역시적지않다.이점을살펴보는것은太賢이지닌學問의傾向이어디에놓여있는지를解明하는데있어매우중요한事項으로생각된다.왜냐하면太賢의學問的傾向에대해서는그가줄곧性宗(=華嚴宗)에속했는지,아니면性宗에서相宗(=法相宗)으로轉換했는지,아니면그가性相融會의觀點을갖고있었다고하는등의서로다른見解가있기때문이다.또한太賢의《略探記》가《大乘起信論》에대한註釋書인만큼,太賢이華嚴5敎가운데《大乘起信論》의佛身論을8門중어떤門의어떤敎에서다루는지에대해서도자세히살펴볼필요가있다.

2. 太賢과《大乘起信論內義略探記》

1) 太賢의生涯,姓名,師承

먼저太賢과그의《大乘起信論內義略探記》에대해간략히紹介하고자한다.太賢의生涯를具體的으로傳하는資料는없고,高麗一然(1206-1289)의《三国遺事》에실린記錄등을통해大略的으로把握할수있다.《三国遺事》에서는太賢을 '瑜珈祖大德' 으로칭하고있으며,그에관해몇가지記錄을전하고있다.그중753년곧,景德王天寶12年여름큰가뭄이들었을때,太賢이勅命으로內殿에들어가《金光明經》을講義하자대궐의우물물이높이솟구쳐오르는異蹟을보였다는內容이나온다.그러므로太賢이753년前後로活動했던新羅의名望높은高僧이었음을알수있다.

다음으로 그의 姓名에 대해서는 高麗《三国遺事》의 <賢瑜伽> 條와 中国 大薦福寺의 僧侶 道峯이 撰한 <大賢法師義記序>(《大正藏》 45,915a)에서는 '大賢'으로 칭하는 반면, 日本에 전해진 그의 文獻 및 日本僧侶들의 註釋書에는 '太賢'으로 칭해지는 경우가 많다. '大' 와 '太'의 발음이 서로 통하므로, 이 論文에서는 현재 널리 쓰이는 '太 賢'으로 칭하고자 한다.

그의 師承에 대해서는 日本의 照遠이 1333年에 지은 《梵網經下 卷古迹記述迹抄》(1333年,《日本大藏經》20,233a)에서 '太賢 이 道證의 弟子'라는 記錄을 전하는 內容이 나온다. 道證은 692년에 唐 에서 新羅로 歸国하였으며, 圓測(613-696)의 弟子로 알려져 있다. 그 러나 道證에 대한 資料 역시 매우 限定되어 있는데다, 道證과 太賢의 師承 關係를 알려주는 다른 資料가 없으므로 이 점은 現在 논란이 되고 있다. [趙明基,《新羅佛敎의 理念과 歷史》(서울:經書院,1962),p.182.]

2) 太賢의 學問方向

太賢의 學問方向에 대해서는 옛부터 세 가지 서로 다른 觀點이 있었 다. 이는 日本의 淸算이 쓴 《梵網經上卷古迹記綱義》(1356-1361 年.《日本大藏經》20,4b)에서 확인할 수 있는데, 첫째 觀點은 太賢이 본래는 性宗의 人物이었지만 후에 相宗으로 宗을 바꾸었다는 것이고, 둘 째 觀點은 太賢이 한결같이 性宗에 속하는 人物이었다는 것이고, 셋째 觀 點은 太賢이 性·相을 兼修한 人物이므로 어느 한쪽으로 그를 判斷해서 는 안된다는 것이다. 淸算은 凝然(1240-1321)의 見解 역시 引用하는 데, 凝然은 太賢에 대해 "雖通諸敎,宗在唯識.雖解衆典,意存法相." 이라고 평가하였으며, 太賢이 '理事圓通'을 추구했으므로 經論을 해

석하는 旨歸가 元曉와 비슷했다고 敍述하고 있다.

한편 日本《大正新修大藏經》第72卷에 들어 있는 著者不明의 《華嚴宗所立五敎十宗大意略抄》의 마지막 부분에는 "華嚴宗祖師"의 順序가 簡略히 나온다. 그 중 新羅의 華嚴祖師를 보면 "元曉菩薩 大賢菩薩 表員菩薩 見登菩薩"[吉津宜英, 前揭論文, p.37.《華嚴宗所立五敎十宗大意略抄》(《大正藏》72, 200b13-18), "華嚴宗祖師普賢菩薩 文殊菩薩 馬鳴菩薩 龍樹菩薩 堅惠菩薩 覺賢菩薩 日昭菩薩 杜順菩薩 智嚴菩薩 法藏菩薩 元曉菩薩 大賢菩薩 表員菩薩 見登菩薩 良辨菩薩 實忠菩薩 世不喜菩薩 總道菩薩 道雄菩薩."]의 順序로 되어 있어, '太賢'을 元曉를 이은 華嚴宗祖師로 보고 있음을 알 수 있다. 高麗에서는 一然의 《三國遺事》에서 太賢을 '瑜伽祖'로 稱하고 있는 만큼, 傳統的으로 그를 法相宗의 學者로 보는 傾向이 있다. 現存하는 《成唯識論學記》와 같은 文獻을 본다면 太賢이 法相宗에 基盤한 學者임을 알 수 있지만, 보통 性宗文獻으로 分類되는 《大乘起信論》에 대한 注釋書를 지은 것을 본다면, 그가 性・相에 두루 關心을 가졌다는 점은 否認할 수 없을 것이다.

3) 《略探記》의 構成과 內容

表1. 《大乘起信論內義略探記》的構造

1. 述論大意			
2. 探論中義	1) 先明藏部攝		
	2) 次釋題目		
	3) 後示其旨	(1) 歸敬三寶義	
		(2) 和合識義	
		(3) 四相義	
		(4) 本覺義	
		(5) 無明義(缺)	
		(6) 生滅因緣義亦名五意	
		(7) 六染義	
		(8) 佛身義	

太賢의《略探記》는《大乘起信論》을 크게 두 部分으로 나누어 說明하는 註釋書이다. 두 部分이란, 첫번째《論》의 大意를 記述하는 것이고, 두번째《論》의 여러 內容을 찾아서 說明하는 것이다. 이중 첫번째 部分은《大乘起信論》이 出現한 背景을 짧은 文章으로 記述하는 內容이다. 두번째 部分은 다시 3段으로 나뉘는데, 첫째는《大乘起信論》이 二藏, 三藏, 그리고 十二部 가운데 어디에 屬하는지를 說明하는 內容이고, 둘째는《大乘起信論》이라는 題目을 解釋하는 內容이고, 셋째는《大乘起信論》의 宗旨를 8義로 드러내는 部分이다. 이를 圖表로 나타내면 다음과 같다.

太賢이提示하는8義가운데(1)과(8)을除外한나머지6義는《大乘起信論》의心生滅門의內容에集中되어있으며,특히(3)四相義,(6)生滅因緣義,(7)六染義는淸淨한心體가汚染되어가는過程을說明하는內容들로서서로緊密한關係를지니고있다.이部分들의內容을說明함에있어太賢은法藏의《大乘起信論義記》의內容을먼저紹介하고,다음으로이와다른觀點이있을경우元曉의《起信論疏》의內容을紹介한다.반면(8)佛身義에서는佛身에對해서는따로8門으로說明하는데,8門이란"一定常無常,二顯身形量,三所化共不共,四定權實,五相好多少,六所見不同,七佛身開合,八所化分齊."[太賢,《大乘起信論內义略探記》(《大正藏》44,419b).]를말하며,細部的으로는거의大部分華嚴5敎의體系로이루어져있다.[以上의內容은朴仁錫,(譯註)《大乘起信論內义略探記》(서울:東國大學校出版部,2011)의<解題>參照.]

《大乘起信論》에서佛身과關聯된內容은大乘의法・義가운데義,곧三大義를說明하면서眞如의作用을言及하는部分에서나오는데,여기서세운三身說은太賢이세운佛身義8門가운데서는'二顯身形量'의'終敎'部分에서간략히言及되고있다.아마도太賢은佛身論의範圍가《大乘起信論》에서提起한三身說보다훨씬多樣한側面에서考察될必要가있다고생각한것으로보이고,따라서이를華嚴의5敎,즉小乘敎・始敎・終敎・頓敎・圓敎의體系에맞추어仔細히分析한것으로생각된다.

한편,高麗의義天(1055-1101)이編纂한《圓宗文類》卷22에는法藏(643-712)이義相(625-701)에게보낸<賢首国師寄海

東書>가 收錄되어있다. 義相은 唐에서 智儼에게 華嚴學을 익힌뒤 670년 新羅로 歸國했는데, 法藏이 편지에서 '一從分別二十餘年'이라고 기록하고있으므로, 法藏이 義相에게 편지를 보낸 時期는 大略 690年 以後가 될 것이다. [이 時期에 대해 몇 가지 異見이 있다. 吉津宜英은 이를 세 가지로 보았다. 첫째는 法藏 55歲인 697年이고, 둘째는 法藏 50歲인 692年이고, 셋째는 吉津宜英 本人의 主張인 法藏 58歲인 700年 설이다. 吉津宜英, <法藏の著作の撰述年代について>, 《駒澤大學佛敎學論集》 10, 1979, p.172.] 여기에는 新羅로 歸國하는 勝詮을 통해 法藏 自身의 著述을 같이 보낸다는 記錄이 나오는데, 著述目錄은 다음과 같다.

《華嚴探玄記》二十卷, 兩卷未成. 《一乘敎分記》三卷, 《玄義章》等雜義一卷, 別翻《華嚴經》中梵語一卷, 《起信疏》兩卷. 《十二門論疏》一卷, 《新翻法界無差別論疏》一卷. [义天, 《圓宗文類》卷22(《新纂續藏經》58, 559a21-24).]

이중 太賢의 《略探記》에 引用되는 文獻은 《起信疏》兩卷(=《大乘起信論義記》)과 《一乘敎分記》三卷(=《五敎章》)과 《華嚴探玄記》二十卷의 3種이다. 이중 《五敎章》은 法藏이 30代에 쓴 것이고, 《探玄記》는 50代에 쓴 것으로 研究되고 있다. [木村淸孝, <前揭論文>, pp.86-87.] 또한 8世紀 前後 한 時期에 法藏의 여러 著述을 포함한 다양한 文獻들이 新羅에 傳해진 것은 分明하다. 太賢의 著述 가운데는 '古迹記'라는 名稱의 文獻이 많은데, 이는 該當 經論에 대해 太賢 自身의 觀點보다는 旣存의 權威있는 註釋을 빌려와서 該當 文獻을 註釋하

는 傾向이 큰 것을 가리킨다. 《略探記》역시 그러한 性格의 文獻이지만, 佛身義에 있어 《大乘起信論》의 範圍를 벗어나 華嚴5敎의 敎判體系 아래서 佛陀 一代時敎, 곧 5敎의 佛身論을 綜合的이고 立體的으로 整理하는 점에 特徵이 있다.

3.《略探記》의 華嚴佛身論

佛敎에 있어 佛身論은 初期佛敎의 法身·生身 2身說에서 시작하여 後代에 이르러 보통 3身說로 定立된다. 3身說에 대해서도 唯識學에서는 自性身·受用身·變化身으로 3身을 分類하고,《大乘起信論》에서는 法身·報身·應身의 3身으로 分類하는 등 差異가 있으며, 華嚴宗에서는 十種佛身說을 提起하기도 하였다. 이와 같은 佛身論에 대해 太賢 當時까지 가장 詳細하게 說明한 宗派로는 唐의 法相宗과 華嚴宗을 들 수 있을 것이다. 이 두 宗派에 있어 太賢은 이먼저 華嚴宗 法藏의 敎判論을 受容하여 佛身論 全般을 바라보는 틀로 삼지만, 法相宗과 關聯된 論議에 局限해서 보면 窺基의 見解를 積極 受容하는 모습 역시 보이고 있다.

아래서는 크게 두 가지 內容을 주로 살펴보고자 한다. 먼저 佛身義 8門의 由來를 살펴보는 것이다. 왜냐하면 8門 自體는 法藏뿐 아니라 窺基의 文獻에 根據한 바가 크기 때문이다. 다음으로는 8門 앞의 두 가지 門을 具體的으로 分析하고자 한다. 그 理由는 크게 두 가지이다. 먼저 第1門인 常無常門은 法藏의 《五敎章》에 따른 5敎의 佛身論을 잘 보여줌과 同時에 始敎로 分類된 唯識學에 있어서는 窺基의 立場을 擇하는 太賢의 觀

點을確認할수있기때문이고,다음으로第2門인佛身形量門에서는특히《大乘起信論》의3身說을終敎에所屬시켜서解釋하는太賢의觀點을잘볼수있기때문이다.

1) 佛身義8門의由來

太賢은佛身義를體系的으로解明하기위해이를다시8門으로分類하였는데,이8門의構造와名稱은어느한가지文獻에서由來하는것은아니다.여기에는華嚴宗法藏의《華嚴五敎章》,《華嚴經探玄記》와더불어法相宗窺基의《大乘法苑義林章》<三身義林>의內容이주된骨格을차지하고있다.이를表로나타내면다음과같다.

표2. 佛身義8門由來

太賢8門	窺基《義林章》	法藏《五敎章》,《探玄記》
一定常無常	一常無常門	《五敎章》<所詮差別第九>→八佛果義相→先明常無常義
二顯身形量	四三身形量門	
三所化共不共	五所化有情共	
四定權實	開合廢立/因起果相	
五相好多少		《五敎章》<所詮差別第九>→八佛果義相→後明相好差別
六所見不同		《探玄記》<離世間品>→三顯差別
七佛身開合	(佛身)開合廢立	《五敎章》<所詮差別第九>→十佛身開合
八所化分齊		《五敎章》<所詮差別第九>→九攝化分齊

여기서염두에두어야할점은8門의名稱은法藏과窺基의문헌의

내용들을 조합해서 구성한것이지만①, 8門 各各의 構造는 '七佛身開合'을 除外하면 모두 華嚴5敎의 形式을 따른다는 점이다. 太賢은 法藏이 明確하게 5敎로 分類하지 않은 內容까지도 모두 5敎의 形式으로 再定立하고 있고, 窺基의 見解는 '始敎'에 位置 지우고 있다. 이는 第2門의 分析過程에서 잘 나타날 것이다.

이런 점을 보면 적어도 다음의 몇 가지는 分明히 알 수 있다. 첫째, 太賢은 주로 法藏과 窺基의 文獻을 基盤으로 삼아 8門의 體系를 構想했다는 점이다. 旣存의 硏究에서는 太賢의 佛身義의 構造를 法藏의 《五敎章》에만 局限시켰는데, 그 範圍를 窺基의 《義林章》까지 좀 더 擴張시켜야 할 것이다. 둘째, 8門은 大部分 5敎의 形式으로 敍述되는데, 窺基의 見解는 주로 始敎로, 《大乘起信論》의 見解는 주로 終敎의 內容으로 다루어지고 있는 만큼, 太賢이 佛身義를 說明함에 있어서는 매우 意圖的으로 華嚴5敎의 틀을 使用하고 있다는 점이다. 이 중 예외는 '七佛身開合'인데, 여기서는 佛身을 크게 小乘과 大乘으로 分類한 뒤, 大乘의 佛身을 다시 二身·三身·四身·十身으로 分類하는 점에서 다른

---

① 窺基《大乘法苑義林章》卷7<三身義林>(《大正藏》45, 358c20-369b5) 構造

五門分別	簡略內容	內容
一辨名		
二出體	略有六文	
三開合廢立		
四因起果相		
五諸門分別	略有十四門	一常無常門, 二自他二利門, 三有異無異門, 四三身形量門, 五所化有情共, [六三身諸相門, 七由幾自在得自在門, 八三身依止幾處門, 九由幾佛法所攝持門, 十受用變化非法身門, 十一功德相應門, 十二有漏無漏識所變門, 十三淨土差別門, 十四三身說法差別門]('六'以下只有題目)

新羅太賢《大乘起信論內義略探記》에 나타난 華嚴佛身論   257

門들과 差別된다.

　다음으로 太賢이 8門을 어떤 基準에 따라 배치했는지에 대해 명확하게 說明하기는 어렵지만, 8門의 첫번째로 佛身의 '常無常'의 問題를 든 점은 窺基 및 法藏의 글과 一致한다. 初期佛敎에 있어 佛陀는 80歲에 無餘依涅槃에 들어가는 것으로 描寫되는데, 이는 肉身의 束縛으로부터 完全히 解脫하는 것을 意味한다. 初期佛敎에서도 '法身'을 言及하지만 이는 佛陀가 깨달은 '敎法'의 意味가 더 강하다. 그러므로 初期佛敎에서 佛身 곧 '佛陀의 肉身'은 諸行無常의 法則을 따라 끝내 滅하는 것으로 간주된다. 반면 《涅槃經》 등과 같은 大乘經典에서는 初期佛敎와 상반되게 佛身의 常, 곧 永遠性에 대한 思惟를 提示하고 있다. 이런 면에서 佛身의 常無常의 問題는 佛身과 관련하여 大乘佛敎가 小乘佛敎와 觀點을 달리하는 중요한 地點으로 볼 수 있다[①]. 窺基와 法藏 모두 이 問題를 必須的으로 다루었으므로, 太賢 역시 이를 가장 먼저 言及한 것으로 생각된다[②].

　2) 華嚴5敎에 따른 佛身論 分析
　(1) 常無常門
　먼저 8門 가운데 第1門인 '常無常'과 관련해서 太賢이 引用하는 文獻典據를 밝히면 다음과 같다. 이는 대부분 法藏의 《五敎章》과 窺基의 《義林章》에서 由來하고 있.

---

　　① 吉野惠子, <佛身論の硏究-常無常について->, 《印度学佛教学研究》 31卷2號(通卷62), 1983.3, p.154.
　　② 佛身의 常無常의 問題는 窺基와 法藏 以前의 慧遠(523-592)의 《大乘義章》 卷19<三佛義>의 "常無常分別五" (《大正藏》 44, 844ab)와 法藏의 師인 智儼(602-668)의 《華嚴五十要問答》 <十七佛身常無常義>(《大正藏》 45, 521b5)에서도 볼 수 있다.

<表3. <佛身義>第1門'常無常'引用典據>

太賢,《大乘起信論內義略探記》	法藏,《五教章》;窺基,《義林章》
第一常無常者. ①若依小乘,二種佛身,皆是無常.	第八佛果義相者.…先明常無常義.後明相好差別.前中①若小乘,佛果唯是無常.以不說本性功德故.如《佛性論》云,'小乘以無性德佛性,但有修德也.'
②若依始教,二義俱有.如《金光明經》云,"如是三身,有義是常,有義無常.ⓐ謂化身恒轉法輪,方便不斷,故以為常.【且《涅槃經》云,若言如來身是無常,此人舌根何不墮落.】非是本故,具足大用不顯現故,說為無常.ⓑ應身從無始來,相續不斷,一切諸佛不共之法能持故,眾生無[量]盡,用亦無盡.是故說常.非是本故,說為無常.ⓒ法身非是得法,無有異相,是根本故,猶如虛空,是故說常.	②[《義林章》]《金光明》說,"如是三身以有義故而說為常,以有義故說為無常ⓐ化身者恒轉法輪.是故處處如如方便相續不斷.是故說常.非是本故,具足之用不顯現故.是故說無常." …《金光明》說,"ⓑ應身者從無始來,相續不斷故,以一切諸佛不共之法能攝持故,眾生未盡,用亦不盡.是故說常.非是本故,以具足用不顯現故,故說無常.《佛地論》說.是不斷常.恒受法樂無間斷故.所依常故亦說為常.依此常義.《涅槃經》說獲常色等.若言如來身無常者.此人舌根何不墮落.…《金光明》中說ⓒ法身者非是行法,無有異相,異無有故,是自本故.是故說常.如如法身,非是行法,無有異相,如如智法身,是自本故,理智廣大冥合無相,猶如虛空.是故說常. [cf.《五教章》若三乘始教,法身是常,以自性故.亦無常,以離不離故.修生功德是無常,以從因緣生故,是有為無漏故.亦得是常,以無間斷故,相續起故.《莊嚴論》云,自性無間相續,三佛俱常住等.]
③若依終教,修生功德是無常.又是常,已同真如,歸本體故.又法身是常,不變故.又無常,隨緣故.又常無常二融通無礙,即是佛身.	③若依終教,有二義.先別明,後總說.別中,修生功德是無常,以修生故.亦即是常,一得已後同真如故.何以故?本從真流故,無明已盡還歸真體故.…法身是常,以隨緣時不變自性故.亦是無常,以隨染緣赴機故.…二總說者…二義鎔融無障礙故.是故佛果即常即無常.
④若依頓教,相盡已不說功德差別常無常義,唯一實性身.	④若依頓教,以相盡離念故,唯一實性身,平等平等不可說有功德差別,亦不可說常與無常.
⑤若依圓教,略有三說.一約用,佛果通三世間等一切法.二約德四義,一修生,二本有,三本有修生,四修生本有.三約體.此三門各通無常等四句也.	⑤若依圓教,佛果常等義有三說.一約用,佛果既通三世間等一切法.是故具有常等四句.二約德,佛果即具四義,謂一修生,二本有,三本有修生,四修生本有.圓融無礙備無邊德.是故亦通常等四句.上二句義思之可見。三約體亦通四句.

太賢이 提示한 5教의 佛身의 常無常의 內容을 하나씩 살펴보자.

첫째, 佛身의 常無常에 대한 小乘의 觀點은 다만 "二種佛身, 皆是無常."이라고만 記述되어 있다. 이는 法藏의 《五教章》에서 "若小乘, 佛果唯是無常."이라고 說明한 것과 文句의 差異가 있다. 그러나 宋師會의 《華嚴一乘教義分齊章復古記》 卷3을 보면 "若小乘, 但有二佛. 一生身佛, 二化身佛."①이라고 하여, 小乘의 佛果를 '二種佛身'으로 보고 있음을 알 수 있다. 太賢은 小乘의 佛身이 無常한 理由를 설하지 않았지만, 法藏에 따르면, 小乘에서는 修德만 있고 本性功德을 설하지 않았으므로 二種佛身이 모두 無常하다.

둘째, 始教에 있어서 太賢은 法藏이 아닌 窺基의 見解를 受用하는데, 窺基의 觀點은 '化身과 應身은 常・無常의 뜻이 모두 있지만, 法身은 常의 뜻만 있다.'는 것이다. 반면 法藏은 위의 표에서도 나오듯이, "若三乘始教, 法身是常, 以自性故. 亦無常, 以離不離故."②라고 하여, 始教의 '法身은 常・無常의 뜻을 모두 갖춘다.'고 說明한다. 즉 두 사람은 '法身의 無常'에 있어 立場을 달리하는 것이다. 唯識學者인 窺基에게 있어 法身을 無常하다고 보는 觀點은 受用되기 어렵다. 왜냐하면 法身은 "非是行法, 無有異相."③한 存在이기 때문이다. 그러므로 '法身無常'의

---

① 《新纂續藏經》 58, 368a13

② 法藏의 文句에 대한 道亭의 《華嚴一乘分齊章義苑疏》의 說明에 따르면, 法身은 凝然(=不變)의 것이므로 常이다. 다음으로 그것이 無常인 理由는 다음과 같다. "離不離故者, 謂隱顯不定. 隱故言離, 顯故言不離. 有斯不定, 故說無常." 즉 이는 法身이 어떤 경우는 숨어서 드러나지 않기도 하고 어떤 경우는 환희드러나는 것의 差異가 있다는 점에서 '無常'이라고 볼 수 있다는 말이다. 道亭, 《華嚴一乘分齊章義苑疏》 卷7(《新纂續藏經》 58, 232c15).

③ [이 文句는 太賢의 글에서는 "非是得法"으로 되어 있는데, 意味는 크게 다르지 않다고 생각된다. '行'이란 有為造作을 가리키는 것이므로 '非是行法'은 法身이 그런 有為造作을 벗어난 것임을 가리키고, '得'이란 얻어지는 것을 가리키므로 '非是得法'은 法身이 本來 있는 것이지 따로 얻어지는 것이 아님을 가리키기 때문이다.]

見解에 대해, 太賢도 引用하고 있듯이, "且《涅槃經》云, 若言如來身是無常. 此人舌根何不墮落."이라고 하는 강력한 批判을 제시한 것이다. 佛身의 常無常의 問題에 있어 窺基가 더 苦心한 점은 오히려 '化身과 應身이 常이다.'는 問題이다.①

法身 혹은 眞如를 無常하다고 보는 觀點은 '眞如의 不變과 隨緣'을 모두 受容하는 것에 의해 보다 積極的으로 成立될 수 있는데, 法藏이 다음의 終敎에서 이 觀點을 受容하여 法身의 常無常을 보다 圓滿하게 說明하고자 한다. '眞如의 不變과 隨緣'은 法性宗 敎學者들이 傳統的으로 性宗과 相宗을 區分하는 重要한 指標 가운데 하나로 使用되었다.② 그러나 中国法相宗의 學者들은 '眞如隨緣'의 觀點을 인정하지 않았으며, 窺基 역시 그러한 立場에 있다. 그러므로 최소한 始敎, 곧 法相宗의 立場에서는 '佛身無常'을 논할 수 없다는 것이 窺基의 見解를 받아들인 太賢의 觀點이라고 볼 수 있을 것이다.③

---

① 太賢이 受容하는 窺基의 見解는 <三身义林>中 '常無常門'에 비교적 자세히 敍述되는데, 이를 보면 窺基는 '法身의 常'보다는 '化身과 應身이 常이다.'는 主張을 解明하는데 노력을 더 기울이고 있음을 알 수 있다. 이는 太賢이 引用한 《金光明經》의 文句에서도 드러나지만, <三身义林>에 引用된 《攝大乘論釋》의 文句를 통해서도 잘 볼 수 있다. <三身义林>에는 《攝大乘論釋》의 問答을 한 가지 引用하는데, 그 質問은 다음과 같다. "佛受用身及變化身, 既是無常, 云何經說如來身常?" 이에 대한 對答은 "此二所依法身常故."이다. 다시 말해 受用身과 變化身에 대해 '常'이라고 할 수 있는 根據는 다름 아니라 그 두 가지가 '法身의 常'에 의지하고 있기 때문이라는 것이다. 또한 이 두 가지 몸은 "以恒受用無休廢故, 數數現化不永絕故."라고 하듯이, 法樂을 恒常 受容하고 있고, 끊임없이 變化身을 나타낸다는 점에서 '常'이라고 볼 수 있다는 것이다. 그러나 窺基는 이 두 가지 몸이 '常'이라고 보는 觀点이 '密意'에서 나온 것임을 强調할 만큼, '化身과 應身의 常'의 問題에 매우 신중한 態度를 보이고 있다. 窺基,《大乘法苑义林章》卷7<三身义林>(《大正藏》45, 368a).

② 法藏은《五教章》卷2(《大正藏》45, 484c)에서 始敎와 終敎를 區分하는 基準으로 眞如의 凝然과 隨緣의 差異를 들었다. 이는 澄觀의《大方廣佛華嚴經疏》卷2(《大正藏》35, 511a3)에서 性相二宗을 區分하는 基準中 '眞如隨緣凝然別'로 繼承되었고, 宗密의《圓覺經大疏》卷1(《新纂續藏經》9, 329b16)에서도 同一하게 繼承되었다.

③ 한편 佛身의 8門 가운데 第3門인 '所化共不共'을 보면 太賢은 窺基가 提示한 3가지 觀點 가운데 '正义'를 受容하지 않고 그와 다른 觀点을 취하고 있음을 알 수 있다.

셋째, 終敎의 論議는 法藏의 《五敎章》을 簡略히 要約하는 內容이다. 法藏의 結論은 '終敎의 法身은 常無常의 두 가지 意味를 모두 갖는다.'는 것이다. 이를 解明하기 위해 法藏은 이 部分을 "先別明, 後總說"이라고 하여 두 部分으로 나눈 뒤, "先別明"에서 두 가지 觀點을 提示하고, "後總說"에서 이를 融合的으로 보는 한 가지 觀點을 提示하는데, 太賢은 法藏의 이 세 가지 觀點을 簡略히 要約하고 있다. 終敎의 論議에서 눈에 띄는 점은 眞如에 대해 不變과 隨緣의 觀點을 積極 導入한 것이다. 이를 法身의 無常과 관련시켜 보면, 法身은 단지 "修生"이므로 無常할 뿐 아니라, 眞如가 보다 積極的으로 "隨緣"하기 때문에 無常하다고 볼 수 있다. 그러나 眞如는 隨緣의 狀態에서도 늘 '不變의 自性'을 지키기 때문에 佛身은 '常'이다. 이는 佛身의 常을 단지 間斷이 없고 相續해서 일어난다는 觀點으로 說明하는 것보다 더 積極的인 終敎的 說明 方式이다. 眞如가 不變할 뿐 아니라 隨緣한다는 점이야말로 始敎와 終敎를 區分하는 法藏의 重要한 指摘인데, 太賢은 終敎에 있어서는 이 觀點을 그대로 受容하고 있음을 알 수 있다.

넷째, 頓敎 역시 《五敎章》의 頓敎에 대한 論議를 要約하는 內容이다. 頓敎에서는 佛身이 갖춘 功德의 差別이나 常無常을 說할 수 없다. 왜냐하면 그곳에서는 具體的인 事物의 形相으로 佛身을 認識하는 것이 아니고, '唯一實性身'을 곧장 드러내기 때문이다. 方立天 敎授는 頓敎의 特性을 다음과 같이 說明하였다. "頓敎的基本學說, 是主張以理性本體爲本位, 直接顯示眞如本體的妙理, 而不是從事物的差別相狀去

認識眞如本體."①한편頓敎에대한說明에있어8門가운데太賢이다른文獻에서引用하지않고직접說明하는부분이있는데,이는 '二顯身形量', '三所化共不共', '四定權實', '五相好多少'의4門에해당한다.아마도頓敎는具體的인形量이나相好등으로佛身을說明하지않기때문에,이에대한言及을찾기가쉽지않았을것으로생각된다.

다섯째,圓敎는《五敎章》의圓敎에대한內容을要約하고있다.圓敎의佛果를다룸에있어法藏은앞의4敎와달리用・德・體의세가지觀點에서說明하고있으며,이세가지가각각常無常등의4句를갖춘다고說明한다.여기서太賢은法藏이하나씩說明하고있는內容을종합해서要約하고있다.그렇다면圓敎에서說明하는佛果혹은佛身의常無常의論議에나타나는特徵은무엇인가?法藏과太賢의說明모두簡略하므로,여기서는《五敎章》에대해동아시아에서가장빨리註釋書를낸高麗均如(923-973)의《釋華嚴敎分記圓通鈔》의註釋을參考해서이를說明해보고자한다.佛果에있어圓敎와이전의三乘의差異에대해均如는다음과같이說明한다.

> 五圓敎中,"約用乃至貝有常等四句"者,三乘約法報化而明,今此約體德用而辨.然體則德用全體,德用亦爾.故云"若體則俱體,乃至用則俱用"等.是知與三乘中三身,全別不同也.若作四句,通三世間故常.有機則應,無機則不應故無常.具德故俱.形奪故

---

① 方立天,《法藏評傳》(北京:京華出版社,1995),pp.34-35.

不俱也.①

　均如에 따르면, 以前의 論議는 佛果를 法身·報身·化身에 依據하여 說明한 반면, 圓敎에서는 佛果에 대해 體·德·用의 觀點에 立脚해서 說明하는 점에서 먼저 差異가 있다. 그런데 圓敎에서 言及하는 體는 德·用을 온전히 갖춘 體이고, 德·用 역시 그와 같은 關係이다. 그러므로 圓敎의 佛果는 體·德·用의 어떤 觀點에서 보더라도 圓融한 것이므로, 그것의 常無常에 대한 觀點 역시 各各 4句로 圓融하게 說明할 수 있다. 均如는 法藏이 省略한 用에 대한 常無常의 4句를 비롯하여, 나머지 德·體의 4句까지 모두 보여주고 있다. 均如의 說明을 參考한다면, 圓敎의 佛身은 常無常이라는 觀點 가운데 어떤 것을 취하더라도 圓滿하게 說明될 수 있다는 점에서 이전의 가르침과 差別[=別] 되지만, 그것은 以前의 가르침에 나온 佛身論을 모두 包含할 수 있으므로 또한 圓滿[=圓]한 것이라고 볼 수 있다.

　앞서도 言及했듯이, 佛身의 常無常의 問題는 大小乘의 佛身論의 觀點을 區分짓는 가장 중요한 內容이다. 法藏은 小乘의 法身만 無常이라고 보았고, 그 以後의 始敎와 終敎는 法身에 常無常의 側面이 모두 있다고 보았다. 頓敎는 이를 논할 수 없는 가르침이다. 마지막 圓敎에서는 佛果를 보다 詳細히 區分하여 體·德·用의 어떤 觀點에서 보더라도 常無常의 4句를 모두 원만히 說明할 수 있다고 보았다.

　이상의 논의를 정리하면 다음과 같다.
　첫째 太賢은 常無常의 內容을 基本的으로 法藏의 《五敎章》卷2

---

① 均如, 《释華嚴敎分記圓通鈔》 (《韓國佛敎全書》第4冊, 398c).

가운데 <所詮差別第九> → 八佛果義相 → 先明常無常義에 基盤해서 拔萃·引用하고있다. 다만 法藏은 이 部分을 '佛果'의 '義相'으로 보고, 佛果의 '義'를 '常無常義'로, 佛果의 '相'을 '相好差別'로 각각 다루는 반면, 太賢은 '佛果'를 곧장 '佛身'으로 說明하고 있는 점에서 差異가 있다. 그러나 內容的으로 보면, '常無常'은 주로 佛身에 대한 것으로 볼 수 있다.

둘째 始敎는 法藏이 아닌 窺基의 《義林章》 卷7 가운데 <三身義林> → 五諸門分別 → 常無常門의 內容 중 특히 《金光明經》의 文句를 引用해서 構成하고 있다. 《金光明經》의 引用은 三身, 곧 化身·應身·法身 각각의 常無常에 대해 다루고 있다는 점에서 法藏의 《五敎章》의 論議보다 詳細하다.① 그러나 여기서보다 注目해야 할 점은 始敎의 常無常에 대해 法藏과 窺基의 觀點이 다르며, 太賢이 이 중에서 窺基의 見解를 취한다는 것이다.

이런 態度에서 본다면 《略探記》를 지을 當時의 太賢은 華嚴5敎의 體系를 全面的으로 受容하고 그 가르침을 誠實히 要約함에도 불구하고, 法相宗의 見解에 있어서는 正統法相學者의 見解를 受容하고 있었음을 알 수 있다.

(2) 佛身形量門

太賢의 《略探記》가 《大乘起信論》의 內容을 다루는 文獻인만

---

① 또한 太賢이 《金光明經》을 引用하는 것은 《三國遺事》에서 그가 이 經을 講義하여 대궐의 우물물을 높이 솟아오르는 異蹟을 보였다는 內容과도 어느 정도 관련이 있을 것으로 보인다. 《三國遺事》卷4 <賢瑜珈海華嚴>(《大正藏》49,1010a3-8)。 "景德王天寶十二年癸巳, 夏大早. 詔入內殿, 講《金光經》, 以祈甘霍. 一日齋次, 展鉢良久, 而淨水獻遲. 監吏詰之. 供者曰: 宮井枯涸, 汲遠, 故遲爾. 賢聞之曰, 何不早云. 及晝講時, 捧爐默然. 斯須井水湧出, 高七丈許, 與刹幢齊, 闔宮驚駭. 因名其井曰金光井."

큼, 그가 세운 8門 가운데 《大乘起信論》의 佛身論이 어디에서 다뤄지고 있으며, 그 內容은 어떠한지를 살펴볼 필요가 있다. 간략히 말하자면, 이는 第2門 '佛身形量'의 終敎에서 다뤄진다. 이 門의 題目은 窺基의 《義林章》→＜三身義林＞→五諸門分別→'四三身形量門'에서 由來하고 있다. 法藏의 글에서는 同一하게 對應하는 內容이 없으므로, 太賢은 '佛身形量'을 일단 5敎로 分類한 뒤, 始敎는 窺基의 見解를 취하고, 終敎는 《大乘起信論》의 3身說을 提示하고 있으며, 小乘, 頓敎, 그리고 圓敎는 《華嚴經》 혹은 法藏의 《探玄記》 등을 일부 引用하여 再構成하고 있다. 여기서는 小乘, 始敎 등의 가르침은 간단히 紹介하고, 《大乘起信論》이 言及되는 終敎 이후의 內容을 集中的으로 살펴보고자 한다.

먼저 小乘의 佛身의 形量에 대해 太賢은 단지 "若依小乘, 羅漢身及佛丈六身."이라고 紹介한다. 즉 佛陀가 성불한 阿羅漢의 몸과 一丈六尺의 몸이 바로 小乘 佛身의 形量이다. 다음으로 始敎에 있어 窺基는 《佛地經論》에 依據하여 法身·自受用身·他受用身·變化身의 順序로 佛身의 形量을 설하는데, 太賢 역시 이 順序대로 論議를 要約해서 引用하고 있다. 이는 三身에 대한 大乘佛敎의 典型的인 說明方式이라고 볼 수 있다.

셋째, 終敎의 內容으로 太賢은 《大乘起信論》의 3身說과 그에 따른 佛身의 形量을 言及한다. 그 內容은 다음과 같다.

若依終敎, 如《起信論》中, ①體相二大屬法身攝. 此法身是隨緣作三界六趣多衆生心, 不失一神解生[→性]. 又是凝然常, 絶言慮故.約眞如用大中,辨報化二身用.此用二種.②一依事識,凡小所見,名應身.謂不知唯識,計有外塵,但覺六識,不解七八.是故不見報身細相.③二依業識,謂十住以上諸菩薩,能解唯識,見報身故.一一身,一一色,一一相,一一好,及所住世界,皆無分齊,無量無邊.如是依正二報,無障礙不思議,皆因十度行熏及本覺不思議熏,而所成就也.①

　《大乘起信論》의 3身에 대한 說明은 우선 3身이 基盤하고 있는 體大 · 相大 · 用大에서 시작된다. 體大 · 相大의 2大로부터 法身이 나오고, 用大로부터 報身 · 應身의 두 가지가 나온다. 그런데 ① 法身의 形量에 대해 앞서 始敎에서는 "法身無邊, 猶若虛空."이라고 하였고, 《略探記》에는 省略되었지만 窺基의 글에서는 "不可說其形量大小"라고 說明하였다. 즉 法身에 대해서는 그것의 形量을 說할 수 없으므로, 太賢은 法身自體가 아니라 그것의 '隨緣'의 側面을 間接的으로 提示한 것으로 보인다. 그래서 法身은 隨緣으로 三界六趣의 多衆生心을 짓는다고 記述한 것이다. 그러나 法身은 '一神解性'을 잃지 않으므로, 凝然(=不變)의 常이다.

　다음으로 眞如의 用大로부터 나오는 報身 · 應身의 두 가지는 分別事識과 業識 가운데 어디에 依據하느냐에 따라 區分된다. ② 應身은 分別事識에 依據하는 凡夫와 小乘에게 나타나는 것으로, 이들은 唯識을 알지 못하므로 佛身이 外界에 實在한다고 여기므로 한층 더 높은 次元의 報身의 微細한 相을 보지 못한다. 《略探記》에는 言及되지 않았지만, 《大

---

① 太賢,《大乘起信論內義略探記》(《大正藏》44, 420a5-14).

乘起信論》에 나오는 다음의 구절로서 應身의 形量을 일부 說明할 수 있다고 본다. "又爲凡夫所見者,是其麁色.隨於六道各見不同,種種異類非受樂相故,說爲應身." (《大正藏》32,579c1) 반면 ③報身은 唯識의 理致를 理解하는 十住以上의 菩薩들에게 나타나는 佛身으로, 菩薩들의 修行階位가 높아짐에 따라 正報인 佛身뿐 아니라 依報인 國土의 形量 역시 정해진 分齊가 없이 無量해진다. 그렇다면 十住以上의 菩薩들이 이와 같은 報身을 볼 수 있는 理由는 무엇인가? 이에 대해 太賢은 두가지로 整理하고 있다. 첫째는 十波羅密을 修行한 熏習의 힘이고, 둘째는 本覺의 不可思議한 熏習의 힘 때문이다. 이둘은 外的인 熏習과 內的인 熏習으로 볼 수 있다.

　太賢이 《大乘起信論》의 3身論을 다루는 內容은 거의 《論》자체에서 由來했지만, 다음의 몇 가지는 太賢이 追加하거나 더 簡略히 整理해 준 것으로 생각된다. 첫째 法身의 形量을 說明하기 위해 法身隨緣의 觀點을 提示한 것이다. 法身의 形量은 本來 說할 수 있는 것이 아니지만, 그것의 可能性을 隨緣개념으로 說明한 것이다. 둘째 應身의 形量에 있어 凡夫와 小乘이 "但覺六識,不解七八." 하므로 報身의 微細相을 보지 못한다는 점을 明示한 것이다. 이는 唯識의 理致를 알지 못하는 점을 좀 더 具體的으로 說明한 것이다. 셋째 報身의 形量에 있어서는 《論》의 論議를 依正二報의 不可思議로 整理하고, 그 原因을 修行의 外熏과 本覺의 內熏으로 簡略히 整理해 준 점이다.

　다음으로 頓敎의 佛身의 形量에 대해 太賢은 두 가지 相反된 方式으로 說明하는데, 그 內容은 다음과 같다.

若依頓教,於佛身起言說皆妄念,絕言念故.又觸境即佛,不論時處.如《華嚴》云,"十方諸佛世界,一切眾生,普見天人尊,清淨妙法身."是即恒見佛身,自不知之耳.①

頓教의 佛身의 形量에 대한 첫째 觀點은 '佛身에 대해 말하는 것 자체가 妄念이므로 形量을 說明하는 것이 不可能하다'는 점이고, 둘째 觀點은 時間과 場所를 따로 논하지 않고 '보이는 경계가 곧 장佛'이라는 說明이다. 첫째 觀點은 頓教의 一般的인 視覺에 따른 것이고, 둘째 觀點은《華嚴經》의 觀點에 따른 것이다. 위의 引用은 60卷本《華嚴經》<兜率天宮菩薩雲集讚佛品>(《大正藏》9,486b10-11)의 偈頌이다.

마지막 圓教의 佛身의 形量을 논함에 있어 太賢은 이를 크게 두 부분으로 나누어서 說明한다. 첫째는 圓教佛身의 主體를 '十佛之身'으로 說明하는 것이고, 둘째는 '為機所現之身' 곧 根機에 따라 나타나는 佛身을《華嚴經》의 예를 들어 보여주는 것이다. 여기서는 앞부분의 內容을 중심으로 살펴보고자 한다. 왜냐하면《華嚴經》을 설한 主體로서 '十佛之身'을 제시한 것은 智儼 以來 定立된 中國華嚴宗의 佛身觀을 잘 보여주는 內容이기 때문이다.

智儼은 末年에《華嚴經內章門等雜孔目》에서 二種十佛說, 곧 行境十佛說과 解境十佛說을 확립하였다. 먼저 二種十佛說을 간단히 說明해 보자. 智儼이 젊은 시절 建立한 行境十佛에서 行境은 '修行的 境界'

---

① 太賢,《大乘起信論內義略探記》(《大正藏》44,420a15-18).

를가리킨다.이는 10가지 方面에서 菩薩이 修行하여 到達할수있는 佛果 및 成就하는 佛身을 說明한것으로, 舊譯《華嚴經》<離世間品>에 나오는 '無著佛' 등을 가리킨다. 解境十佛은 智儼末年에 세운것이다. 解境이란 '解悟照了之境'을 가리키는것으로, "華嚴宗人認爲, 菩薩以眞實的智慧解悟照了法界時所見的萬事萬物,無不是佛,都是佛身." 으로,이는 舊譯《華嚴經》<十地品>에 나오는 '衆生身,國土身' 등을 가리킨다.① 그런데 이 二種十佛說은 智儼以後弟子들에게 그대로 傳受되지는 않았지만, 그의 두 弟子인 新羅의 義相과 唐의 法藏의 佛身論에 깊은 影響을 주어서 各自의 方式에 맞게 展開되었다고 한다.②

이렇게 본다면 여기서 太賢이 提示하는 '十佛之身'의 內容이 華嚴敎學者中 누구의 가르침에 立脚하고 있는지를 살펴보는 것은 意義가 있다. 結論부터 말하자면 '十佛之身'에 대해서 太賢은 法藏의 《探玄記》를 引用하고 있지만, 具體的인 內容에 있어

는 一致하지 않는 점이 있다. 우선 《略探記》圓敎의 引用文의 앞부분은 다음과 같다.

  若依圓敎, ⓐ周遍法界, 十佛之身, ⓑ一一相如, 亦遍法界. 業用亦爾. 如是業用, 普眼所見, 餘小菩薩凡小所不能見. 如舍利子等五百聲聞, 不見佛身及會莊嚴等之是義也.③

---

 ① 方立天, 前揭書, pp.192-193.
 ② 木村淸孝,<十身說の展開-智儼と・湘・法藏の間->,《印度學佛教學硏究》通卷65, 1984.12, pp.88-89. 木村淸孝에 따르면, 義相은 지엄이 提示한 行境十佛의 觀点에 依據하여 이를 보다 主體的으로 解釋하는 데 特徵이 있고, 法藏은 解境十佛이 佛身의 가장 適切한 리얼리티(reality)를 표현하고 있다는 점을 認定하였다는 데 特徵이 있다.
 ③ 太賢,《大乘起信論內義略探記》(《大正藏》44, 420a18-21).

위의 引用文 가운데 ⓐ와 ⓑ는 法藏의 文獻에서 由來한 것이다. ⓐ는 法藏의 《探玄記》卷2의 "是故唯是, 周遍法界, 十佛之身." (《大正藏》35, 130b13), 그리고 ⓑ는 《五敎章》卷3의 "若依一乘, 有十蓮華藏世界海微塵數相. 彼一一相, 皆遍法界, 業用亦爾." (《大正藏》45, 497c10)에서 引用된 것이다.①

十佛之身의 脈絡을 보다 正確히 理解하기 위해 太賢이 引用한 ⓐ部分을 《探玄記》에서 다시 살펴보면 다음과 같다.

> 今釋. 此佛准下文中是, '十佛之身', 通三世間. 以說十信及三賢等地前所見, 非實報故. 然居華藏非局化故. 國土身等, 非前二故, 具攝前二, 性融通故. 具足主伴, 如帝網故. 是故唯是, ⓐ周遍法界, 十佛之身.②

이 부분은 《探玄記》에서 智正覺世間圓滿을 5門으로 說明하는데 있어 一定 佛身에 해당하는 內容이다. 7處8會를 設하는 佛이 어떤 몸인가에 대해 法藏은 3가지 답을 제시하는데, 첫째는 化身佛이고, 둘째는 實報身이며, 셋째가 바로 太賢이 引用하고 있는 十佛之身이다. 위 引用文은 《華嚴經》을 設한 '佛'이 왜 化身과 實報身이 될 수 없는지에 대한 이유를 함께 說明하고 있는데, 먼저 地前菩薩이 보는 佛은 實報身이 아니기 때문이고, 다음으로 華藏世界에 居하는 것은 化身에 局限되는 것이 아니기 때문이다. 이 두 가지가 아니면서 이 둘을 모두 包攝할 수 있는

---

① ⓑ는 《五敎章》의 第八佛果義相者→二明相好差別者에 나오는 一乘의 相好에 해당하는 內容이다. 여기서 "彼一一相"은 "彼二相"으로 된 곳도 있다.

② 法藏, 《探玄記》卷2 (《大正藏》35, 130b9-14)

'佛'이 바로 '十佛之身'인데, 이것의 구체적인 내용에 대해 法藏은 '國土身等'이라고 하여 60卷本《華嚴經》<十地品>에 나오는 第8地 菩薩이 보는 十身①을 제시하고 있다. 이는 法藏의 스승인 智儼이 말한 '解境十佛'에 해당한다.

　그런데 太賢이 圓敎의 佛을 '十佛之身'으로 보는 것은 분명하지만, 그것의 구체적인 내용은 이 門에서 언급되지 않는다. 이 내용은 佛身義 8門 가운데 '七佛身開合'에서 찾을 수 있다. 第7門에서 太賢은 大乘의 十身을 네 種類로 紹介하는데, 그 중 80卷本《華嚴經》<離世間品>에 나오는 2種의 十佛이 나온다.② 이중 '安住世間成正覺佛, 無著見'은 60卷本《華嚴經》의 '無著佛'에 對應하는 것으로 智儼의 行境十佛에 該當하는 것이다. 그러므로 太賢의 '十佛之身'은 解境十佛이 아닌 行境十佛이라 볼 수 있다. 二種十佛說은 智儼 末年에 나온 觀點인데, 新羅의 義相은 이 가운데 行境十佛을 중심으로 詳細히 說明하고 있으므로, ③ '十佛之身'의 具體的인 內容에 있어서는 太賢이 新羅에서 活動하던 義相系 華嚴學者들의 觀點을 염두에 두고 있었던 것이 아닌가 생각된다. 다만 義相은 舊譯에 의거한 반면, 太賢은 新譯을 引用하는 점에

---

　① 60卷本《華嚴經》<十地品>(《大正藏》9, 565b16-20), "是菩薩知衆生身、知國土身、知業報身、知聲聞身、知辟支佛身、知菩薩身、知如來身、知智身、知法身、知虛空身, 是菩薩如是知衆生深心所樂."

　② 太賢,《大乘起信論內義略探記》(《大正藏》44, 422a2-10), "三者《新華嚴》第五十三云, 成正覺佛乃至第十隨樂佛. 四者<五十八離世間品>云, '菩薩有十種見佛, 謂[於]安住世間成正覺佛無著見, 願佛出生見, 業報佛深, 住持佛隨順見, 涅槃佛深信見, 法界佛普至見, 心佛安樂見, 三昧佛無量無依見, 本性佛明了見, 隨樂[佛]普受見, 若諸菩薩安住此法, 則常得見無上如來."

　③ 木村淸孝는《法界圖記叢髓錄》卷下之一(《大正藏》45, 758a)에 나오는<古記>에 注目하고 있다. 여기서 義相은 行人이 十佛을 보기 위한 방법을 說하면서, 舊譯《華嚴經》의 無著佛 등을 상세히 설명하고 있다. 木村淸孝,<前揭論文>, p.86.

서差異가있다.이점은以後보다詳細한硏究가필요하다고생각된다. 結論的으로보면太賢은圓敎곧《華嚴經》을설한佛은곧 '十佛之身 (=行境十佛)의佛' 로서,이佛의形量곧相과業用은法界에遍在하는 것이라고說明하고있다.이는앞의4敎의佛身의形量을모두包括하는 더욱넓은範圍의것이다.

4.《大乘起信論內義略探記》佛身論의特徵과意義

本文에서살펴본바에따르면太賢의佛身論은다음과같은特徵을 지닌다.

첫째,佛身義를華嚴5敎의體系로構想한것은法藏의《五敎章》 의影響을크게받았다.法藏의《探玄記》역시引用되지만,이는60卷 本《華嚴經》에대한註釋書이므로,이보다는5敎의觀點에서佛敎全 般을再構成한《五敎章》의影響을더크게받은것으로생각된다.

둘째,佛身義의8門의由來에있어서는華嚴宗法藏의《五敎章》, 《探玄記》와더불어法相宗窺基의《義林章》의影響을크게받았 다.앞의<표3.佛身義8門由來>에서밝힌것처럼,8門에대해法藏과 窺基의見解가각각5가지씩影響을주고있다.

셋째,8門을5敎의體系로나누어서各各의佛身을說明함에있어 특히始敎의內容은窺基의見解에立脚한곳이많이발견된다.이는第1 門 '常無常' 을包含하여第2門 '顯身形量' ,第3門 '所化共不共' , 第4門 '定權實' 의총4門에該當한다.이는太賢이法相宗의學說을5 敎의體系가운데始敎로看做했지만,內容的側面에있어서는法藏보다는窺基의 觀點을 더 尊重했음을 보여주는 것으로 생각된다.

　　넷째, 《大乘起信論》의 佛身論은 8門 중 第2門인 '佛身形量門'의 終敎에서 論議되었다. 이는 太賢이 《大乘起信論》을 5敎 가운데 終敎로 分類했음을 보여준다. 그러나 佛身論을 다룸에 있어서는 그가 8門으로 提示한 것처럼 《大乘起信論》보다 훨씬 다양한 觀點에서 이에 接近할 수 있다는 점을 보여주고 있다.

　　《略探記》의 佛身義는 形式的인 面뿐만 아니라 內容的인 面에 있어서도 分明히 法藏의 華嚴 5敎의 體系를 따르지만, 始敎에 있어서는 法藏이 아닌 窺基의 見解를 尊重하는 모습을 많이 보인다. 그러므로 《略探記》를 지을 당시의 太賢은 華嚴學의 影向을 강하게 받으면서도 唯識學的 見解에 있어서는 自身의 觀點을 分明히 지니고 있었다고 생각된다. 이런 모습은 性相融會의 立場이라기보다는 性⋅相을 어느 정도 區分해서 보고자 하는 態度로 생각되며, 이는 太賢의 學問方向으로 言及된 3가지 見解 중 첫번째, 곧 '太賢이 처음에 性宗을 學習하다가 후에 相宗으로 轉換했다'는 것과 보다 자연스럽게 連⋅되는 것으로 보인다.

　　한편 太賢當時 新羅 佛敎界에서 太賢과 같이 佛身論 자체를 華嚴 5敎의 體系에 따라 8門으로 說明한 모습은 찾기 어렵다. 다만 太賢의 佛身論이 당시 新羅의 佛敎界에서 어떤 位相을 차지했고, 그 意義가 무엇인지에 대해서는 以後 보다 詳細한 硏究가 필요하다고 생각된다. 이는 몇 가지 방향으로 提起될 수 있을 것이다. 먼저 義相이 직접 쓴 《華嚴一乘法界圖》와 近來 義相의 가르침을 弟子들이 整理한 文獻으로 判明된 《華嚴經問答》, 그리고 후대에 나온 《法界圖記叢隨錄》 등에 나오는 義相 및 義相系 華嚴學者들의 佛身論에 대한 見解를 整理하는 것이 필

要할것이다.다음으로義相系가아닌華嚴學의흐름들,가령元曉,表員, 見登등의佛身論의見解를整理할必要가있다.특히表員의《華嚴經文義要決問答》,見登의《華嚴一乘成佛妙義》등은모두華嚴學과관련된內容들이므로,義相系가아닌新羅佛敎學者들의佛身論을比較할수있는좋은資料라고생각된다.

參考文獻

*原典

馬鳴,《大乘起信論》(《大正藏》32)

慧遠,《大乘義章》(《大正藏》44)

智儼,《華嚴五十要問答》(《大正藏》45)

《華嚴經內章門等雜孔目》(《大正藏》45)

太賢,《大乘起信論內義略探記》(《大正藏》44)

元曉,《起信論疏》(《大正藏》44)

《大乘起信論別記》(《大正藏》44)

窺基,《大乘法苑義林章》(《大正藏》45)

法藏,《大乘起信論義記》(《大正藏》44)

《華嚴一乘敎義分齊章》(《大正藏》45)

《華嚴經探玄記》(《大正藏》35)

均如,《釋華嚴敎分記圓通鈔》(《韓國佛敎全書》第4冊)

師會,《華嚴一乘敎義分齊章復古記》(《新纂續藏經》58)

道亭,《華嚴一乘分齊章義苑疏》(《新纂續藏經》58)

未詳,《法界圖記叢髓錄》(《大正藏》45)

*研究書和論文

魯權用,<三身佛說의展開와그意味>,《韓国佛教學》32,2002.6

朴仁錫,(譯註)《大乘起信論內義略探記》(서울:東国大學校出版部,2011)

方仁,<太賢의唯識哲學研究>,서울大學校大學院博士學位論文,1995

李萬,<新羅太賢의唯識思想研究>》(서울:동쪽나라,1989)

趙明基,《新羅佛教의理念과歷史》(서울:經書院,1962)

蔡印幻,<新羅太賢法師研究1-行蹟과著作>,《佛教學報》20,1983

木村淸孝,鄭炳三譯,《中国華嚴思想史》(서울:民族社,2005)

方立天,《法藏評傳》(北京:京華出版社,1995)

《中国佛教哲學要義》(北京:中国人民大學出版社,2003)

吉野惠子,<佛身論の研究-常無常について->,《印度學佛教學研究》31卷2號(通卷62),1983.3

吉津宜英,<法藏の著作の撰述年代について>(《駒澤大學佛教學論集》10,1979).

<新羅の華嚴教學への一視点-元曉・法藏融合形態をめぐって->(《韓国佛教學Seminar》Vol.2,1986.12)

木村淸孝,<十身說の展開-智儼と義湘・法藏の間->,《印度

學佛教學研究》通卷65,1984.12

北村教嚴,《大乘起信論綱要》(森江書店,1911)

韩国华严思想中的海印三昧论

——从佛身论到佛自体

[日] 佐藤厚

一　问题点

关于华严教学中的佛身，汤次了荣在《华严大系》中有如下论述：

> 华严的佛身说，与一般佛教所说的"法报应"三身说不同，为了表现十表无尽思想，以十身具足的毗卢舍那法身佛为理想的佛身，即教主。如此一来，其与天台宗以卢舍那佛为报身，毗卢舍那佛为法身，释迦为化身的三身说，以及法相宗的法报应三身隔离说等均有不同。①

这段话对华严思想的佛身论进行了概说。即华严思想的佛身说的中心并非三身说，而是十身具足的毗卢舍那法身佛的佛身。就像

---

① 汤次了荣：《华严大系》，六条学报社1920年版，第593页。

"融三世间十身具足的舍那佛"这样的表现,融合了器世间、众生世间、智正觉世间之三世间,作为拥有十身体的佛。此十佛中又可分为解境十佛(众生身、国土身、业报身、声闻身、缘觉身、菩萨身、如来身、智身、法身、虚空身)与行境十佛(无著佛、愿佛、业报身、持佛、涅槃佛、法界佛、心佛、三昧佛、性佛、如意佛)。

关于此二种十佛,华严传统五祖以后的中国和日本的华严宗,对二种中哪种更为根本这一问题进行了讨论。中国宋代的华严思想家道亭(11世纪)和师会(12世纪)以行境为本,日本华严宗的寿灵(8世纪)以解境为本。与此相对,日本华严宗的凝然(1240—1321)和凤潭(1659—1738)则认为二者均等。[①] 因此,对中国和日本的华严学来说,在华严的佛身论方面,二种十佛中的哪种更为根本,是中心议题。

而韩国华严的情况有所不同。韩国华严之祖新罗义相的代表作《一乘法界图》(以下略称《法界图》)中有谈及行境十佛,还附有义相的弟子们对此的注释,但中国和日本所讨论的二种十佛却并没有成为被讨论的问题。这一点可谓韩国华严在东亚三国华严学中的特点。而该问题也并未成为韩国华严思想的根本点。

笔者认为,在韩国华严中,相当于中国和日本华严所讨论的佛身论问题之地位的,应当是海印三昧论。海印三昧在华严教学中被认为是《华严经》教主卢舍那佛的三昧,在韩国华严思想中被看作华严教法的展开。这是针对韩国华严的佛的理论。韩国华严的特点在于对拥有现实身体的自身等同于宇宙全体这一观点的讨论。也就是说,在仰视佛的同时,坚持自身的实践性。下文将以"韩国华严思想的流变""韩国华严的佛身论""韩国华严的海印三昧论"几个部分分别来讨论。

---

① 汤次了荣:《华严大系》,六条学报社1920年版,第605—613页。

二　韩国华严思想的流变

笔者在本文中所说的韩国华严思想，基本上指从新罗时代的义相（625—702）至高丽时代的均如（923—973）之间的约300年的华严思想。

被称为"海东华严初祖"的义相，曾赴中国师从中国华严宗第二祖智俨（602—668），学习研究华严教学。当时的同学中还有后来被认为是华严学第三祖的法藏。义相在智俨去世的那一年写成了《一乘法界图》（以下简称《法界图》）。《法界图》被认为是韩国华严思想的根本圣典，今天的韩国佛教也将其称作"法性偈"来进行日常念诵。具体见图1，将七言三十句以图形的方式来表示，同时还有注解。

图1　法性偈 　　　　图2　《一乘法界图》

根据义相自己的解释，七言三十句可分为自利行、利他行、修行者方便及得利益等部分。若更为详细地区分，可分为以下各部分（见表1）。

表 1　义相对《法界图》的区分

《法界图》			
自利行	证分		法性圆融无二相 诸法不动本来寂 无名无相绝一切 证智所知非余境
^^	缘起分		真性甚深极微妙 不守自性随缘成 一中一切多中一 一即一切多即一 一微尘中含十方 一切尘中亦如是 无量远劫即一念 一念即是无量劫 九世十世互相即 仍不杂乱隔别成 初发心时便正觉 生死涅槃常共和 理事冥然无分别 十佛普贤大人境
利他行			能人海印三昧中 繁出如意不思议 雨宝益生满虚空 众生随器得利益
修行方便及 得利益	修行方便		是故行者还本际 叵息妄想必不得 无缘善巧捉如意 归家随分得资粮
^^	得利益		以陀罗尼无尽宝 庄严法界实宝殿 穷坐实际中道床 旧来不动名为佛

自利行分为觉悟本身的证分和缘起分。利他行则是海印三昧的世界。修行方便则是众生通过修行而获得觉悟。因此,在该图式中,最初的词"法性"的"法"字与最后的"名为佛"的"佛"字位于正中,表示同时同体。以此来表示三乘中因果为别体,而一乘中为一体的道理。

这其中的自利行、利他行、修行者方便则是《华严经》教法的发生过程。后来的海印三昧论则是以此为基础的再展开。

义相回到新罗后,将华严思想传到了朝鲜半岛。其直传弟子有道身、智通等人。这之后,义相的华严思想又被法融、梵体等人继承,直至10世纪的均如。

义相系统的华严思想方面的一手文献现存较少。现存的文献主要有义相《一乘法界图》(《大正藏》第45卷)、义相的讲义录《华严经问答》[①](《大正藏》第45卷)、高丽时代的均如的五部著作(《一乘法界图圆通记》《释华严教分记圆通钞》《华严经三宝章圆通记》《十句章圆通记》《释华严旨归章圆通钞》《韩佛全》第4卷),以及高丽时代编纂的《法界图记丛髓录》(《大正藏》第45卷)(以下简称《丛髓录》)。

三 韩国华严的佛身论

如前所述,义相的《法界图》继承了智俨的教学,谈到了行境十佛。义相以后,对此十佛进行注释的文献有三种。第一是义相的讲义录《华严经问答》,第二是《法界图》的注释之一《法记》[②],第三是《古记》[③](《丛髓录》中有引用)。均如的《一乘法界图圆

[①] 对《华严经问答》,近年韩国方面的研究有了较大的进展。作为代表性的成果,如2013年出版的金相鉉著《校勘翻释华严经问答》(CIR)。

[②] 《法记》,《丛髓录》,《大正藏》第45卷,第757页上中下。

[③] 《古记》,《丛髓录》,《大正藏》第45卷,第758页上一中。

通记》中关于十佛的部分现今不存，故无法了解其具体解释。

接下来再来看均如《一乘法界图圆通记》以外的著作。法藏《五教章》的"建立乘"开头处有"十佛自境界"这一说法。《五教章》的其他注释在此基本上都有提及十佛，而均如则未提及①。"所诠差别"的"第十佛身开合"处也对佛身论有展开，而均如也没有给予明确的解释。②

《华严经三宝章圆通记》是对法藏《三宝章》的注释。其中有"法身义"的部分，将法身分为四门来进行解释。此处也同样看不到均如的具体注释。③

由于现存文献较少，所以很难下定论。但从现有的文献来看，在韩国华严思想中，佛身论并不能说很发达。

四　韩国华严的海印三昧论

笔者认为，在韩国华严中，相当于中国和日本华严所讨论的佛身论问题之地位的，应当是海印三昧论。海印三昧被认为是《华严经》所依之三昧。据《华严经》开头处的内容可知，佛进入的是海印三昧，其境界由普贤菩萨入定后于三昧中体悟到，并在出三昧后开示给大众。韩国华严用这个过程来进行相关的解释。

在韩国华严中，明确提到海印三昧论的，如新罗时代8世纪成书的《十句章》，9世纪成书的《法界图》的注释文献之一《大记》（《丛髓录》所收录），以及均如的著作（《十句章圆通记》《释华严教分记圆通钞》）等。在此先来看《十句章》和《大记》。

---

① ［高丽］均如撰《释华严教分记圆通钞》卷1，《韩佛全》第4卷，第247—249页。
② ［高丽］均如撰《释华严教分记圆通钞》卷5，《韩佛全》第4卷，第402页中。
③ ［高丽］均如撰《华严经三宝章圆通记》卷下，《韩佛全》第4卷，第215页上—216页中。

（一）《十句章》的海印说

《十句章》是新罗僧侣对智俨撰写的《五卷疏》（一般认为是《搜玄记》）中最开头处的"十句"进行注释，从而形成的文献。[①]"十句"都是以华严教学为主题，其中的第三句为"教义二大有五重"。新罗的学僧在解释时认为其中包含《华严经》法发生过程的六个阶段。具体如下：

一、忘像海印

二、现像海印

三、佛外向

四、普贤入定观

五、出定在心中

六、言语

一、忘像海印，即什么也不存在的状态。二、现像海印，即世界的形象浮现出的状态。三、佛外向，即佛从自内证的世界根据众生根机而说法的阶段。四、普贤入定观，即普贤菩萨入三昧的阶段。五、出定在心中，即普贤菩萨出三昧但尚未说法的状态。六、言语，即以语言文字来说《华严经》的阶段。

作为主题的教义二大，即《华严经·十地品》中所说的教大和义大。后来法藏又有"因分可说，果分不可说"（《五教章》）的解释。第一重中，忘像海印是义，现像海印是教。第二重中，现像海印是义，佛外向是教。第三重中，佛外向是义，普贤入定观是教。第四重中，普贤入定观是义，出定在心中是教。第五重中，出定在心中是义，言语是教。如此，展开了韩国华严学独特的解释，这是在中国和日本的华严学中看不到的。这种解释一直持续到均如，形

---

① ［新罗］均如撰《十句章圆通记》卷上，《韩佛全》第4卷，第39页中。

成了韩国华严的传统解释。

这里重要的是，比起教义的解释，明显对海印三昧论所体现的《华严经》教法的展现过程更为关心。换言之，是对《华严经》的根源的部分抱以关注。也就是说，中国和日本的华严学对三身说的佛身论比较重视，但韩国的华严学则对《华严经》的根源，以及《华严经》的佛本身更为关注。接下来再来考察海印三昧论在《法界图》中的解释与应用。

（二）《法界图》依据"大记"五重海印的解释

被认为大约成书于九世纪的《大记》①，在《一乘法界图》的题号"一乘法界图合诗一印五十四角二百一十字"处列有如下对应关系。

一乘法界——忘像海印

图——现像海印

合诗一印——佛外向海印

五十四角——普贤入定观海印

二百一十字——普贤出定在心中及现语言海印

也就是说，在《大记》中，以上六个阶段中，"普贤出定在心中"与"言语"合二为一，并全部被付以海印。

这几个阶段又被对应于《法界图》的三十句，构成了一个体系。具体对应关系如表2所示：

---

① 拙稿《关于"大记"的五重海印说》，日本印度学佛教学会《印度学佛教学研究》通卷第88号，1996年3月。

表2 《大记》与《法界图》的对应关系

		《法界图》	五重海印	机根	教	六相
自利行	证分	法性圆融无二相 诸法不动本来寂 无名无相绝一切 证智所知非余境	忘像海印 现像海印 （初二重）	（上根）	×	×
	缘起分	真性甚深极微妙 不守自性随缘成 一中一切多中一 一即一切多即一 一微尘中含十方 一切尘中亦如是 无量远劫即一念 一念即是无量劫 九世十世互相即 仍不杂乱隔别成 初发心时便正觉 生死涅槃常共和 理事冥然无分别 十佛普贤大人境	佛外向海印 （第三重）	普贤菩萨 （中根）	无住别教	缘起六相
利他行		能入海印三昧中 繁出如意不思议 雨宝益生满虚空 众生随器得利益	普贤入定 观海印 （第四重）	威光太子 善财同时	同教 别教	×
修行方便及得利益	修行方便	是故行者还本际 叵息妄想必不得 无缘善巧捉如意 归家随分得资粮	普贤出定 在心中及 现语言海印 （第五重）	所流·所目机根 （下根）	所目别教	方便六相
	得利益	以陀罗尼无尽宝 庄严法界实宝殿 穷坐实际中道床 旧来不动名为佛	×	×	×	×

像这样,在《大记》中,新罗华严传统的海印说被对应到《法界图》的三十句的解释,与机根、教、六相合为一体,构成了统一的体系。这应该说也是在新罗所形成的海印三昧论的完整形态。

(三)海印三昧论展开的理由

那么,是什么理由使得这样的海印三昧论被展开呢?关于这一点,笔者分析如下。

(1)《法界图》的构成

首先是作为新罗华严之祖的义相的《法界图》的构成。如前文所述,《法界图》的三十句的构成,意味着从真理的世界到海印三昧的世界,再到众生世界的过程。大概是义相的弟子们在研究过程中形成了对《华严经》教法发生过程的思考和研究吧。

(2)今日的五尺之身包含着三世间:实践的特点

第二个原因就是,对《华严经》的世界本身投入的实践的特点。义相的弟子们并未将真理进行抽象的解释,而是看作具体的个体,并将现实的自己与觉悟的世界进行了同一化。

关于这一点,较有代表性的是作为《法界图》注释之一的《真记》(《丛髓录》所收录)中对"法性"的解释。

(a)法性者,微尘法性,须弥山法性,一尺法性,五尺法性。(b)若约今日五尺,法性论者,微尘法性,须弥山法性等,不动自位,称成五尺。不增小位,不减大位,而能成也。(c)圆融者,微尘法满五尺,须弥山法契五尺故也。(d)无二相者，微尘虽满，须弥虽契，只唯五尺故也。①

在（a）中，说明了拥有种种具体形态的法性的存在。接着在（b）中，考察了今日五尺法性，即自己身体与法性之间的关系。微尘的法性和须弥山的法性与自己的五尺之身相对应。以这种具体形象的解释方法来思考法性与相即，在中国华严教学的理论中也并非没有。然而，以如此具体的直接将自己的身体作为对象，论说其与世界和法性的相即关系，恐怕是韩国华严学的特色。在新罗华严中，这样以自己的身体（即"五尺"）来表达的情况较为常见。

下面这段原文是在《古记》（《丛髓录》所收录）中出现的义相与弟子之间关于十佛的解释的论议。关于第一无著佛的解释，如下所述：

和尚曰，所谓无著佛安住世间成正觉故者，今日吾五尺之身，名为世间。此身遍满虚空法界，无处不至。故曰正觉。②

在这里，世间是自己的现实之体，以遍满虚空法界为正觉。也就是将自己的身体与宇宙全体视为一体。

作为与此类似的表现，还有将三世间看作自己的身心的教说。在义相系统中，将其看作自己的身心。下面的例子是《法界图》注释之一《法记》中关于"中道"的解释。

中道者，以三世间为自身心，无有一物非身心者故也。③

---

① 《丛髓录》卷上之一，《大正藏》第45卷，第721页下。
② 《丛髓录》卷下之一，《大正藏》第45卷，第758页下。
③ 同上书，第730页上。

这样的将"三世间"或"三种世间"看作身体或身心的用法，只能在新罗义相系的华严著作中找到。

类似的表现还在被认为是新罗撰述①的《释摩诃衍论》中也可见到。

> 经中作如是说，卢舍那佛，三种世间，为其身心，三种世间摄法无余。所以者何。此不二法，形于彼佛其德胜故。②

此外，在房山石经中有刻印，且被认为继承了义相系统华严思想的《健拏标诃一乘修行者秘密义记》③中也有同样的用法。

> 彼证光明相好身，平等无二大日味，三种世间，为身心，咸共行入普法门。④

在《释摩诃衍论》和《健拏标诃一乘修行者秘密义记》中，"以三种世间为身心"是指佛，但从用法的共通之处来看，可见新罗华严的共通性。

对这些内容稍作整理可知，新罗华严中有将真理具体化进行把握的特点，在这当中，形成了认为自身包含了一切世界的教理。对他们来说，华严教学既是研究的对象，同时也是一种自身的体验对象。在这种过程中，比起对佛身的关心，对佛本身的关注成了更为重要的环节，这直接与海印三昧论的形成密切相关。

---

① 石井公成：《华严思想研究》第五章新罗华严思想展开的一个方面的第一节《释摩诃衍论》成立情况之四 义湘系思想的关系，第 371 页—372 页。

② "经中作如是说，卢舍那佛，三种世间，为其身心，三种世间摄法无余。所以者何？此不二法，形于彼佛，其德胜故。"（《释摩诃衍论》，《大正藏》第 32 卷，第 668 页上。）

③ 《健拏标诃一乘修行者秘密义记》的先行研究，参见末尾参考文献处。

④ 《房山石经》，第 633 页下。

五　结语

如上所述，韩国的华严学中，佛身观并未像中国和日本华严那样发达。取而代之的是，其更为关注作为《华严经》教法发生过程的海印三昧，并对此展开了很多讨论。其背后是《一乘法界图》的教学及自身与宇宙等同的华严教学的思想。

除此之外，相比中国和日本，韩国的华严思想有不少独特的义理讨论。这其中的根本原因，大概可归因于比起学问研究，韩国的华严思想更多的是立足于实际体验的基础之上吧。

然而，现在韩国佛教界一般所学习研究的华严思想，是经澄观、宗密改造后的中国华严思想，与新罗高丽时代的华严思想有所不同。

（佐藤厚，日本东京专修大学讲师）
（翻译：李子捷，日本东京驹泽大学佛教学专攻博士生）

日本华严佛身论

日本近世华严学的唯识佛教史观的形成

[日] 橘川智昭

一 唯识佛教二系统说

作为已经有些历史的名著，花田凌云在其著作《唯识论讲义》的第一章中，于"安慧"的条目里表示："在心分说方面立一分说，其学说与护法迥异。二者对《唯识三十颂》的见解也存在很大差异。因此，如果说护法是正统派的话，安慧一派就属于异端。"① 而在"圆测"的条目里表示："圆测住西明寺，弘传唯识学，但其教义与慈恩相左。慈恩大师继承了护法的系统，而圆测继承了安慧论师的系统。因此，圆测被慈恩系统的人当作异端。"② 花田在此未明确提及任何依据，就确立了这样的系统。深浦正文在其唯识研究的集大成名著《唯识学研究》中"安慧"的条目中，关于思想方面也主张一分说，同时还表示："其思想大概与《大乘起信论》的真

---

① 花田凌云：《唯识论讲义》上册，《大藏经讲座》11 上，东方书院 1933 年版，第6 页。
② 同上书，第 15 页。

如缘起说有密切关联。"① 花田氏想必是受到了持圆测上承真谛系统之意见的羽溪了谛的观点（1916年）的影响，而这些结论之所以在当时能成立，也与当时学界对"安慧—真谛—《大乘起信论》"这一系谱的默认有很大关系。

二 结城令闻的考证

结城令闻在《关于近世唯识研究某系谱之评论》中指出，在近现代的唯识研究者中，正观唯识与方便唯识，净品唯识与不净品唯识，境识俱泯与识有境空等相对的概念在二元对立的思维模式下被大量使用。② 从某个时间起，瑜伽行唯识与法相唯识，古唯识与护法唯识，唯识古学与唯识今学等相对概念也应运而生。结城氏认为这种倾向的萌芽起源于日本江户时代，明治末期开始被学者们广泛关注。例如茜部忍、小岛惠见、深浦正文、宇井伯寿、佐佐木月樵、河村节三等人，认为玄奘系属于护法和戒贤的传承，真谛系属于安慧和难陀的传承，或者玄奘系继承《成唯识论》，真谛系继承《摄大乘论》。并且认为比起玄奘系，真谛系更符合无著、世亲的原意。对正观、净品、境识俱泯的思潮和方便、不净品、识有境空的思潮的历史性，结城氏认为正观·净品也有识有境空，方便、不净品也有境识俱泯。还提示了无分别智的见相有无的讨论③与境识俱泯、识有境空问题的关联性。尤其是关于见相俱无的有义（第一师），《成唯识论述记》没有明确指出论师的具体名字，佐伯旭雅

---

① 深浦正文：《唯识学研究》上册，永田文昌堂1954年版，第106页。
② 结城令闻：《关于近世唯识研究某系谱之评论》，结城《华严思想》，《结城令闻著作选集》2，春秋社1999年版，第469—484页。初出佛教史学会编《佛教的历史与文化》所收，同朋舍1980年版。
③ 《唯识三十颂》第28颂，《大正藏》第31册，第61页中。《成唯识论》卷9，《大正藏》第31册，第49页下—50页上。

的冠导本《成唯识论》中认为是安慧的记载。①

三　普寂华严判教中的唯识思想分类

结城的该论证，是建立在日本江户时代的普寂（1707—1781）和戒定（？—1805）的延长线上的探讨。特别是将普寂专门提出，依用其《摄大乘论释略疏》来进行考证。关于安慧，有如下的论述：

> 后一乘教谓但菩萨乘，是如来藏教。所谓一乘教中有始门焉，有终门焉。若始门所说则以生灭阿梨耶为缘起本。……若终门所说则建立真如缘起。……今此论本末所说正明始门，兼含容从始入终之密意。与隋唐译颇有径庭。②
>
> 唯识论师说者，凡有二说。如安慧、难陀等……如护法等……护法所计乃大乘始门之义，安慧等说是从始向终之义，故有此异耳。③
>
> 护法所立是大乘始门之说也。《起信论》《十地论》所说乃大乘终门之义也。今此《摄论》者，若陈译则正是始门之论，而隐然含从始向终之趣。至文当明。若其后译则与护法宗大旨相似。如安慧、难陀等计，仿佛于旧论，往往有从始向终之义门。④

可以看出，普寂的唯识解释是站在华严的五判教的立场来展开

---

① 佐伯旭雅：《冠导增补成唯识论》卷9，法藏馆1890年版，12丁表的冠注个所，这或许是源自光胤（1396—1468）。
② 普寂撰《摄大乘论释略疏》卷1，《大正藏》第68卷，第120页中—下。
③ 同上书，第121页下。
④ 同上书，第121页下—122页上。

的。《摄大乘论释略疏》是对真谛译《摄大乘论》的本论及世亲释的注疏，但正像其所说的"今此论本末所说正明始门，兼含容从始入终之密意，与隋唐译颇有径庭"那样，普寂对真谛译《摄大乘论》有着自己的理解。普寂对安慧的理解问题，根据结城氏的论述，普寂认为护法属于大乘始教，安慧、难陀属于从始向终，真谛译《摄大乘论》也属于从始向终，因此真谛应是继承了安慧、难陀等的系统。

然而，结城氏似乎没有特别关注到，普寂的《成唯识论略疏》中有如下论述：

> 如夫《瑜伽》《显扬》《庄严》《摄大乘》《辨中边》《对法》《唯识》等论，亦皆应含容始终二门之说也。①
>
> 如今译唯识论乃是大乘始门之说，应摄之第二时教也。而慈恩门下偏以般若空宗为第二时教，以今论宗为第三时，强以儓同于《华严》《胜鬘》《法华》《涅槃》大乘终极之说。倒判曲会蓬蓬然起，遂至于遮止旧翻诸论及与十师各论不传于世也，岂容不洪叹哉！顾者基师秉创业垂统之权，将取禁护于护法，挺立一家，以抗诸宗。②

从这段解释可以看到，普寂认为《瑜伽》《显扬》等唯识论书中包含始终二门。同时对以护法的解释为中心糅译而成的《成唯识论》抱以不信任的态度，对旧译论书和十大论师的解释被掩盖表示叹息。普寂所高评的是旧译唯识论书和十大论师的注疏，从这点来看，也可见《摄大乘论释略疏》中结合真谛译与安慧的倾向。结合之前"今此论本末所说正明始门，兼含容从始入终之密意"的论述

---

① 普寂撰《成唯识论略疏》卷1，《大正藏》第68卷，第2页上。
② 同上书，第2页上—中。

来看，不应脱离唯识思想来看安慧或真谛译《摄大乘论》，而应当从由始教进入终教这一环节来看唯识思想的特质，进而理解普寂在此的用意。普寂在当时的华严学方面与凤潭（1654—1738）齐名，素有凤潭知圆融不知行布，普寂知行布不知圆融之说，这或许关系到二者思想倾向的不同。

普寂的安慧理解有可能是明治时代以后的唯识史观的发端，但这也绝非普寂一人。接下来再将讨论对象换为戒定的安慧理解。

四 戒定华严学中的唯识佛教观

结城在论证中也提到了戒定，表示他是与普寂同样的当时有名的华严学者，但未对其学说详论。

戒定留下了的唯识方面的著作有《唯识二十论并述记账秘录》《成唯识论戒定钞》，华严方面的有《华严一乘教分记账秘录》。《成唯识论戒定钞》中认为安慧的思想与马鸣、龙树大同。世亲的《唯识三十颂》通权实两面，安慧赞其实，护法赞其权。在二者之间进行价值判断和比较：

> 奘公学宗护法，不好马鸣、龙树之学。然十师之学异见不同。安慧、难陀等多同马鸣、龙树之宗意。然天亲颂义通权实，安慧赞其实，护法偏赞其权。护法最在后造大成释，违己者咸举破之。然若有其所破全释，岂有其破尽的当耶。必有理不尽者，必有谬破。是必至之理也。[1]

戒定在此认为安慧属于实的立场，而护法属于权的立场，显然

---

[1] 戒定撰《成唯识论戒定钞》卷1，《丰山全书》第18卷，第6页上。

是对安慧的一种肯定。

谈到对安慧的评价,戒定有如下表示:

> 玄公始唱护法宗。若十释别行,天下必有救安慧破护法矣。然则奘公所宗必不弘。是前鉴既明,基公、奘公之所恐也。①

戒定在这里认为,如果十大论师的注疏都分别被译出并流通的话,必定会有很多人赞同安慧而反对护法。此外,在《唯识二十论并述记账秘录》中他表示:

> 今以理详安慧意,安慧立义高妙,非基家所知。夫安慧有漏心不许三分,其见相但由迷妄起故有之。离迷妄则唯心独存妄起执相都无矣,是故不许心分派如三大者也……此是盖安慧等立唯识法相微意也。②

即关于心分说,安慧的思想属于"高妙"和"微意"。

但对戒定的思想,不可忽视的是,他时有使用如"安慧、护法等微意"③,"安慧、护法、天亲等微意"④ 等说法,即不仅是世亲,连护法也被与安慧同等对待,被给予积极的评价。

关于戒定对护法的评价,可参考下文:

> 问曰:护法三分四分通因果二位立之。为非乎?为有理乎?答曰:所立意趣异故,有理无非也。何以知此义?曰:此

---

① 戒定撰《成唯识论戒定钞》卷1,《丰山全书》第18卷,第6页上。
② 同上书,第66页中—67页中。
③ 同上书,第69页上。
④ 同上。

师有三分四分，然四分非通途义。凡缘境心为必有三分者，拟三大也。真心有三大故，准之，有漏妄心，亦应有三大义故，约分立之。自体分拟体大，见分拟用大，相分拟相大，是一心三分故，为妄心依他法。①

这里取用了护法的三分说，并将其与三大义进行对应，自体分对应体大，见分对应用大，相分对应相大。也就是说，认为护法的思想与《起信论》也是相通的，并不矛盾。而戒定对于护法与《起信论》的联系的理解，在下文中可谓决定性的体现。

护法非不许真如随缘，有为无为体一。然且齐有为位立缘起故，不论无为缘起。但无为位为不变真如。其八识有为因果，但是有为位故，为有为缘起。而其自性体即圆成实故，与言真如缘起成八识于理无差。但以位分而已。凝然真如者，《起信》所谓不变自性如无异也。虽不言真如随缘，而总括因果心为三性明之。其依他与圆成唯体相别。圆成是体，依他是相。是以有为为相，以无为为体。不离而非一非异。是在因则八识，在果则中道四智也。《成唯识》意皆有此微旨。②

按照这种解释，护法并非不承认真如缘起，而是在有为位立缘起，在无为位论不变真如。并且，凝然真如和《起信论》中的不变自性也无异。通过这些说法，以论证《成唯识论》与《起信论》并不存在矛盾这一宗旨。从这一点来看"安慧、护法、天亲等微意"这样的说法，这也意味着，戒定试图论证印度唯识佛教的原意与《起信论》其实是一脉相承的。

---

① 戒定撰《成唯识论戒定钞》卷1，《丰山全书》第18卷，第68页上。
② 戒定撰《唯识二十论并述记账秘录》卷下，《丰山全书》第13卷，第68页中。

在戒定看来，不正确的认识是从玄奘及其弟子的时候开始出现的。论述如下：

> 基等学奘传，奘于西所学稍有谬学，无明师故，是以所授旨多非论旨。①

他还在《成唯识论戒定钞》中表示："基大师疏多有谬解。"②也就是说，关于后来东亚佛教的这种不正确的认识，护法并无责任，即责任并不在印度佛教，而在糅译了《成唯识论》的中国佛教方面。这让人想起了儒学的古文辞学派和富永仲基那个时代的学术风气，但详细情况还有待进一步研究。《华严一乘教分记账秘录》中，戒定提出了独具特色的大乘小乘非佛说论。③ 关于此内容，可参考村上专精《大乘佛说论批判》。④

五 总结

普寂认为，"护法＝始教，安慧＝从始向终，《起信论》＝终教"，并指出从始教进入终教阶段的重要性。戒定认为，"护法＝权，安慧＝实"，并试图将《起信论》进行统一整合。二者都属于试图从本来的印度唯识思想中寻找《起信论》的合理性及正当性，并否定玄奘三藏的新译。普寂和戒定提出的思考方式较为含混，若以较为明晰的方式来整理，大概可以总结为"（正）安慧→真谛，（误）护法→玄奘→基（法相宗）"这样的理解图式吧。

安慧的学说，以及关于安慧本人尚未了解的诸多事实，对东亚

---

① 戒定撰《唯识二十论并述记账秘录》卷下，《丰山全书》第13卷，第68页中。
② 戒定撰《成唯识论戒定钞》，《丰山全书》第18卷，第9页上—中。
③ 戒定撰《华严一乘教分记账秘录》，《丰山全书》第11卷，第235页中—236页中。
④ 村上专精：《大乘佛说论批判》，光融馆1903年，第114—119页。

佛教思想的展开来说具有十分重要的意义，今后需要对相关的汉文文献进行广泛的确认工作。首先需要以汉译文献中保存的安慧的著作以及慈恩大师基所指示的安慧说为基准，搜集相关的资料并整理安慧说对后世的影响。对法相唯识教学来说，护法说的意义及长处，某种程度来说是由安慧说来承担其比重。同时，站在对法相宗有批判的华严教学的立场来看，安慧说也有着作为批判或会通的材料的作用。以这样的双向的文脉来进行全面整理，东亚佛教中的安慧的形象应会逐渐浮出水面。

普寂（1707—1781），日本江户时代中期的净土宗僧侣。讳普寂，字德门、道光，号宜莲社明誉，伊势国桑名的净土真宗大谷派源流寺的秀宽之子。学习了净土三部经和儒学典籍后，赴京都继续修学。1731年脱离净土真宗后游历日本各地，在尾张八事山的高麟受戒，在山城深草成为玄门弟子，在下总大巌寺受宗戒两脉。1736年在比叡山的灵空处学习天台学，后进入近江的净土寺，又转居京都的多个寺院，1751年移居长时院。1762年在江户（今天的东京）的目黑创建长泉院，次年成为该寺住持。这之后，往返于江户和京都之间，讲授华严学和俱舍学。在华严学方面，与凤潭［1654—1738，《华严五教章匡真钞》十卷（《大正藏》第73卷）的作者］齐名。著述有：《华严五教章衍秘钞》五卷（《大正藏》73）、《华严探玄记发挥钞》九卷（《日佛全》8）、《华严探玄记发挥钞分科》一卷（《日佛全》8）、《华严法界玄玄章》一卷（《日佛全》13）、《华严玄玄海篙测》一卷（《日佛全》13）、《成唯识论略疏》六卷（《大正藏》68）、《摄大乘论略疏》五卷（《大正藏》68）、《阿毘达磨俱舍论要解》十一卷（《日佛全》89）等。

戒定（？—1805），日本江户时代后期的新义真言宗的僧侣。讳戒定，字定慧，号金貌园。十二岁师从上野石上寺的辩快出家，二十岁入大和长谷寺修学。1791年负责江户护国寺代务，1798年移居长谷寺的地藏院,1801年集议。1803年入住武藏宝仙寺。以讲华严学、唯识学而闻名。著述有:《华严一乘教分记账秘录》五卷(《丰山全书》13)、《唯识二十论并述记账秘录》二卷(《丰山全书》13)、《成唯识论戒定钞》十卷(《丰山全书》18)、《周易述赞》三十六卷(《丰山全书》7,17)等。

关于日本江户时代的唯识学研究的总体倾向,可参考结城令闻《江户时代诸宗派的唯识讲学及其学风》。[①]

(橘川智昭,日本东阳大学研究员)
(翻译:李子捷,日本东京驹泽大学佛教学专攻博士生)

[①] 结城闻令:《华严思想》,《结城令闻著作选集》2,春秋社1999年版,第417—448页。初出小野清一郎、花山信胜编《日本佛教的历史和理念》所收,明治书院1940年版。

日本近世華厳学における唯識仏教史観の形成について

橘川 智昭

1. はじめに―唯識仏教二系統説―

すでに古い書であるが、花田凌雲『唯識論講義』上をみると、第一章の中、安慧の項に、「心分説に於て所謂一分説を立てたやうに、その学説は護法のそれと非常に相違するところがあって、『唯識三十頌』に対する見解の相違もまた大差があるやうである。故に護法正義派に言はせると、彼の一派を異解者とせられる[1]」とあり、そして円測の箇所になると、「円測は西明寺にあって、唯識学の宣伝に務めたのであるが、慈恩の教義と非常に相違し、慈恩大師が護法の系統を継承したのに反し、安慧論師の系統を引くものである。故に慈恩の系統からは異解者として取扱はれてゐる[2]」などとなんの根拠事例にもふれずに系統を立てている。また深浦正文『唯識学研究』上の安慧の項には、思想に関係する事柄としては一分説を唱えたことのほか、「概して、その思想著しく『起信論』の真如縁起説に応同せる趣きあるを認められるの

---

[1] 花田凌雲『唯識論講義』上（大蔵経講座 11 上，東方書院，1933 年），p. 6.
[2] 花田前掲書，p. 15.

である①」とあるのみである。花田氏のは円測が真諦系との同調を図ったとした羽渓了諦氏の所論（1916年発表）② をうけていることも予想されるが、ともかく特段の例証を要せずこれらの記述が成り立つのは、安慧－真諦－『大乗起信論』というつながりがほぼ異論なく世にうけいれられるという前提が存在することをものがたっている。

2. 結城令聞氏の考証

結城令聞氏の論考「近世唯識研究の或る系譜についての評論」③ は、近代より現代にかけての唯識研究家の中で、正観唯識と方便唯識、浄品唯識と不浄品唯識、境識俱泯の唯識と識有境空の唯識などの言葉を相対させながら、それらが二つの流れをなしているという考え方に立って研究がなされ、いつの間にか瑜伽行唯識と法相唯識、古唯識と護法唯識というような言葉も生まれて、そうした分け方を基本にいろいろの研究がなされていることに対して批判的に考える。結城氏は、この傾向の萌芽は江戸時代にあり、明治の末期から著しく学者の注意をひくことになったとし、茜部忍・小島恵見・深浦正文・宇井伯寿・佐々木月樵・河村節三などの前例を示して、これらの中に、玄奘系は護法・戒賢からの伝承、真諦系は安慧、または安慧・難陀等からの伝承、あるいは玄奘系は『成唯識論』を継承するもの、真諦系は『摂大乗論』を継承するもの等々の二潮流の類型が存在することを認め、いずれもが真諦系が無著・世親の原意に近いものとみる点で合致

---

① 深浦正文『唯識学研究』上・教史論（永田文昌堂，1954年），p. 106.
② 羽渓了諦「唯識宗の異派」（『宗教研究』1—3，1916年）．同論文は『羽渓了諦博士米寿祝賀記念仏教論説選集』（大東出版社，1971年）に再録．
③ 結城令聞「近世唯識研究の或る系譜についての評論」〔結城『華厳思想』（結城令聞著作選集2，春秋社，1999年）〕，pp. 469－484. 初出は仏教史学会編『仏教の歴史と文化』（同朋舎，1980年）所収．

することを指摘する①。正観・浄品・境識倶泯の流れと方便・不浄品・識有境空の流れによって歴史性を与えることについて、結城氏は、正観・浄品にも識有境空があり、方便・不浄品にも境識倶泯があるとして、それは全く不当であると述べる。また『唯識三十頌』・『成唯識論』における無分別智の見相有無の議論②が境識倶泯・識有境空の問題にからめられている可能性を提示する。特に見相倶無とする有義（第一師）について、『述記』には論師の名を指示しないが、佐伯旭雅の冠導本に安慧とあって③、これが光胤（1396—1468）の記が初出である可能性を考えつつ、ここから見相の議論と識境の議論とが混同されてきた可能性を推察するなどしている。

3. 普寂の華厳教判にみる唯識思想の分類

結城論攷では、こうした見解は江戸時代の普寂（1707—1781）④お

---

① 宇井伯寿『仏教汎論』上（岩波書店，1947 年．上下巻合本：1962 年）は「有門の唯識説」と「空門の唯識説」という章立てによって玄奘唯識と真諦唯識との対比論を展開する．

② 『唯識三十頌』第 28 頌，大正 31，p. 61b．『成唯識論』巻 9，大正 31，pp. 49c-50a．

③ 佐伯旭雅『冠导増补成唯識論』巻 9（法蔵館，1890 年），12 丁表の冠註箇所．

④ 普寂（1707—1781）：江戸時代中期の浄土宗の僧．諱：普寂．字：徳門，道光．号：宜蓮社，明誉．伊勢国桑名の真宗大谷派源流寺の秀寛の子．浄土三部経・儒書などを学び，京都で教学を修める．1731 年に真宗を離脱して諸国を遍歴し，尾張八事山の高麟に受戒，山城深草で玄門の弟子となり，下総大巌寺で宗戒両脈を受けた．1736 年比叡山の霊空から天台学を学び，近江の浄土寺に入り，京都の諸寺を転住して，1751 年に長時院に移った．1762 年に江戸目黒に長泉院を創建して，翌年同寺の住持となる．以後，江戸と京都とを往復して華厳学・倶舎学を講じた．特に華厳学において鳳潭〔1654—1738．『華厳五教章匡真鈔』十巻（大正 73）を著す〕と並び称された．著述：『華厳五教章衍秘鈔』五巻（大正 73）・『華厳探玄記発揮鈔』九巻（日仏全 8）『華厳探玄記発揮鈔分科』一巻（日仏全 8）・『華厳法界玄玄章』一巻（日仏全 13）・『華厳玄玄海篙測』一巻（日仏全 13）・『成唯識論略疏』六巻（大正 68）・『摂大乗論略疏』五巻（大正 68）・『阿毘達磨倶舎論要解』十一巻（日仏全 89）ほか．普寂に関するまとまった研究書として，西村玲『近世仏教思想の独創―僧侶普寂の思想と実践―』（トランスビュー，2008 年）がある．

よび戒定（? - 1805）[①] に端を発し、その延長上の問題でしかありえないと述べ、特に普寂をとりあげながら、その『摂大乗論釈略疏』によって考証を進めていく[②]。安慧に関しては次のような例証があげられる。

　　　後一乗教謂但菩薩乗、是如来蔵教、所謂一乗教中有始門焉、有終門焉。若始門所説則以生滅阿梨耶為縁起本。……若終門所説則建立真如縁起。……今此論本末所説正明始門、兼含容従始入終之密意。与隋唐訳頗有逕庭。[③]

　　　唯識論師説者、凡有二説。如安慧・難陀等。……如護法等。……護法所計乃大乗始門之義。安慧等説是従始向終之義。故有此異耳。[④]

　　　護法所立是大乗始門之説也。起信論・十地論所説乃大乗終門之義也。今此摂論者、若陳訳則正是始門之論、而隠然含従始向終之趣。至文当明。若其後訳則与護法宗大旨相似。如安慧・難陀等計、彷彿于旧論、往往有従始向終之義門。[⑤]

[①] 戒定（? - 1805）：江戸時代後期の新義真言宗の僧．諱：戒定．字：定慧．号：金貌園．十二歳のとき上野石上寺の弁快について出家、二十歳のとき大和長谷寺に入って修学した．1791 年江戸護国寺を代務、1798 年長谷寺地蔵院に移り、1801 年集議．1803 年に武蔵宝仙寺に入住した．華厳学・唯識学を講じて学僧として聞こえた．著述：『華厳一乗教分記帳秘録』五巻（豊山全書 13）・『唯識二十論并述記帳秘録』二巻（豊山全書 13）・『成唯識論戒定鈔』十巻（豊山全書 18）・『周易述賛』三十六巻（豊山全書 7, 17）ほか．なお日本の江戸時代の唯識学研究の傾向については、結城令聞「江戸時代に於ける諸宗の唯識講学と其の学風」〔結城前掲『華厳思想』，pp. 417 - 448．初出は小野清一郎・花山信勝編『日本仏教の歴史と理念』（明治書院，1940 年）所収〕に詳しい．

[②] 宇井伯寿『摂大乗論研究』（印度哲学研究 8, 岩波書店，1935 年）は真諦訳『摂大乗論』の研究であるが、その科判および内容研究に普寂の『摂大乗論略疏』を大きく用いている．

[③] 『摂大乗論釈略疏』巻 1, 大正 68, p. 120b - c.

[④] 『摂大乗論釈略疏』巻 1, 大正 68, p. 121c.

[⑤] 『摂大乗論釈略疏』巻 1, 大正 68, pp. 121c - 122a.

普寂の唯識解釈は華厳の五教判に立脚し、そこに引き寄せる形態で議論を展開する。『摂大乗論釈略疏』は真諦訳の『摂論』本論・世親釈の註疏であるが、「今此論本末所説正明始門、兼含容従始入終之密意。与隋唐訳頗有逕庭」という文言は同じ趣旨の言葉をほかの場所でもくりかえしており、普寂の真諦訳『摂論』観における眼目ということができる。安慧に関係する問題として、護法は大乗始教で、安慧・難陀等は従始向終、真諦訳『摂論』も従始向終であるから、真諦は安慧・難陀等を継承したのであろうと普寂が理解していることを結城氏は論じる。

ただ結城氏が特にとりあげていない事柄として、普寂の『成唯識論略疏』をみると、

　　如夫瑜伽・顕揚・荘厳・摂大乗・弁中辺・対法・唯識等論、亦皆応含容始終二門之説也。①
　　如今訳唯識論乃是大乗始門之説。応摂之第二時教也。而慈恩門下偏以般若空宗為第二時教、以今論宗為第三時、強以僭同於華厳・勝鬘・法華・槃大乗終極之説。倒判曲会蓬蓬然起、遂至於遮止旧翻諸論及与十師各論不伝於世也。豈容不洪歎哉。顧者基師秉創業垂統之権、将取樎護於護法挺立一家以杭諸宗。②

などとあり、『瑜伽』・『顕揚』等の唯識論書全般に始終二門が含まれると理解されている。護法釈を中心に糅訳された始門の『成唯識論』を問題視し、旧訳の論書および十大論師の解釈が遮止されたことを歎いている。普寂が評価するのは旧訳の唯識論

---

① 『成唯識論略疏』巻1、大正68、p. 2a.
② 『成唯識論略疏』巻1、大正68、p. 2a–b.

書と『三十頌』の十大論師の註疏を含む、まずは大きな観点での本来の唯識思想であって、『摂大乗論釈略疏』における真諦訳と安慧とのつながりの問題は、そのひとつの実例としてあらわれたものである。先の「今此論本末所説正明始門、兼含容従始入終之密意」という言葉を考え合わせるならば、唯識思想から離れたところに安慧や真諦訳『摂論』をみるのではなく、始教から終教に進入すべきとする評価によって唯識思想そのものの特質をみなおし、普寂の意にかなった始教観という意味において安慧と真諦訳『摂論』との従始向終を提起したと考えられる。普寂は当時の華厳学において鳳潭（1654—1738）と並び称され、鳳潭は円融を知って行布を知らず、普寂は行布を知って円融を知らずというのが通例の評であるらしいが、そのあたりの思想傾向が関係するかもしれない。

　普寂の安慧像は明治以後の唯識史観の発端となった可能性もあろうけれども、普寂だけでは尽くせない部分も残るように思われる。今回、さらに戒定の安慧観に進みたい。

　4. 戒定華厳学における唯識仏教観

　結城論攷は戒定についても一応ふれており、普寂と同様に華厳学者として名をなしていたと述べる程度で、内容に立ち入らないまま稿を終えている。

　戒定は、唯識関係の註疏として『唯識二十論幷述記帳秘録』・『成唯識論戒定鈔』を残し、華厳関係では『華厳一乗教分記帳秘録』がある。『成唯識論戒定鈔』をみると、安慧を多く馬鳴・竜樹に同じであるとし、世親の『三十頌』は権と実とに通じるが、安慧は実の方面を賛じ、護法は権の方面を賛じたとして、両者の間にはっきりとした対比を作っている。

奘公学宗護法、不好馬鳴・竜樹之学。然十師之学異見不同。安慧・難陀等多同馬鳴・竜樹之宗意。然天親頌義通権実。安慧賛其実、護法偏賛其権。護法最在後造大成釈。違己者咸挙破之。然若有其所破全釈、豈有其破尽的当耶。必有理不尽者、必有謬破。是必至之理也。[①]

　安慧を実を賛ずる立場として『起信論』に与する人とみていることが知られ、権を賛ずる護法との対比を明確に行い、安慧を評価していることがみてとれる。これは浄品・正観の唯識と不浄品・方便の唯識との二潮流の問題に、普寂に比してより道筋のつくものと思われる。
　安慧への評価としてみると、

　　玄公始唱護法宗。若十釈別行、天下必有救安慧破護法矣。然則奘公所宗必不弘。是前鑑既明、基公・奘公之所恐也。[②]

とあり、十大論師の注疏が別行されていたならば、天下必ず安慧を救って護法を破すことがあったであろうとうけとめ、また『唯識二十論幷述記帳秘録』においても、

　　今以理詳安慧意、安慧立義高妙。非基家所知。夫安慧有漏心不許三分。其見相但由迷妄起故有之。離迷妄則唯心独存妄起執相都無矣。是故不許心分派如三大者也。……此是蓋安

---

① 『成唯識論戒定鈔』巻1、豊山全書18、p. 6a.
② 『成唯識論戒定鈔』巻1、豊山全書18、p. 6a.

慧等立唯識法相微意也。①

　とみえ、心分説をめぐる安慧の思想を「高妙」「微意」という言葉で高くもちあげている。

　しかし戒定においていっそう注目されるのは、「安慧・護法等微意②」とか、「安慧・護法・天親等微意③」といった言葉が登場することであり、世親はありうるとしても、護法までもが安慧とならぶ形で好意的に評されていく。

　戒定の護法評価に関わる事例として、以下のような文を見出すことができる。

　　　問曰、護法三分四分通因果二位立之。為非乎、為有理乎。答曰、所立意趣異故有理無非也。何以知此義。曰、此師有三分四分。然四分非通途義。凡縁境心為必有三分者、擬三大也。真心有三大故、準之、有漏妄心亦応有三大義故、約分立之。自体分擬体大、見分擬用大、相分擬相大。是一心三分故、為妄心依他法。④

　護法の三分説をとってみると、それは三大義になぞらえたものであり、自体分は体大に、見分は用大に、相分は相大になぞらえたものであると述べている。つまり護法の思想が『起信論』の思想にもとづいてあらわれたと考えている。護法と『起信論』とをむすびつける戒定の理解は、次の一節に決定的にあらわれている。

----

① 『唯識二十論幷述記帳秘録』巻下、豊山全書 13, pp. 66b–67b.
② 『唯識二十論幷述記帳秘録』巻下、豊山全書 13, p. 69a.
③ 『唯識二十論幷述記帳秘録』巻下、豊山全書 13, p. 69a.
④ 『唯識二十論幷述記帳秘録』巻下、豊山全書 13, p. 68a.

日本近世華□学における唯識□教史□の形成について　◇◇◇　311

　　護法非不許真如随縁有為無為体一。然且斉有為位立縁起
　故不論無為縁起。但無為位為不変真如。其八識有為因果但是
　有為位故為有為縁起。而其自性体即円成実故、与言真如縁起
　成八識於理無差。但以位分而已。凝然真如者、起信所謂不変
　自性如無異也。虽不言真如随縁、而総括因果心為三性明之。
　其依他与円成唯体相別。円成是体、依他是相。是以有為為
　相、以無為為体。不離而非一非異。是在因則八識、在果則中
　道四智也。成唯識意皆有此微旨。①

　護法は真如随縁を認めなかったのではない、有為位にかぎっ
て縁起を立てたために無為縁起を論じずに不変真如としたまでで
ある、また、その凝然真如にしても『起信論』でいう不変自性の
如と異なりは無い、等々を述べて、『成唯識論』の中に『起信
論』と矛盾のない「微旨」を見出して評価しなおそうとしてい
く（この場合の『成唯識論』は護法の真意ということであろ
う）。こうしたところから「安慧・護法・天親等微意」という言
葉に連絡するのであるが、つまり戒定は、インドの唯識仏教の原
意はすべて『起信論』の思想に落ち着くものとみているというこ
とができる。
　そして、どの時点から誤りが生じるようになったのかという
その境目についてみると、玄奘を含めてそれ以後に置こうと戒定
は考えている。

　　基等学奘伝。奘於西所学稍有謬学。無明師故。是以所授

――――――――
　① 『唯識二十論幷述記帳秘録』巻下，豊山全書13，p. 68b.

旨多非論旨。①

また『成唯識論戒定鈔』は「基大師疏多有謬解」と題する一項をあえて立てて②、まとまった形で論じている。護法に責任はなくインド唯識は正しく、中国における糅訳以後の問題として処理しようとした。ここに儒学の古文辞学派であるとか富永仲基などのその時代の学的風潮をおのずとうけたものである可能性も想起されるが③、まだよくわからない（『華厳一乗教分記帳秘録』には戒定独自の大乗小乗非仏説論が提起されている④。この内容についてはすでに古く村上専精『大乗仏説論批判』において詳しく紹介されている⑤）。

5. まとめ

普寂の場合には、護法＝始教、安慧＝従始向終、『起信論』＝終教という分類を行い、始教から終教への進入に重きをおく考え方を示し、戒定の場合は、護法＝権、安慧＝実と配してさらに包括して『起信論』で統一を試みている。いずれも本来のインドの唯識思想に『起信論』にむすびつく意義を模索して正当性を求め、玄奘糅訳以後に非をみる。普寂や戒定の提唱した考え方が渾

---

① 『唯識二十論并述記帳秘録』巻下，豊山全書 13，p. 68b.
② 『成唯識論戒定鈔』巻 1，豊山全書 18，9a－b.
③ 古文辞学派：江戸時代，荻生徂徠（1666—1728）に始まる儒教古学の一派．宋明の儒学や伊藤仁斎の古義学派に対抗し，後世の注に頼らずに古語の意義を研究して先秦古典の本旨を直接に知るべきであるとした．『荻生徂徠全集』（みすず書房版，河出書房新社版），『論語徴』1・2（東洋文庫 575・576，平凡社，1994 年）．富永仲基（1715—1746）：江戸時代大坂の町人学者，思想史家．字：子仲，号：南关・藍关・謙斎．懐徳堂五同志の一人である富永芳春の三男として生まれ，懐徳堂の学風として合理主義の立場に立ちながら大乗非仏説を提起するなどした．代表的な著作に『出定後悟』がある．水田紀久校注『出定後悟』（日本思想大系 43，岩波書店，1973 年）．
④ 『華厳一乗教分記帳秘録』巻 2，豊山全書 11，pp. 235b－236b.
⑤ 村上専精『大乗仏説論批判』（光融館，1903 年），pp. 114－119.

然となりつつ、概ね理解されやすい形に整理づけられて、（正）安慧→真諦、（誤）護法→玄奘→基（法相宗）という構図になっていくのではないかと思われる。

　安慧説は、安慧本人が与り知らぬ事柄も含めて、東アジア仏教の展開史において重要な役割を担っており、漢文資料による幅広い確認作業は必要と思われる。まず漢訳で残っている安慧の作品や基が指示する安慧説あたりを基準にして、どのような安慧説が後世もちあがってきたのか蒐集して辿ってみることが肝要であろう。そして法相教学の場合には、護法説の意義や長所をうかび上がらせるための相対的な役割を安慧説が担っていたところに比重を置いてみるべきであろうし、同時に、華厳教学などの法相宗を批判したい側からしても、批判あるいは会通にもちこむための材料になりえたところに留意すべきであろう。これら双方の文脈からの整理に進むことによって東アジア仏教における安慧像が立体的にみえてくるものと思われる。

※付記

　2015年10月25日の第二届中国華厳国際学術研討会での口頭発表時に、中国人民大学の張文良先生と韓国・東国大学校の朴仁錫先生から貴重な御質問・御指摘を頂戴した。張文良先生からは、日本近世華厳学の代表格といえる鳳潭の場合はどうかと御質問いただいたが、私からの御返事としては、鳳潭は円融を知って行布を知らず、普寂は行布を知って円融を知らずという従来の一般的な評をお答えする程度にとどまった。鳳潭には関連文献として『華厳五教章匡真鈔』全10巻（大正73所収）のほか、『起信論義記幻虎録』全5巻（日本大蔵経22所収）・『起信論義記幻虎録解謗』全1巻（同所収）などもあり、新たな今後の課題としたい。また朴仁錫先生からは、本発表で述べた「インドの唯識仏教の原意はすべて『起信論』の思想に落ち着くものとみているということができる」という戒定の特質に関連して、その内容は永明延寿（904—975）の『宗鏡録』にもみえるという御指摘をいただくことができた。実はそれは非常に重要で、今後きちんとした形で検討しなければならないのであるが今回の発表の趣旨とある程度の連絡の予想される記事が『宗鏡録』の中にみいだされるようである。ちなみに『宗鏡録』において「安慧」の名前は、巻46（大正48、pp. 684b–691a）、巻60（同、758b–761b）、巻61（同、761b–762c）、巻64（同、776a–778c）等にみいだすことができる。なお日本における最も新しい『宗鏡録』の研究成果として、柳幹康『永明延寿と『宗鏡録』の研究——心による中国仏教の再編—』（法蔵館、2015年）をあげておきたい。張文良先生と朴仁錫先生には心より感謝申し上げる。

研究动态

第二届中国华严国际学术研讨会报道

王文娟

（2015年10月25日讯）由陕西师范大学宗教研究中心和台湾华严学会联合主办的第二届中国华严国际学术研讨会于2015年10月24日至25日在陕西师范大学隆重举行，来自中国、韩国、日本的著名华严学专家张文良、邱高兴、张珍宁、朴仁锡、佐藤厚以及郭磊等，著名唯识学专家橘川智昭、长谷川岳史、张圭彦以及李子捷等出席，台湾华严学会代表陈宝忠先生、西安大华严寺住持宽昌法师、外地青年学者张文卓、党措、彭瑞花等也出席会议。

24日上午举行开幕式，由陕西师范大学宗教研究中心主任吕建福教授主持，台湾华严学会文教部主任陈宝忠先生致开幕辞，随后举行学术研讨。本次研讨会以"华严佛身论"为主题，分别就中国佛身论、韩国佛身论、一般佛身论三大佛身思想展开研讨，于24日全天和25日上午共举行6场专题研讨，先后由10位正式代表发表论文，其他学者参与讨论。其中第一场研讨由吕建福教授主持，中国人民大学佛教与宗教学理论研究所副所长张文良教授发表《灵辨〈华严经论〉中的法身说》。第二场研讨由张文良教授主持，由韩国东国大学佛教学术院 HK 研究教授张圭彦博士发表《圆测的法身观》，中国计量大学人文社科学院院长邱高兴教授发表《李通玄的华严佛身思想》。第三场研讨由日本东京专修大学佐藤厚教授主持，韩国东国大学佛教学术院朴仁锡副教授发表《新罗太贤〈大乘起信论内义略探记〉之华严佛身论》，韩国圆光大学心理人文学研究所张珍宁教授发表《华严佛身论之展开——以义相的旧来佛和自体佛为中心》。第四场研讨由张珍宁教授主持，佐藤厚教授发表《韩国华严思想中的海印三昧论——从佛身论到佛自体》，日本龙谷大学长谷川岳史教授发表《卢舍那与释迦的一异问题——以〈梵网经〉的佛身解释为中心》。第五场研讨由日本东洋大学橘川智昭教授主持，浙江工业大学张文卓博士发表《从色身到法身再到法身佛——佛身思想研究》，日本东京驹泽大学博士生李子捷发表《关于六世纪中国佛教佛身论的一个考察——以与〈宝性论〉〈佛性论〉和种姓思想的关联为中心》。第六场研讨由长谷川岳史教授主持，橘川智昭教授发表《日本近世华严学的唯识佛教史观的形成》。

会议于 2015 年 10 月 25 日上午 11 时 20 分举行闭幕式，由华严学会代表陈宝忠先生主持，中国计量大学邱高兴教授作学术总结，宗教研究中心主任吕建福教授致闭幕词。

25 日下午，由吕建福教授带领，与会专家学者前往兴教寺考察，并到水晶莲花精舍观礼佛舍利以及佛教文物。

至此，"第二届中国华严国际学术研讨会"圆满结束！

（王文娟，陕西师范大学宗教研究中心硕士研究生）

后　　记

本辑论文为2015年10月举行的第二届中国华严国际学术研讨会的10篇论文及编者的一篇有关论文组成，均讨论华严经论及其著述的佛身问题，故以《华严佛身论》为名。中国华严国际学术研讨会是陕西师范大学宗教研究中心主办、（台湾）华严学会协办的学术会议，首届会议以《华严经》研究为主题，其成果编辑为《华严研究》第1辑，由陕西出版集团三秦出版社于2012年出版。本辑以会议主题"华严佛身论"为名，作为《华严研究》第2辑，改由中国社会科学出版社出版，由华严学会项目资助。本辑最初的文字编辑、校对由博士生韩瑞负责，韩文由郭磊校订，日文由李子捷校订，英文目录由王小蕾翻译，最后由编者统稿、设计、编校、修订。如有错误之处，敬请读者指正。

主编

2017年4月17日

西安明德门鑫泰园寓所